JN437502

사경지험기
四經持驗紀

동국대학교 불교기록문화유산아카이브사업단(ABC)
본서는 문화체육관광부 지원으로 동국대학교 불교학술원에서 간행하였습니다.

한글본 한국불교전서 조선 23
사경지험기

2014년 6월 20일 초판 1쇄 인쇄
2014년 6월 30일 초판 1쇄 발행

지은이 백암 성총
옮긴이 성재헌
펴낸이 김희옥
펴낸곳 동국대학교출판부

주소 100-715 서울시 중구 필동로 1길 30
전화 02-2260-3483~4
팩스 02-2268-7851
Homepage http://www.dgpress.co.kr
E-mail book@dongguk.edu
출판등록 제2-163(1973. 6. 28)
편집디자인 꽃살무늬
인쇄처 서진인쇄

ISBN 978-89-7801-401-4 93220

값 15,000원

한글본 한국불교전서 조선 23

사경지험기
四經持驗紀

백암 성총 栢庵性聰
성재헌 옮김

동국대학교출판부

사경지험기四經持驗紀 해제

성 재 헌
동국역경원 역경위원

1. 개요

『사경지험기』는 네 가지 경, 즉 『화엄경華嚴經』·『금강경金剛經』·『법화경法華經』·『관음경觀音經』을 사경寫經하고, 수지受持 독송讀誦하고, 간행 유포한 이들의 영험담을 엮은 책이다. 이 책은 백암 성총栢庵性聰(1631~1700)이 청의 주극복周克復이 편찬한 『관세음지험기觀世音持驗紀』·『역조법화지험기歷朝法華持驗紀』·『역조금강지험기歷朝金剛持驗紀』·『역조화엄경지험기歷朝華嚴經持驗記』에서 그 내용을 발췌하고 편집하여 1686년(숙종 12)에 간행한 것이다. 이 책의 간행과 관련된 중요한 사건이 있다. 성총이 51세 되던 해인 숙종 7년(1681)에 전라도 신안의 임자도荏子島에 중국 무역선이 좌초하였는데 그곳에서 수많은 불교관련 서적들이 발견되었다. 그해 6월, 영광 불갑사에 갔다가 그 소식을 들은 성총은 곧바로 표류선이 있는 곳으로 달려갔고, 그곳에서 당시 조선에 유통되고 있지 않던 『화엄경소연의초華嚴經疏演義鈔』를 발견하게 된다. 이에 성총은 표류선의 불서를 간행하고자 하는 서원을 세우고 흩어진 책들을 수집하기 시작하였다. 불서는 나주 관아에서 거두어간 것도 있었고, 해변 인근의 사찰에서 주워간 것도 있었다. 성총은 원력을 세우고 이곳저곳 수소문하여 4년여에 걸쳐 각지에 흩어져 있던 불서를 수집하였는데, 그때 수집한 책들의 목록 속에 앞서 거론한 『관음경지험기』·『역조법화지험기』·『역조금강지험기』·『역조화엄경지험기』도 들어 있었다. 1685년, 그렇게 모은 불서를 짊어지고 낙안의 징광사澄光寺로 들어간 성총은 이후 15년 동안 제자들과 함께 주요 전적들을 편찬하고 간행하는 사업에 주력하였다. 이 책은 백암 성총의 저술이 아닌 까닭에 그의 사상을 직접적으로 파악할 수 있는 자료는 못된다. 그러나 당시 중국과 조선 불교계의 성격과 향방을 가늠할 수 있는 자료로 활용이 가능하며, 또한 그 발문에 편집 방식과 간행 의도 등이 기록되어 있어 백암 성총의 사상을 파악하는 데 일조하는 바가 있다.

2. 저자

백암 성총의 생애는 『동사열전東師列傳』의 「백암종사전栢庵宗師傳」 및 현재 송광사에 소재하는 「백암대선사비명栢庵大禪師碑銘」(『조선불교통사』·上), 그리고 이능화의 『조선불교통사』·下의 기사 등을 통해 그 내용을 짐작할 수 있다. 이 기록들에 의거해 그의 생애를 약술하면 다음과 같다.

성총性聰의 속성俗姓은 이씨며, 남원 사람이다. 고려 안호부원군의 10세손으로 아버지의 휘는 강㭓이고 어머니는 하씨河氏이다. 숭정崇禎 신미辛未년인 인조 9년(1631) 11월 1일에 출생하여 13세에 순창의 취암사鷲岩寺에 출가, 16세에 법계法戒를 받았다. 18세에 방장산方丈山(지리산)에 들어가 취미 대사翠微大師로부터 9년간 수학하고 그 법을 전수받았으며, 27세에는 곡성에 있는 신덕왕후 강씨의 원당願堂인 신덕암神德庵에 거주하였고, 30세에 이르러 명산을 두루 유람하였다. 이후 승주 송광사松廣寺, 낙안 징광사澄光寺, 하동 쌍계사雙溪寺 등지에 거주하며 후학을 지도하였고, 이때

『치문경훈주緇門警訓註』를 간행하여 학승學僧들의 교과서로 제시하였다.

그는 불경 외의 외전外典에도 능통하였고, 시를 잘 지어 당시의 명사인 김문곡金文谷 · 정동명鄭東溟 · 남호곡南壺谷 · 오서파吳西坡 · 최동강崔東岡 등과 교류하며 공문空門의 벗으로 지냈다. 성총의 나이 51세 되던 해인 숙종 7년(1681), 서적을 가득 실은 배가 풍랑을 만나 신안 앞바다 임자도荏子島에 좌초하는 사건이 있었다. 그 배에는 명나라 평림平林 섭기윤葉祺胤 거사가 교간校刊한 『화엄경소연의초華嚴經疏演義鈔』를 비롯해 『대명삼장법수大明三藏法數』·『화엄경회현기華嚴經會玄記』·『금강경기金剛經記』·『기신론기起信論記』·『정토자량전집淨土資糧全集』·『정토신종淨土晨鐘』· 『귀원직지歸元直指』 등이 실려 있었다. 소문을 들은 성총은 이후 4년여에 걸쳐 여기저기 흩어져 있는 단편들을 수습하여 총 12종류 197권 115책을 간행하고 이를 징광사, 쌍계사 등지에 안치하였다. 성총의 판각은 숙종 21년(1695)에 회향식을 하기까지 약 15년 동안 지속된 거대한 불사였다. 또한 숙종 18년(1692) 봄에는 61세의 나이로 선암사 창파각滄波閣에서 화엄대회華嚴大會를 열어 제방에서 운집한 학승들을 맞이하기도 하였다. 이후 지리산으로 거처를 옮긴 성총은 숙종 26년(1700) 7월 25일 밤 자정 무렵에 쌍계사 신흥암에서 열반에 들었다. 백암이 열반에 들고 연일 밤마다 상서로운 빛이 감돌았으며, 7일째 되던 날 밤 다비식을 행할 때에는 그 빛이 확장되어 한 줄기 빛이 남북으로 뻗쳤다고 한다. 그리고 3일 뒤에 두 조각의 영골靈骨을 수습하였고, 이를 송광사와 칠불사에 나누어 봉안하였다.

『해동불조원류海東佛祖源流』에 따르면 호남의 대표적 선가禪家로 자리매김한 부휴파의 직계 법맥은 부휴 선수浮休善修에서 벽암 각성碧巖覺性-취미 수초翠微守初-백암 성총栢庵性聰-무용 수연無用秀演-영해 약탄影海若坦-풍암 세찰楓巖世察-묵암 최눌默庵最訥로 이어진다. 이로 볼 때 백암 성총은 임제종臨濟宗의 계보를 잇는 태고 보우太古普愚의 9대손이자 부휴 선수(浮休門派) 3대손이다. 그의 제자로는 수연秀演 · 명안明眼 · 만훈萬訓 등 20여

명이 전한다. 이 가운데 무용은 그의 법제자로서 성총의 강석을 이어받아 임제종을 이어갔다.

『동사열전』에서 "백암이 남긴 원고는 수십 편에 달하는데 거의 모두 흩어져 사라지고 겨우 몇 편을 찾아 상재하매 최상국崔相國이 서문을 지었다."고 한 것으로 보아 백암 성총은 생애 전반에 걸쳐 많은 저술을 남겼던 것으로 추측된다. 현재 남아 있는 그의 저술 및 그가 편찬하고 간행한 책들을 기재하면 다음과 같다.

『정토보서淨土寶書』 1686년(숙종 12) – 56세
『금강반야경소론찬요간정기회편金剛般若經疏論纂要刊定記會編』 상동
『사경지험기四經持驗記』 상동
『대혜보각선사서大慧普覺禪師書』 상동
『법집별행록절요병입사기法集別行錄節要幷入私記』 상동
『선원제전집도서禪源諸詮集都序』 상동
『고봉화상선요高峰和尙禪要』 상동
『대방광불화엄경소초大方廣佛華嚴經疏鈔』 1690~1700년
『대명삼장법수大明三藏法數』 1690년(숙종 16) – 60세
『백암정토찬栢庵淨土讚』 1693년(숙종 19) – 63세
『화엄현담회현기華嚴懸談會玄記』 1695년(숙종 21) – 65세
『치문경훈緇門警訓』 상동
『대승기신론소필삭기회편大乘起信論疏筆削記會編』 상동
『백암집栢庵集』 제자 무용 수연無用秀演이 사후에 펴냄

3. 서지 사항

『한국불교전서』에 수록된 텍스트는 동국대학교 중앙도서관 소장본을

저본으로 하였다. 이에 따라 그 서지사항을 정리하면 다음과 같다.

표제	四經持驗記
판사항	목판본
발행사항	金華山(樂安): 澄光寺, 숙종 12년(1686) 간행
형태사항	4卷1册: 四周雙邊, 半郭 20.3×14.1cm, 有界, 半葉 10行20字, 下大黑口; 29.0×18.2cm
발문	丙寅(1686)天中節日栢菴沙門性聰跋(華嚴持驗紀末)
간기	康熙二十五年丙寅(1686)四月全羅道樂安郡金華山澄光寺開刊(法華持驗紀末)

4. 내용과 성격

『사경지험기』는 「역조화엄경지험기歷朝華嚴經持驗紀」·「금강경지험기金剛經持驗紀」·「법화경지험기法華經持驗紀」·「관세음지험기觀世音持驗紀」의 4권 1책으로 구성되어 있다. 그 내용은 네 가지 경, 즉 『화엄경華嚴經』·『금강경金剛經』·『법화경法華經』·『관음경觀音經』을 수지 독송하고, 사경하고, 간행 유통한 이들이 경험한 감응으로 구성되어 있다. 이 영험담은 성총이 직접 수집 편찬한 것이 아니라 임자도에서 수집한 주극복周克復의 찬술을 편집하여 간행한 것이다.

제1권 「역조화엄경지험기」는 '송촉의 승려 지초(宋蜀僧智超)' 항목을 제외하고는 주극복이 편찬한 『역조화엄경지험기歷朝華嚴經持驗紀』를 원본 그대로 간행하였다. 성총은 다른 지험기와 달리 이 「역조화엄경지험기」에서는 주극복이 밝힌 전거를 그대로 인용하고 있다. 주극복이 참조한 문헌은 『대당서역기大唐西域記』·『속고승전續高僧傳』·『오등회원五燈會元』·『발초연기행적疏鈔緣起行蹟』·『장자화엄론사적長者華嚴論事跡』·『영사감응전英師感應傳』·『회현기會玄記』·『찬영집纂靈記』·『운서왕생집雲棲往生集』·『운서감응약기雲棲感應略記』 등이다. 이들 문헌은 영험담을 모은 전적들이 어떻게 편찬되고, 유행하였는지를 보여준다.

제2권 「금강경지험기」는 주극복이 편찬한 『역조금강지험기歷朝金剛持驗紀』 상하 2권에서 그 일부인 57화를 발췌하여 편집한 것이다. 그 가운데 2/3 이상이 송·원·명대의 것이고, 특히 명대의 사례가 전체의 반을 차지한다. 또한 승려의 경우는 6화에 불과하고 대부분이 재가신자의 사례이며, 그 가운데 4화는 여성의 경우이다.

제3권 「법화경지험기」는 주극복이 편찬한 『역조법화지험기歷朝法華持驗紀』 상하 2권에서 발췌하여 편집한 것이다. 『역조법화지험기』에는 상권에 80화, 하권에 72화 등 모두 152화가 수록되어 있는데 성총은 이 가운데 상권에서 23화, 하권에서 24화를 각각 발췌하여 「법화경지험기」로 편집하였다.

제4권 「관세음지험기」는 주극복이 편찬한 『관세음지험기觀世音持驗紀』 상하 2권에서 발췌하여 수록한 것이다. 순치順治 16년(1659)에 주극복이 편찬한 『관세음지험기』에는 상권에 70화, 하권에 48화 등 모두 118화가 수록되어 있다. 또한 그 사례가 원·명대에 집중되어 있어 관음신앙이 유행한 시기를 유추하게 하는 단서를 제공하고 있다. 성총은 이 가운데 54화를 발췌하여 편집하였다.

이 책의 성격을 이해하기 위해서는 저본의 편찬자인 주극복에 대해 알 필요가 있다. 주극복의 생애와 행적은 정확하게 알 수 없다. 그는 『역조금강지험기』 등 앞에서 거론한 네 가지 영험전을 편찬하였고, 불교의 진리 가운데 정토일문淨土一門이 첩경이라 강조하며 『정토신종淨土晨鐘』 10권을 편찬하였다. 그의 찬술들은 명나라 말기 중국불교계의 한 단면을 반영하고 있다. 명대明代의 불교는 선종이 그 주류를 이루면서 선, 화엄, 천태, 정토 등 각 종파의 경계가 허물어지고 통합되던 시기였다. 선정융합禪淨融合, 삼교혼융三敎混融이라는 새로운 사조가 풍미했던 사실은 명말 4대사로 불린 운서 주굉雲棲袾宏(1535~1615)·자백 진가紫柏眞可(1546~1603), 감산 덕청憨山德淸(1546~1623), 우익 지욱藕益智旭(1599~1655) 등의 저술에서

도 확인할 수 있다. 주극복이 주굉의 저술을 많이 참조한 점으로 미루어 이들 가운데 주극복은 운서 주굉의 영향을 가장 많이 받은 것으로 추측된다. 운서 주굉은 선종 승려였지만 선정일치禪淨一致를 주창하며 그가 주석한 항주 운서사雲棲寺에서 정토신앙을 널리 고양한 인물이다. 그의 저술로는 『아미타경소초阿彌陀經疏鈔』, 『치문숭행록緇門崇行錄』, 『선관책진禪關策進』, 『자지록自知錄』, 『죽창수필竹窓隨筆』 등이 있으며, 모두 『운서법휘雲棲法彙』에 수록되어 있다.

백암 성총이 임자도에서 수집한 문헌들을 간행함에 있어 그 첫 해에 『사경지험기』를 간행한 데에는 나름 운서 주굉의 영향을 받은 주극복의 사상체계에 그도 동의했기 때문인 것으로 추측된다. 또한 쇠퇴일로를 걷고 있던 당시 불교계의 암울한 상황을 타계할 일단의 방책으로 이 책을 서둘러 간행한 것이라 여겨진다. 조선의 지배층인 사대부에게도 주자학이 담보할 수 없는 종교적 욕구는 있었다. 성총은 이를 충족시킬 수 있는 불교의 세계관을 보다 설득력 있는 사례를 통해 제시함으로써 지배층으로부터 불교의 가치를 인정받고 후원을 이끌어내고자 했던 것으로 보인다. 그가 편집 과정에서 승려들의 사례를 대폭 줄이고, 역대 왕실과 관리 및 사대부 등 재가자의 사례를 집중적으로 발췌한 점이 이를 증명하고 있다. 불교에 배타적 자세를 견지했던 구양수歐陽脩의 개종 사례를 세 차례에 걸쳐 거론한 점 역시 양반 사대부의 후원과 보호를 이끌어내려 했던 성총의 의도로 파악된다. 또한 당시 불교계의 지지층이었던 서민들의 욕구와도 무관하지 않았던 것으로 보인다. 이는 사회적 상황과 밀접한 관련이 있다. 17세기는 왜란과 호란이라는 외환과 함께 이상기후로 인한 자연재해가 빈번히 발생한 시기였다. 현종 11～12년(1670～1671)의 '경신대기근'은 전국을 휩쓸었고, 숙종 21～25년(1695～1699)에는 '을병대기근'이 발생하였으며, 숙종 30년에도 대재난이 발생하였다. 국가는 이러한 재난에 대응하여 각종 구호 구료활동을 전개하였지만 재난과 질병의 확산을 억제하는 데 큰 효과를 거두지는 못했다. 경제적으로 궁핍하고 갖가지 재난과 질병에 거의 무방비 상태로 노출되어 있던 서민들에게 불교의 고차원적 담론은 무의미했다. 실질적으로 그들의 욕구를 충족시켜 줄 수 있는 대안을 불교가 제시할 수 있어야 했다. 성총 역시 그에 대한 종교적 해답을 모색했던 것으로 보인다.

이런 점들을 감안할 때 성총이 『사경지험기』를 편찬한 것은 선·교·염불의 삼학수행이라는 조선 후기 불교의 흐름을 더욱 체계화시키는 작업의 일단이었고, 왕실과 수많은 관리들의 신앙사례를 제시함으로써 지배층의 불교에 대한 차별을 완화시키고 후원을 유도하려는 의도였던 것으로 짐작된다. 나아가 승가 내부의 논리적 담론에서 벗어나 실질적으로 민중들의 욕구에 부응하고자 했던 노력의 일환이었다고 이해할 수 있다.

5. 가치

이 책은 내용에 있어서는 한국불교의 독창적 저술은 아니다. 저본이 되었던 주극복의 찬술에서 그 양을 대폭 축소하여 편집한 것이다. 그러나 『사경지험기』의 가치는 성총이 이 책을 간행한 사건에서 발견할 수 있다. 이 책은 명말 청초의 중국불교계와 조선 후기 불교계의 성향을 보여주는 자료이며, 시대적 과제를 타개하기 위해 노력했던 성총의 면모를 추측케 하는 자료로 활용할 수 있을 것이다.

6. 참고문헌

이종수, 「조선후기 정토사상 연구」, 『회당학보』 13집, 회당학회, 2008.
조명제, 「백암성총의 불전편찬과 사상적 경향」, 『역사와 경계』 68집, 부산경남사학회, 2008.

차례

일러두기

1 '한글본 한국불교전서'는 문화체육관광부의 지원을 받아 동국대학교 불교학술원에서 수행하고 있는 '불교기록문화유산아카이브사업(ABC)'의 결과물을 출간한 것이다.
2 이 책의 번역은 『한국불교전서』(동국대학교출판부 간행) 제8책의 『사경지험기四經持驗紀』를 저본으로 하였다.
3 번역문에 이어 원문을 병기하였다. 원문은 『한국불교전서』를 저본으로 하며, 띄어쓰기를 표시하기 위해 온점(。)을 사용하였다.
4 원문 교감 내용 가운데 ㉯은 『한국불교전서』의 교감 내용을, ㉰은 번역자의 교감 내용을 가리킨다.
5 주석에서 소개한 출전은 약호로 표기하였다. T는 『대정신수대장경大正新脩大藏經』, X는 『신찬대일본속장경新纂大日本續藏經』의 약자이다.

사경지험기四經持驗紀 권1*

백암 성총 모음
栢庵性聰集

* ㉯ 동국대학교가 소장하고 있는 강희 25년(1686) 전라도 낙안군 징광사澄光寺 개간본을 저본으로 하였다. 제목과 편찬자 이름은 보입한 것이다.

역조화엄경지험기歷朝華嚴經持驗紀

남천축국南天竺國의 아주 유명하고 덕망 있는 비구인 용수보살龍樹菩薩[1]은 범지梵志 종족의 매우 부유하고 귀한 집안 출신이었다. 처음 태어난 장소가 나무 아래였고, 용 덕분에 도를 이룬 까닭에 이런 이름을 갖게 되었다. 강보에 싸인 어린 시절에 사위다四韋陀(베다)[2]를 염송하고 수록된 4만 게송을 모두 즉시 조감하였으며, 약관弱冠의 나이에는 여러 나라에 이름을 드날리고 천문天文과 별자리 및 그 밖의 도술까지 충분히 연마하지 않은 것이 없었다. 세 사람과 벗이 되어 산에 들어갔고 어느 불탑에 이르러 출가하여 도를 닦았는데, 90일 만에 염부제閻浮提에 존재하는 경론을 암송하고 모두 통달하였다. 그래서 다시 다른 전적을 찾아 설산雪山으로 향하다가 한 비구를 만났는데, 그가 마하연摩訶衍(대승)을 가르쳐 주었다. 그것을 좋아해 독송하자 변재辨才가 다함이 없게 되어 듣는 이들이 모두 추앙하고 복종하면서 스승이 되어 주기를 청하였다. 그러자 곧 일체지인一切智人[3]을 자처하고는 교만한 마음을 일으켜 구담문瞿曇門[4]을 통과해 들어가려고 하였다. 이때 문을 지키던 신이 용수에게 말하였다.

---

1 용수보살龍樹菩薩 : 용맹龍猛·용승龍勝이라고도 한다. 불멸 후 600~700년경(2~3세기)에 출현하여 대승불교를 크게 선양하였고, 『大智度論』·『十住毘婆沙論』·『中論』·『十二門論』 등을 저술하여 공사상을 이론적으로 정비하였다.

2 사위다四韋陀 : 위다韋陀는 veda의 음역이다. 위다圍陀·폐타吠陀·폐다吠馱·비다毘陀·피다皮陀 등으로 음역하기도 하며, 지론智論·명론明論·무대無對로 의역하기도 한다. 인도 바라문교의 근본 성전인 리그베다·사마베다·야주르베다·아타르바베다의 네 가지를 말한다.

3 일체지인一切智人 : 모든 것을 다 아는 지혜를 갖춘 자, 즉 부처님을 지칭하는 용어이다.

4 구담문瞿曇門 : 부처님께서 열반을 앞두고 마지막 유행길에 통과하셨던 마가다 빠딸리에 있는 성문을 말한다. 이후 부처님을 지극히 사모한 마가다의 왕 아자따삿뚜와 백성들이 그 문을 고타마의 문이라 부르며 기념하고 출입을 삼갔다.

"지금 그대의 지혜로는 자유자재로 변론할 수 없으니, 여래와 비교하자면 반딧불이 해나 달과 함께 빛나는 것과 다름없다. 내 보기에 그대는 일체지를 갖춘 사람이 아닌데, 왜 이 문으로 들어가려고 하는가?"

용수가 이 말을 듣고는 얼굴을 붉히며 부끄러워하고 속으로 이렇게 생각하였다.

'세계법世界法[5] 가운데도 나루와 길은 한량이 없다. 부처님 경이 오묘하긴 하지만 그 표현과 논리는 미진하다. 내가 이제 다시 이를 자세히 연설하여 후학들을 깨우치고 중생들을 이롭게 해야 마땅하다.'

이렇게 생각하고는 홀로 조용한 건물의 수정방水精房에 머물렀다. 그러자 대룡보살大龍菩薩이 이런 그를 불쌍히 여겨 신통력으로 큰 바다로 데리고 들어갔다. 그리고 궁전으로 가서 칠보 상자를 열어 여러 방등方等의 심오한 경전과 한량없는 오묘한 법을 용수에게 주었다. 이에 90일 만에 모조리 통달하고 깊이 깨달아 들어가자 용이 그가 도를 깨달았다는 사실을 알고는 궁에서 돌려보냈다. 당초 『화엄경』은 문수사리文殊師利가 결집한 것인데, 부처님께서 처음 세상을 떠나신 후에 서로 다른 도가 앞다퉈 일어나 대승의 근기를 폄하하기에 이 경을 거두어 용왕의 궁에 들였던 것이다. 600여 년 후 용수가 용궁으로 가서 이 경이 유독 심오하고 오묘한 것을 보고는 염송하여 마음에 새겨 두었다가 비로소 세상에 전하여 유포하게 된 것이다. 『부법장인연경付法藏因緣經』[6] 및 『서역기西域記』[7]의 설명이다. 현수賢首의 『화엄전華嚴傳』[8] 등 여러 전적에도 이 사실이 자세히 기록되어 있다.

---

5 세계법世界法 : 세간법世間法과 같은 의미이다.

6 『부법장인연경付法藏因緣經』 : 길가야吉迦夜와 담요曇曜가 번역한 『付法藏因緣傳』을 말한다.

7 『서역기西域記』 : 현장玄奘이 번역하고 변기辯機가 찬집한 『大唐西域記』를 말한다.

8 『화엄전華嚴傳』 : 현수 법장賢首法藏이 지은 『華嚴經傳記』를 말한다.

南天竺國。大名德比丘。號龍樹菩薩。出梵志種。大豪貴家。始生時在樹下。由龍成道。因以爲號。襁褓時。誦四韋陀。有四萬偈。皆即照了。弱冠擅名諸國。天文星緯及餘道術。無不綜練。結友三人入山。至一佛墖。出家爲道。九十日誦閻浮提所有經論。皆悉通達。因更求異典。向雪山。見一比丘。以摩訶衍授之。愛樂讀誦。辨才無盡。聞者悉推伏。請爲師範。便自謂一切智人。心生驕慢。欲往從瞿曇門入。時門神謂龍樹曰。今汝智慧。未云能辯。比于如來。無異螢火齊輝日月。我觀仁者。非一切智。云何欲從此門而入。龍樹聞之。赧然有愧。自念世界法中。津途無量。佛經雖妙。句義未盡。我今宜更敷演之。開悟後學。饒益衆生。作是念已。獨處靜室水精房中。大龍菩薩。愍其若此。以神力接入大海。至宮殿。開七寶函。以諸方等深奧經典。無量妙法。授龍樹。九旬中通解深入。龍知其悟道。送還出宮。初華嚴經。是文殊師利所集。佛初去世。異道兢興。乏大乘器。攝此經入龍王宮。六百餘年。龍樹往龍宮。見此經獨爲淵妙。誦之在心。始得傳布于世。付法藏因緣經。及西域記說。賢首華嚴傳諸本。具誌其事。

세친보살世親菩薩[9]은 천축 사람으로 타고난 성품이 총명하고 명민하였다. 처음에는 소승을 업으로 삼았는데 빼어난 변론과 자세한 분석으로 그 날카로움이 번뜩이는 칼날 같았다. 형인 무착보살無着菩薩[10]이 병을 핑계로 세친을 불러서 대승의 가르침을 열어 보여주면서 "내가 죽기 전에 내

9 세친보살世親菩薩 : 천친天親이라고도 하며, 바수반두婆藪槃豆 · 벌소반도伐蘇畔度로 음역하기도 한다. 4~5세기경 북인도 간다라 부루사부라(지금의 Peshawar) 사람이다. 『俱舍論』을 지어 설일체유부의 교의를 선양하다가 형 무착의 권유로 대승에 귀의하였다. 이후 『十地經論』·『唯識論頌』·『攝大乘論釋』·『佛性論』 등 수많은 논저로 대승의 교의를 선양하였다.

10 무착보살無着菩薩 : 세친의 형으로 처음엔 화지부化地部에 출가하여 소승의 공관空觀을 닦다가 뒤에 미륵보살의 설법을 듣고 대승에 귀의하였다. 미륵보살의 법문을 엮어 『瑜伽師地論』·『大乘莊嚴論』 등을 편찬하고, 『顯揚聖教論』·『大乘阿毘達磨集論』·『攝大乘論』 등을 지었다.

가 익혔던 경전들을 읽어 달라."라고 말하였다. 세친이 곧 『화엄경』을 읽다가 비로자나부처님의 법계와 바다처럼 드넓은 보현보살의 대행을 보고는 믿음을 일으키고 깨닫게 되어 탄식하였다.

"날카로운 칼을 가져다 내 혀를 잘라 소승을 찬탄했던 잘못을 밝혀야 하리라."

그러자 형이 말리며 말하였다.

"사람이 땅으로 인하여 넘어졌으면 역시 땅을 짚고 일어서야 한다. 이처럼 지난날 혀로 대승을 헐뜯었으니 이제 그 혀로 대승을 찬양해야 하리라."

드디어 산에 들어가 대승 경전을 두루 열람하고 『십지론十地論』을 지었다. 논이 완성되던 날 온 대지가 진동하고 광명이 환하게 비추었다. 『서역기』를 보라.

世親菩薩。天竺人。性負聰敏。初以小乘爲業。峻辨橫分。利如星釼。[1)] 兄無着菩薩。托病令召世親。因開示大敎云。及吾未死之前。讀吾所習經典。世親即讀華嚴。乃見毘盧法界。普賢行海。因生信悟。嘆曰可取利釼*。斷吾舌根。用明已讚小乘之失。兄止之曰。如人因地而倒。亦因地起。昔日以舌毁大乘。今可將舌以讚大乘。遂入山披覽大乘。造十地論。論成之日。大地徧震。光明洞然。見西域記。

1) ㉯ '釼'은 '釰'과 통용된다. 아래에서도 마찬가지다.

동진東晋의 사문 지법령支法領[11]은 대승에 뜻을 두고 좋아하여 몸 바쳐 법을 구하다가 이런 소문을 들었다.

11 지법령支法領 : 동진 효무제(376~396) 때 서역 우전국으로 가서 『四分律』 범본과 『華嚴經』 전분前分의 범본을 얻어 의희 4년(408)에 돌아왔다. 60권본 『華嚴經』은 이 범본을 불타발다라佛馱跋陀羅가 번역한 것이다.

"우전于闐[12] 동남쪽 2천여 리에 구차반국拘遮盤國[13]이 있는데, 그 나라 임금들은 대대로 대승을 존경하고 예배한다. 왕궁에는『화엄경』·『마하반야경摩訶般若經』·『대집경大集經』등 모두 10만 게송이 있으며, 왕이 직접 수지하고 장엄하게 공양한다."

이에 양식을 싸 들고 말을 달려 온갖 험난한 길을 지나 구반국拘盤國에 이르렀고, 정성을 다해 간청하고 기도하여 결국『화엄경』의 전분前分 3만 6천 게송을 얻어서 이를 가지고 돌아왔으니, 곧 동진 때 번역된『화엄경』[14]이다. 이것이『화엄경』이 동토에 들어오게 된 시초이다.

東晋沙門支法領。志樂大乘。捐軀求法。聞于闐東南二千餘里。有拘遮盤國。國君相傳。敬禮大乘。王宮內有華嚴摩訶般若大集等經。竝十萬偈。王躬受持。莊嚴供養。於是裹糧抗策。備歷艱途。至拘盤國。竭誠請禱。遂得華嚴前分三萬六千偈賫還。卽東晋朝所譯經也。此華嚴入東土之始。

진晋나라 때 북천축北天竺에서 온 삼장 불도발다라佛度跋陀羅[15]는 중국말로 각현覺賢이며 감로반왕甘露飯王[16]의 후예이다. 어려서 부모를 잃고 출가하여 사미가 되었는데, 성품이 총명하고 민첩하여 많은 경전을 두루 익히

12 우전于闐 : 우전于塡·우치于寘·우둔于遁·계단谿丹·굴단屈丹·구살단나瞿薩旦那·홀탄忽炭이라고도 한다. 지금의 중국 신강성 화전 지방이다. 남방 곤륜산에서 발원한 백옥하白玉河와 예옥하瑿玉河가 시가의 동서로 흘러서 토지가 비옥하고, 두 하수에서 진귀한 옥이 생산된다. 서쪽으로는 대하·안식국 등으로 연결되고, 동쪽으로는 중국 본토로 연결되는 통로였으며, 대승불교가 일찍 전래되었다.

13 구차반국拘遮盤國 : 구반국拘盤國.

14 동진 때 번역된『화엄경』: 불타발다라가 번역한 60권본『華嚴經』을 말한다.

15 불도발다라佛度跋陀羅 : 불타발다라佛馱跋陀羅(359~429)라고도 한다. 인도에 법을 구하러 갔던 지엄智嚴의 청으로 장안長安에 왔다.

16 감로반왕甘露飯王 : 사자협왕師子頰王의 아들로서 정반왕의 아우이자 석존의 숙부이다. 감로정甘露淨이라고도 한다. 불도발다라가 석가족의 후예임을 의미한다.

고 선禪과 율律을 깊이 통달하였다. 그는 여러 곳을 편력하며 널리 교화하기를 늘 소원하고 있었다. 마침 요진姚秦의 사문 지엄智嚴[17]이 계빈국罽賓國[18]에 이르러 그 나라 스님들에게 "누가 동토로 가서 교화할 수 있겠습니까?" 하고 묻자, 다들 "각현이면 가능하다."라고 대답하였다. 스님은 일찍이 불대선佛大仙에게서 선업禪業을 전수받은 적이 있었다. 불대선도 당시 계빈국에 있었는데 그도 지엄에게 "승도들에게 기강을 떨치고 정법을 널리 전수할 수 있는 사람은 바로 각현이다."라고 말하였다. 지엄이 이로 인해 함께 동토인 중국으로 가자고 간절히 청하자 스님이 이를 허락하였다. 그 여정은 3년이나 걸렸으니, 낮에는 숨었다가 밤길을 걸어 온갖 위험을 겪고서야 동래군東萊郡에 도달하였다. 구마라집이 장안長安에 있다는 소식을 듣고는 흔연히 찾아뵈었으며, 그와 서로 논의를 주고받았고, 선법을 연설해 전수하였다. 그 뒤 동진東晋을 유행하였는데, 의희義熙 14년(418)에 오군吳郡의 내사內史 맹의孟顗와 우위장군右衛將軍 저숙도褚叔度가 따로 깨끗한 방사를 짓고는 『화엄경』을 번역해 달라고 청하였다. 스님이 이에 양주揚州 사사공사謝司空寺【도량사道場寺라고도 하였으니, 곧 지금의 윤주潤州 흥엄사興嚴寺가 그곳이다. 화엄을 흥성시킨 것에서 절 이름이 유래하였다.】에서 손에 범문梵文을 들고 100여 명의 사문과 함께 범본 3만 6천 송을 번역하여 진경晋經 60권【34품 8회】을 완성하였는데, 지시한 문장은 이치에 맞았으며 번역한 말은 적절하고 오묘하였다. 사문 법업法業이 필수하고, 혜엄慧嚴과 혜관慧觀이 윤색하였다.

---

17 지엄智嚴 : 서량西凉 사람이며, 일찍이 출가하여 이름난 스승을 찾아 편력하였다. 불경을 구하러 인도로 가다가 계빈국에서 불타발다라를 만나 함께 장안으로 돌아왔다. 427년 보운寶雲과 함께 『普曜經』·『廣博嚴淨經』·『四天王經』 등 14부 36권을 번역하였다. 다시 인도에 갔다가 돌아오는 길에 계빈국에서 78세의 나이로 입적하였다.

18 계빈국罽賓國 : 가습미라迦濕彌羅·갈습미라羯濕弭羅·가섭미라迦葉彌羅라고도 한다. 북인도 간다라 동북의 산중에 있던 왕국으로 지금의 카슈미르(Cashmir) 지역에 해당한다. 2세기경 카니시카 왕 당시 『大毘婆沙論』을 편찬한 곳이다.

옛 도량사道場寺에는 화엄당華嚴堂이 아직도 남아 있다. 처음 경을 번역할 당시 화엄당 앞 연못에서 매일 푸른 옷을 입은 두 동자가 나와 향과 꽃을 바쳤으며, 화로를 덥히고 물을 길어 오며 자리를 떠나지 않다가 날이 저물면 다시 연못으로 사라지고는 하였다. 온 대중이 이를 목격하였으니, 이 경이 용궁에 오래 있었기에 용왕이 널리 유통되는 것을 기뻐하여 용의 아들들에게 물자를 공급하고 시중들게 한 것이었다. 또 어떤 선신善神도 그를 좌우에서 보호했다고 한다. 그 뒤 여산廬山에 들어가 원遠 공[19]의 백련사白蓮社에 참여하여 『관불삼매경觀佛三昧經』 등을 번역하였다. 원가元嘉 6년(429)에 71세로 돌아가셨는데, 손가락 세 개를 구부려[20] 아나함과阿那含果를 얻었음을 표명하였다.

업業 공[21]은 풍모와 격식이 빼어나고 단정하였다. 그는 여러 교학을 두루 열람하고도 스스로 "미세한 부분까지 탐색해 끝까지 조명하지는 못했다."고 하며 항상 침울해 하고 부족하게 여기다 뒤에 각현을 만나 『화엄경』을 번역해 주기를 간청하였다. 그 뜻과 이치를 헤아리고 묻기를 수년에 확연히 통달해 깨닫고는 벗을 돌아보며 "성스러운 가르침의 사남司南[22]이 여기에 있었구나."라고 하였다. 드디어 오묘한 종지를 널리 펼치고 수많은 종도들의 수장이 되었으며, 『화엄지귀華嚴旨歸』 두 권을 저술하였다.

혜엄과 혜관은 필격筆格이 고매하고 간결하였으며 경론에 깊고 해박하였으니, 곧 집什 공[23] 회하의 여덟 준걸 중 두 사람이다.

晋北天竺三藏佛度跋陀羅。華云覺賢。甘露飯王之苗裔。幼失怙恃。度爲

19 원遠 공 : 혜원慧遠 스님을 지칭한다.
20 손가락 세 개를 구부려 : 아나함은 성문사과 중 세 번째이다.
21 업業 공 : 필수를 담당했던 법업法業 스님을 지칭한다.
22 사남司南 : 지남指南과 같은 의미로서 정확한 지침을 말한다.
23 집什 공 : 구마라집을 지칭한다.

沙彌。性聰敏。慱綜羣經。深達禪律。常願遊諸方。以弘至化。適姚秦沙門智嚴。至罽賓國。問彼國僧。誰可流化東土。皆云賢可。師嘗受禪業於佛大仙。大仙時亦在罽賓國。謂嚴曰。可以振維僧徒。宣授正法。賢其人也。嚴因懇請。偕來東夏。師許之。途歷三載。晝伏宵行。備經危險。方達東萊郡。聞羅什在長安。欣然詣焉。與之上下論議。演授禪法。後遊東晋。義熙十四年。吳郡內史孟顗右衛將軍褚叔度。別造淨室。請譯華嚴經。師乃於揚州謝司空寺。【亦名道場寺。卽今潤州興嚴寺是也。由興華嚴故。】手執梵文。共沙門百餘人。翻譯梵本三萬六千頌。成晋經六十卷。【三十四品八會。】指文會理。通言適妙。沙門法業筆受。慧嚴慧觀潤色。故道場寺。猶有華嚴堂焉。初譯經時。堂前池內。每有二靑衣童子。從池中出。捧以香花。爇爐注水。不離几席。將夕還潛沼中。擧衆皆見。以此經久在龍宮。龍王慶感流通。故令龍子給侍。又有善神。護諸左右云。後入廬山。預遠公蓮社。譯觀佛三昧諸經。永嘉[1]六年卒。年七十有一。手屈三指。明得阿那含果。業公風格秀整。徧閱羣敎。自謂未能探微照極。常怏然不足。後遇覺賢。請譯華嚴。籌諮義理數歲。廓然通悟。顧友人曰。聖敎司南。於是乎在。遂敷弘奧旨。犇爲宗首。著旨歸兩卷。慧嚴慧觀。筆格高簡。經論深慱。卽什公八俊之二也。

1) 역 '永嘉'는 '元嘉'인 듯하다. 영가永嘉(307~313)는 진晋 회제懷帝의 연호이고, 원가元嘉(424~452)는 남송南宋 문제文帝의 연호이다. 『高僧傳』(T50, 334b)에서도 "원가 6년에 돌아가셨다."고 하였다. 이 책의 저본인 청淸나라 주극부周克復가 편집한 『華嚴經持驗紀』(X77, 649a)에서도 "영가 6년에 돌아가셨다."고 하였는데, 역시 오류이다.

우전국于闐國 사미 반야미가박般若彌伽薄은 계행戒行을 견고히 지키며 오로지 『화엄경』만을 염송하였다. 그러자 갑자기 어떤 사람이 나타나 합장하고 말하였다.

"여러 천신들이 스님을 모셔 오라고 제자에게 명하였으니, 스님께서는 눈을 감으십시오."

잠깐 사이에 천상에 이르렀고, 천주天主가 무릎을 꿇고 청하였다.

“지금 여러 천신들이 아수라와 전쟁을 벌이고 있는데 여러 차례 패배하는 수모를 겪었습니다. 스님께서 『화엄경』을 염송해 법력으로 보호해 주시기 바랍니다.”

스님은 그들의 청대로 하늘나라 보배 수레에 올라 하늘나라 깃발을 잡고 마음속으로 『화엄경』을 염송하였다. 그런 상태에서 여러 하늘나라 대중들이 그들의 강력한 적을 향해 진군하자 아수라가 그것을 보고는 순식간에 뿔뿔이 흩어져 버렸다. 그리고 잠깐 사이에 제자리로 돌아왔는데 몸에 하늘나라의 향기가 배어 죽을 때까지 사라지지 않았다.

于闐國沙彌般若彌伽薄。堅持戒行。專誦華嚴。忽有人合掌謂曰。諸天令弟子請師。願師閉目。俄至天上。天主跪而請曰。今諸天方與修羅戰。屢被摧衂屈。師誦華嚴經。望法力加護。師如其所請。乘天寶輅。執天幢旛。心念華嚴。以諸天衆。對彼勍敵。修羅見之。忽然潰散。須臾送歸。身染天香。終身不滅。

송宋의 구나발다라求那跋陀羅[24]는 중국말로 공덕현功德賢이며 중천축中天竺 사람이다. 처음에는 오명五明[25]의 여러 논에 통달하였다가 후에 삼장三藏에 깊이 들어갔으며, 더욱 나아가 대승을 배웠다. 그의 스승이 경전을 넣어 둔 상자를 골라잡게 하자 곧바로 『화엄경』을 선택하였고, 스승이 이

24 구나발다라求那跋陀羅(393~468) : 『阿毘曇雜心論』을 읽고 불교에 귀의하여 삼장을 통달한 후 대승을 배웠다. 송 문제의 후원으로 기원사祇洹寺에서 역경에 종사해 『雜阿含經』·『大法鼓經』·『勝鬘經』·『小無量壽經』·『楞伽阿跋多羅經』·『華嚴經』 등 52부 134권을 번역하였다. 세상에서 그를 마하연摩訶衍이라 일컬었다.

25 오명五明 : 인도에서 사용한 학문과 기예의 분류법이다. 명明이란 배운 것을 분명히 한다는 뜻이다. 다섯 가지는 성명聲明(언어·문학·문법), 인명因明(논리학), 주술명呪術明(주문·부적·의례), 의방명醫方明(의학·약학), 공교명工巧明(공예·기술)이다.

를 기뻐하며 더욱 열심히 강설하도록 명하였다. 원가元嘉 연중[26]에 광주廣州에 도착하자 자사 차랑車朗이 조정에 알려 문제文帝가 사신을 보내 영접하였으며, 남초왕南譙王 의선義宣 등이 모두 스승으로 섬겼다. 왕이 의학義學 사문 700여 명을 소집해 『화엄경』을 강설하고자 했지만 스님은 중국말을 익히지 못해 속으로 깊이 부끄러워하며 한탄하였다. 그래서 아침저녁으로 예배하고 참회하며 관음보살에게 정성을 다해 기도하면서 그윽한 감응을 구하였다. 그러자 꿈에 칼을 든 신이 어떤 한 사람의 머리를 가지고 와서 바꿔 주었고, 깜짝 놀라 잠에서 깬 뒤로는 모르는 중국말이 없게 되었다. 드디어 『화엄경』을 십여 차례에 걸쳐 강설하게 되었고, 듣는 사람 모두 절복하였다. 스님이 처음 건업建業에 도착했을 때 황제가 물었다.

"과인이 계를 지켜 살생하지 않고 싶지만 이 몸이 국정을 주관하고 있어 뜻대로 할 수 없으니 어쩌면 좋습니까?"

스님이 말하였다.

"제왕께서 닦아야 할 바는 필부와 다릅니다. 필부는 신분이 천하고 명예 또한 보잘것없으니, 모름지기 자신을 이겨 내고 애써 직접 실천해야 합니다. 그러나 제왕은 사해를 집으로 삼고 만민을 자식으로 삼는 분이십니다. 한마디 아름다운 말씀을 하면 신하와 백성들이 모두 기뻐하고, 한 가지 선정을 베풀면 사람과 신들이 화합하게 되며, 형벌을 내리더라도 젊은 사람을 함부로 죽이지 않고 노역을 시키더라도 백성을 고단하게 하지 않으면 바람과 비가 때를 맞추고 추위와 더위가 순조로워 백곡이 풍성할 것입니다. 이와 같이 재계齋戒를 지키셔야 재계가 또한 큰 것이며, 이와 같이 살생하지 않으셔야 지계가 또한 지극한 것입니다. 어찌 한 끼 식사에서 고기반찬을 빼고 한 마리 짐승의 목숨을 살려 주어야만 널리 구제하

26 원가元嘉 연중 : 구나발다라求那跋陀羅는 원가 12년(435)에 해로로 광주廣州에 도착하였다.

는 것이라 하겠습니까?"

이에 제왕이 안석을 치며 칭찬하고 사령에게 필요한 물품을 공급하도록 명하였으며, 온 나라가 존중하고 받들었다.

宋求那跋陀羅。華言功德賢。中天竺人。初通五明諸論。後深入三藏。進學大乘。其師令探取經匣。卽得華嚴。師喜之命加講說。元嘉中。至廣州。刺史車朗奏聞。文帝遣使迎接。南譙王義宣等並師事之。王集義學沙門七百餘衆。欲講華嚴經。師以未通華言。深懷媿歎。因朝夕禮懺。虔禱觀音。以求冥應。遂夢神人執釼*。持一人首而爲易之。豁然便覺。自後華言。無不通曉。遂講華嚴至十數遍。聽者傾服。師初達建業。帝問曰。寡人欲持戒不殺。而身主國政。不獲從志奈何。師曰帝王所修。與匹夫異。匹夫身賤名劣。須克己苦躬。帝王以四海爲家。萬民爲子。出一嘉言。則士庶咸悅。布一善政。則人神以和。刑不夭命。役不勞力。則風雨時。寒暑調。百穀茂。如此持齋。齋亦大矣。如此不殺。戒亦至矣。安在缺一時之膳。全一禽之命。然後爲弘濟耶。帝撫几稱嘆。敕有司供給。擧國宗奉焉。

제齊의 석혜광釋慧光[27]은 낙양洛陽에 거처하며 『화엄경』·『열반경』·『십지론』 등에 소를 지어 방편과 진실의 종지를 오묘하게 끝까지 밝혔다. 어느 날 병이 들자 하늘나라 대중이 찾아와 영접하였다. 그것을 보고 혜광이 말하였다.

27 석혜광釋慧光 : 남북조南北朝 때 정주定州 장로長盧 사람으로 속성은 양楊씨며, 13세에 불타 삼장에게 출가하여 계율을 배웠다. 『四分律』을 널리 보급하여 후에 중국 율종의 시조始祖로 추존되었다. 북위 영평 1년(508)에 늑나마제勒那摩提와 보리류지菩提流支가 『十地論』을 함께 번역하다가 도중에 견해가 달라 각기 따로 번역하였는데, 혜광이 두 가지 번역을 비교 검토하여 하나로 만들고, 이에 대한 주석서를 지은 것으로 유명하다. 그 외에도 수많은 경론에 주석서를 지었다. 세상에서는 그를 광통光統 율사라 불렀다.

"내 소원은 안양安養[28]으로 돌아가는 것뿐입니다."

그러자 정토의 화신불이 온 허공에 가득 찼다. 혜광이 "원하옵건대 우리 부처님께서 거두어 주시어 저의 본래 소원을 이뤄 주소서."라고 말하자, 곧 손가락을 튕기거나 기침할 정도의 짧은 시간에 말과 호흡이 함께 끊어졌다. 『운서왕생집雲棲往生集』을 보라.

齊釋慧光。居洛陽。著華嚴涅槃十地等疏。妙盡權實之旨。一日有疾。見天衆來迎。光曰我所願。歸安養耳。已而淨土化佛。充滿虛空。光曰惟願我佛攝受。遂我本願。卽彈指謦咳。言氣俱盡。見雲棲往生集。

위魏의 늑나마제勒那摩提는 중국말로 보의寶意이며 중천축中天竺 사람이다. 문장과 학문을 널리 섭렵하고 선의 이치를 밝게 깨우쳤으며, 정시正始 초년(504)에 낙양에 도착해 『십지론』 등 24권을 번역하였다. 스님은 중국말을 명확히 이해하고 지혜와 깨달음이 타의 추종을 불허해 황제가 『화엄경』을 강의하게 할 때마다 정밀한 뜻을 훌륭히 밝혔다. 한번은 높은 자리에 앉아 있는데 갑자기 홀을 들고 편지를 가진 자가 나타났다. 높은 관리의 형상을 한 그가 "법사께서 오셔서 『화엄경』을 강설해 주기를 천제께서 청하십니다."라고 하자, 도강都講과 유나維那 등의 스님들이 모두 따라가기를 원하였다. 당시 강석에 있던 대중 스님들이 똑같이 이를 목격하였다. 스님은 기뻐하며 미소를 짓고는 대중에게 이별의 말을 남기고 법좌에서 천화하였으며, 도강 등의 스님들 역시 동시에 입멸하였다. 이로 볼 때 비장秘藏인 화엄은 하늘이건 사람이건 받들고 존중하지 않는 이가 없음이 이와 같다는 것을 알 수 있다.

---

28 안양安養 : 아미타불의 정토인 극락세계의 별칭이다.

魏勒那摩提。華言寶意。中天竺人。博文贍學。明悟禪理。以正始初至洛陽。譯十地等論二十四卷。師領受華音。慧悟絶倫。帝每令講華嚴。精義頴發。嘗處高座。忽有持笏執柬者。形如尊官。云天帝來請法師。講華嚴經。都講維那咸祈相赴。時講席衆僧。同見之。師怡然微笑。告衆辭訣。化於法座。其都講等僧。亦同時入滅。觀此知華嚴秘藏。天人無不宗重如是。

위魏나라 때 촉蜀의 승려 법건法建은 선행禪行이 높고 빼어났으며, 평소『화엄경』을 수지하였다. 당시 무릉왕武陵王이 동쪽으로 내려가면서 동생 규規에게 익주益州를 지키게 하였는데, 위魏에서 장군 위지형尉遲逈을 파견해 촉을 정벌하였다. 규가 항복하자 성안의 명승들도 모두 구금되었는데 밤이 되자 갑자기 하늘을 밝히는 광명이 나타났다. 위지형이 사람을 보내 그 빛을 조사하게 하였는데, 조사관은 다른 스님들은 다 잠들고 법건만 단정히 앉아 경을 염송하고 있는 가운데 빛이 그의 입에서 나오고 있는 것을 보았다. 위지형은 이 소식을 듣고 스님이 있는 곳으로 직접 찾아와 머리를 조아려 예배하고는 앉아서 들었는데, 아침이 되어서야 비로소 끝났다. 이에 물었다.

"법사께서 밤에 염송하신 것이 무슨 경입니까?"

스님이 말하였다.

"『화엄경』입니다."

위지형이 물었다.

"얼마나 염송할 수 있습니까?"

스님이 말하였다.

"빈도가 발심하여 대장경 전체를 염송하려 했으나 마음에 게으름이 많아 이제 겨우 천 권 정도입니다."

위지형은 깜짝 놀랐다. 의심스럽고 믿기지 않아 시험해 보고 싶어 말했다.

"뜻을 굽혀 한 차례 염송해 주어도 힘들지 않겠습니까?"

스님이 말했다.

"경을 염송하는 것은 사문의 일상적인 일입니다. 어찌 수고롭다며 꺼리겠습니까?"

이에 높은 자리를 마련하고는 모든 스님들에게 다들 경본經本을 들고 듣게 하였다. 스님은 자리에 올라 염송하였는데, 이레 밤만에 그 권수가 찼다. 이에 위지형이 일어나 작별 인사를 하고 아울러 모든 스님들을 석방하였다. 그러고 나서 감탄하였다.

"여래께서 입멸하신 후 아난이 부처님의 법문을 모두 암기해서 이보다 나은 이가 없었는데, 촉 땅에 이런 사람이 있었구나. 항상 편안하고 안락할 수 있었던 것이 어찌 우연이었겠는가?"

『속고승전續高僧傳』을 보라.

魏蜀僧法建。禪行高特。素持華嚴。時武陵王東下。令弟規。守益州。魏遣將軍尉遲迥來伐蜀。規旣降款。城內名僧皆被拘禁。至夜忽有光明燭天。迥遣人尋光。乃見諸僧並睡。惟師端坐誦經。光從口出。迥聞自到師所。頂禮坐聽。達旦始休。因問法師夜誦何經。師曰華嚴經。迥問誦得幾許。師曰貧道發心。欲誦一藏。情多懈怠。今始得千卷耳。迥驚疑不信。將欲試之。曰屈誦一徧。應不勞損否。師曰誦經沙門常事。豈憚勞苦。乃設高座。令諸僧衆。竝執經本聽。師登座宣誦。七日夜。數乃滿足。迥起謝別。因竝釋放諸僧。旣而嘆曰。如來滅後。阿難是爲總持。未能過此。蜀中乃有此人。所以常保安樂。豈偶然哉。見續高僧傳。

후위後魏의 사문 영변靈辨은 진양晋陽 사람이다. 전생부터 수승한 선업을 심었고, 항상 대승大乘을 읽었는데 『화엄경』을 보고는 받듦이 배나 더하였다. 이에 이 경을 머리에 이고 청량산淸凉山의 절로 들어가 문수사리文殊師利께서 남몰래 옹호하시기를 바라며 예배하면서 세월을 보냈다. 발이 갈라져 피가 흐르고 살이 말라 뼈가 뚫고 나올 지경이 되었을 때 별안간 공중에서 소리가 들렸다.

"너는 일단 멈추고 그저 지극한 마음으로 이 경을 사유하라. 그러면 저절로 깨달아 들어갈 곳을 얻으리라."

스님은 그제야 책을 펼쳤고, 활연히 크게 깨달았다. 희평熙平 원년(516) 정월에 『화엄론華嚴論』을 지어 뜻을 설명하고 문장을 해석하였는데, 그윽한 곳을 끝까지 밝히고 심오한 곳을 꿰뚫었다. 모두 100권이며, 세상에 유통되어 전해지고 있다.

後魏沙門靈辨。晋陽人。宿植勝善。常讀大乘。見華嚴經。倍加鑽仰。乃頂戴此經。入清凉山寺。求文殊師利潜護。拜禮歷歲。足破血流。肉盡骨穿。忽聞空中云。汝且止。但至心思維此經。自得入處。師于是披卷。豁然大悟。熙平元年正月。造華嚴論。演義釋文。窮幽洞奥。共百卷。流傳於世。

승려 덕원德圓은 천수天水 사람이며, 항상 『화엄경』을 학업으로 삼아 독송하고 수지하였다. 드디어 깨끗한 동산 하나를 마련하여 닥나무를 심고, 향기로운 풀과 사이사이 고운 꽃도 심었다. 매일 한 차례씩 동산에 들어갈 때는 반드시 깨끗이 씻었으며, 정갈한 옷을 몸에 걸치고 향기로운 물을 주었다. 그리고 닥나무가 3년을 자라 향기가 사방에 풍기자 따로 집 한 채를 짓고 향긋한 진흙으로 땅을 골랐다. 그리고는 장인들에게 재계하게 하고 옷을 갈아입혔으며, 들어가고 나갈 때 반드시 손 씻고 양치하고 향을 쬐게 하고는 닥나무 껍질을 벗겨 물에 가라앉히고 정갈한 것만 삶아 종이를 만들었는데, 꼬박 한 해가 다 가고야 완성되었다. 따로 정갈한 기단을 쌓아 새 집을 짓고는 방 안에 반듯한 백아좌栢牙座를 설치하여 꽃과 향으로 덮었고, 위에는 보배 일산을 달아 갖가지 구슬과 옥을 늘어뜨렸으며, 하얀 단향목과 자줏빛 침향목으로 경안經案을 만들고 아울러 붓대를 만드는 데 충당하였다. 사경하는 서생은 매일같이 재계하고 향탕에 세 번 목욕하였으며, 화관華冠을 쓰고 깨끗한 옷을 입었다. 사경하는 방으로 들어갈 때는 반드시 길 양쪽에서 향을 사르고 앞에서 범패를 하면서 그를 인도하였다. 스님 역시 몸과 옷을 매우 청결히 하고서 화로를 들고 공손히 인도하였다. 꽃을 뿌려 공양하고 비로소 사경을 시작하자 스님은 또 무릎을 꿇고 자신이 직접 쓴다고 상상하면서 주목하고 마음을 기울였다. 그러자 겨우 몇 줄 사경하자마자 글자마다 모두 광명을 놓아 온 사원을 환하게 비췄으며, 한참을 그러고서야 비로소 멈췄다. 그리고 어떤 신인神人이 창을 든 모습으로 나타나 경호하였는데, 그것을 덕원과 서생이 똑같이 보았지만 다른 사람들은 보지 못했다. 또 푸른 옷을 입은 범천의 동자가 손에 하늘나라 꽃을 들고 공양하였다. 2년에 걸쳐 사경이 끝나자 향나무 함에 담아 보배 휘장에 안치하고는 매일같이 정례하였다. 그 후에 전독轉讀할 때마다 함에서 기이한 광채가 빛났다. 이 경전은 차례로 전수되었고 지금까지 5대째이다. 청정하게 전독하는 자가 있으면 그때마다 역시 신령스러운 감응이 분명하게 나타났다. 지금도 서태원西太原의 현수賢首 법사 처소에 여전히 남아 있다. 『회현기會玄記』를 보라.

僧德圓。天水人。常以華嚴爲業。讀誦受持。遂修一淨園。樹諸穀楮。並種香草。雜以鮮花。每一入園。必加洗濯。身著淨衣。漑以香水。楮生三載。香氣四達。別造一室。香泥塗地。令匠人齋戒易服。出入必盥漱薰香。剝楮取皮。浸以沉水。濩淨造紙。畢歲方成。別築淨基。造新室。堂中施方栢牙座。用布香華。上懸寶盖。垂諸玲珮。白檀紫沉。以爲經案。竝充筆管。書經生。日受齋戒。香湯三浴。華冠淨服。將入經室。必夾路焚香。唄先引之。師亦體服嚴潔。執爐恭導。散花供養。方乃書寫。師又胡跪運想。注目傾心。纔寫數行。每字皆放光明。照徹一院。久之方歇。復有神人。執戟現形警衛。圓與書生同見。餘人則不覩焉。又有靑衣梵童。手執天花供養。經二載書寫畢。盛以香函。置諸寶帳。每申頂禮。後因轉讀。函發異光。此經遞授。於今五代。有清淨轉讀者。時亦靈應昭然。今尙在西太原賢首法師處。見會玄記。

후위後魏의 안풍왕安豊王 연명延明과 중산왕中山王 원희元熙 두 사람은 모두 종실의 빼어난 현군이다. 그들은 위없는 도에 마음을 두고 원종圓宗에 머리를 조아려 일찍이 향을 먹에다 섞어『화엄경』100부를 사경하고 금자金字『화엄경』한 부를 사경한 적이 있었다. 그것을 모두 다섯 가지 향나무로 만든 장경각과 일곱 가지 보배로 만든 함에 보관하였다. 조용한 밤 맑은 날에 깨끗이 재계하고 행도行道[29]하자 곧 신비한 광채가 뿜어져 나왔고 오색이 찬란하게 건물을 비추었다. 대중들이 모두 그것을 목격하였다.

後魏安豊王延明。中山王元熙。並以宗室英賢。處心無上。稽首圓宗。嘗用香和墨。寫華嚴經一百部。金字華嚴經一部。皆五香爲藏。七寶爲函。靜夜良辰。淸齋行道。即放神光。五色照耀臺宇。衆共覩之。

후위後魏 문명文明 원년[30]에 경조京兆 사람 왕명간王明幹이 병으로 절명하여 두 사람에게 잡혀 지옥地獄으로 끌려갔다. 문에 다다라 자기를 지장보살이라 칭하는 스님을 보았는데, 그가 "3세 모든 부처님을 분명히 알고 싶은 사람이 있다면 마땅히 이와 같이 관하라. 마음이 모든 여래를 만드느니라.【이는 진경晋經[31]의 게송이다.】"라는 게송을 가르쳐 주면서 말하였다.

---

29 행도行道 : 요불遶佛 또는 요당遶堂이라고도 한다. 여러 스님들이 경을 읽으면서 줄지어 부처님의 주위를 도는 것을 말한다. 이때 오른쪽 방향으로 돈다.

30 문명文明 원년 : 위魏의 역대 연호에 '문명文明'은 없다. 문명은 당 예종睿宗의 연호로 684년에 해당한다. 이 책에 편집된 내용들이 비교적 연대순으로 기술된 점을 감안할 때, 이는 당나라 때 기사가 아니라 후위後魏의 기사인 것으로 추측된다. 그렇다면 연호는 오기이다.

31 진경晋經 : 동진 때 불타발다라佛馱跋陀羅가 번역한 60권본『華嚴經』을 말한다.

"이 게송을 염송하는 자는 지옥의 온갖 고통을 물리칠 수 있다."

왕명간이 그 말에 따라 염송하고는 지옥으로 들어가 대왕을 만났다. 왕이 물었다.

"너는 어떤 공덕을 지었느냐?"

"4구의 게송 하나를 수지했을 뿐입니다."

곧 앞에서 들었던 그대로 낭송하자 대왕이 그를 방면하였다. 게송을 낭송하였을 때 소리가 들리는 곳에서는 지옥에서 고초를 겪던 사람들이 모두 해탈할 수 있었다. 왕명간은 3일 만에 다시 살아나 이 게송을 기억해 내고 사람들에게 말하였다. 그때서야 그것이 『화엄경』에서 야마천궁夜摩天宮에 한량없는 보살들이 운집했을 때 설해진 것으로서 곧 각림覺林보살의 게송임을 알게 되었다. 지금의 당경唐經[32]에는 아래 두 구절이 "마땅히 법계의 성품을 관하라. 모든 것은 마음이 만든 것일 뿐이다."로 되어 있는데, 말은 비록 조금 다르지만 큰 뜻은 역시 동일하다. 이처럼 한 게송의 공으로도 지옥을 파괴할 수 있었는데, 하물며 한 권 한 부의 심오하고 미묘함이겠는가. 『찬영기纂靈記』를 보라.

後魏文明元年。京兆人。王明幹。因病致絶。被二人引至地獄。及門見一僧。稱是地藏菩薩。教之誦偈云。若人欲了知。三世一切佛。應當如是觀。心造諸如來。【此晋經偈。】誦此偈者。能排地獄諸苦。幹因誦之。入見王。王問曰。汝有何功德。荅云惟受持一四句偈。即朗誦如前。王遂放免。當誦偈時。聲所到處。獄中受苦之人。皆得解脫。幹三日方甦。憶持此偈。向人說之。方知是華嚴經。夜摩天宮無量菩薩雲集所說。卽覺林菩薩偈也。今唐經下二句云。應觀法界性。一切惟心造。語雖稍別。大意亦同。旣一偈之功。能破地獄。況一卷一部之玄微哉。見纂靈記。

32 당경唐經 : 실차난타實叉難陀 등이 번역한 80권본 『華嚴經』을 말한다.

북제北齊의 중관中官[33] 유겸지劉謙之는 고자인 것을 스스로 탄식하고 마음으로 불교에 귀의한 자였다. 태화太和[34] 연간에 셋째 왕자가 청량산淸凉山에서 문수사리보살을 구하며 소신공양하였다. 유겸지가 그 일을 목격하고는 입산수도를 허락해 주십사 주청하게 되었다. 그는『화엄경』한 부를 지니고서 밤낮으로 부지런히 예참하고 독송하였으며, 오묘한 깨달음을 마음으로 기원하면서 음식과 물을 끊었다. 그렇게 하기 21일에 형상과 기운은 비록 시들어 갔지만 뜨거운 정성은 더욱 간절하였다. 그러자 홀연히 감응하여 구레나룻과 콧수염이 자라면서 장부의 모습을 회복하였으며, 신비로운 광채가 빛나고 통달해 깨달아 심오한 뜻을 확연히 밝혔다. 드디어 정기를 모두 쏟아 이 경에 대한 논을 지었는데 모두 600권이었다. 이를 고조高祖에게 아뢰자 더욱 공경하고 믿게 되었으며, 화엄의 한 가르침이 이로 인해 더욱 성황을 이루었다.

北齊中官劉謙之。自嘆刑餘。皈心佛乘。太和中。第三王子。於淸凉山。求文殊師利菩薩。焚身供養。謙之覩其事。乃奏乞入山修道。齎華嚴經一部。晝夜精勤。禮懺讀誦。心祈妙悟。絶粒飮水。垂三七日。形氣雖微。丹懇彌切。忽感髯髭盡生。復丈夫相。神彩通悟。洞曉幽旨。遂殫精造此經論。共六百卷。奏聞高祖。倍加敬信。華嚴一敎。於斯轉盛。

수隋 선정도량禪定道場의 승려 혜오慧悟는 경조京兆 사람이다. 일찍이 도상道祥이라는 한 스님과 종남산終南山에서 함께 은거하였는데, 스님은『화엄경』을 수지하였고, 도상은『열반경』을 수지하였다. 나무 열매를 따먹고

---

33 중관中官 : 내시內侍를 말한다.

34 태화太和 : 북제北齊의 역대 연호에 태화는 없다. 태화(477~499)는 북위 효문제孝文帝의 연호이다. 이 책에 편집된 내용들이 비교적 연대순으로 기술된 점을 감안할 때, 이것 역시 연호의 오기로 추측된다.

바위에 깃들어 살면서 각자 한 가지 학업에 매진하였는데, 홀연히 한 사람이 찾아와 무릎을 꿇고 절하면서 안부를 묻고 말하였다.

"스님 한 분만 저희 집으로 오셔서 재齋에 참석해 주십시오."

두 스님이 서로 추천하자 그가 말했다.

"『화엄경』을 염송하는 법사께 부탁드립니다."

혜오가 이로 인해 따라갔는데 바로 산신山神의 처소였다. 천 명의 아라한을 초대하였지만 모두 스님을 상좌上座로 추대하였고, 식사를 마치고는 허공으로 날아갔다. 산신이 한 동자를 불러 시중을 들게 하자 동자가 곧 명에 따라 스님에게 말했다.

"스님께서는 입을 벌려 주십시오."

그리고 입속을 살피고는 말하였다.

"스님은 큰 병이 있군요."

동자는 손톱의 때를 긁어모아 스님의 입에 집어넣었다. 그리고 잠깐 있다가 다시 스님에게 입을 벌리게 하고 살펴보면서 말하였다.

"병이 거의 나았습니다."

그리고는 곧 펄쩍 뛰어 입속으로 날아 들어갔으니, 동자는 과연 약藥의 정령이었다. 스님은 드디어 신통을 얻게 되었고, 집으로 돌아와 경을 집어 들고는 도상과 이별하고 아득히 허공을 밟고 떠나갔다.

隋禪定道場僧慧悟。京兆人。嘗與一僧道祥。同隱終南。師受持華嚴。祥受持涅槃。木食巖栖。各專一業。忽一人來。拜跪問訊云。請一師就宅赴齋。二僧相推。人云請讀華嚴法師。悟因隨往。乃山神處也。請千羅漢。皆推師上座。食訖皆飛空去。神呼一童子令侍。童即依命謂師曰。請師開口。既視口中。乃云師大有病。童取手瓜上垢。投師口內。須臾復令師開口視之曰。病已略盡。即躍身飛入口中。童果是藥精。師遂獲神通。還室取經。辭道祥。渺然履空而去。

수隋의 석령간釋靈幹은 성이 이李씨며 적도狄道 사람이다. 연衍 법사를 의지해 출가하였고, 나이 열여덟에 『화엄경』을 강의할 수 있었으며, 흥선사興善寺로 찾아가 역경하고 증의證義하는 사문이 되었다. 그 뒤 병에 걸려 죽었는데 며칠 뒤에 다시 살아나 말하였다.

"도솔천兜率天으로 가서 휴休와 원遠 두 법사[35]를 보았는데 두 분 모두 연화대에 앉아 계셨으며 그 광채가 이 세상 것과는 비교가 되지 않았다. 그리고 나에게 '나를 위해 모든 제자들에게 뒷날 다들 이곳에 태어날 것이라고 알려 달라'라고 말하였다."

스님은 『화엄경』에 뜻을 두고 받들었으며, 항상 경에 의지해 화장관華藏觀과 미륵천궁관彌勒天宮觀을 익혔다. 병이 심해졌을 때, 눈을 위로 치켜뜨고 마치 뭔가를 보는 듯해 승려 동진童眞이 까닭을 묻자 이렇게 대답하였다.

"저기 푸른 옷을 입은 동자가 보이는데 도솔천으로 데려가려 하는구나. 하지만 천상의 즐거움은 오래 가지 못해 결국 윤회하는 세계로 떨어지고 말 것이니, 연화장세계蓮花藏世界가 바로 내가 원하는 곳이다."

그러고는 기력이 다했다가 잠시 뒤 다시 살아났다. 동진이 다시 물었다.

"지금은 뭐가 보입니까?"

"거대한 물이 사방에 가득하고 꽃이 수레바퀴만 한데, 그 위에 앉아 있는 것이 보인다. 나의 소원이 이루어졌구나."

말을 마치고는 서거하였다.

隋釋靈幹。姓李。狄道人。依衍法師出家。年十八能講華嚴。住興善寺。爲譯經證義沙門。後遇疾死。數日乃甦云。往兜率天。見休遠二法師。並坐華臺。光輝絶世。謂幹曰。爲我報諸弟子。後皆生此。師志奉華嚴。常依經作

35 휴休와 원遠 두 법사 : 승휴僧休와 혜원慧遠을 지칭한다. 『續高僧傳』 권12(T50, 518c)에 보다 상세한 내용이 기술되어 있다.

華藏觀及彌勒天宮觀。至於疾甚。目上視。若有所見。僧童眞問之。荅曰向見靑衣童子。引至兜率。而天樂非久。終墜輪廻。蓮花藏是所願也。旣而氣盡。須臾復甦。眞又問。今何所見。荅曰見大水徧滿。華如車輪。而坐其上。吾願足矣。言畢而逝。

당唐의 원苑 율사는 경조 연흥사延興寺 승려이다. 정관貞觀 초(627)에 파교灞橋를 지나다 날이 저물어 여관에서 머물게 되었다. 조금 있다가 위의와 복장이 추하고 지저분한 기이한 승려가 찾아와 주인이 따로 마련한 방에서 자고 가게 되었는데, 그는 결국 독한 술과 기름진 고기를 가져다 거리낌 없이 먹고 마셨다. 이에 계율을 엄격히 지키던 율사는 울컥하며 그를 더럽게 여겼다. 그 스님은 다 먹고 나서 물로 입을 헹구고는 방문을 닫고 단정히 앉아『화엄경』을 염송하기 시작했다. 먼저 품의 제목을 밝힌 다음 "이와 같이 나는 들었습니다. 어느 때 부처님께서 마갈제국摩竭提國에 계시는데"라는 구절을 염송하자 그 스님의 양쪽 입 꼬리에서 동시에 금빛 광명이 쏟아져 나왔다. 그렇게 3경에 이르러 제4질이 거의 끝날 무렵엔 입에서 나오는 광명이 더욱 거세게 타올랐으며, 제5질 다음부터는 그 광명이 점점 사그라져 그 스님의 입속으로 다시 들어갔다. 5경이 채 되기 전에 여섯 질【즉 60권이니 진경晋經 전부이다.】의 염송을 마치고서야 그 스님은 자리에 누웠다. 곁에서 현묘한 음성을 들은 율사는 몸가짐을 바로 하고 부끄러워하였으며, 슬픔과 후회가 교차하였다. 날이 밝자 그의 방으로 들어가 예배하고 참회하면서 그의 이름을 물었지만 대답이 없었고, 그렇게 헤어진 뒤로는 간 곳을 알 수 없었다.

『감응전感應傳』에서 말하였다.

"감응을 기록할 때 마침 어떤 미치광이가 곁에 있다가 물었다.

'저도 술과 고기를 끊지 못하는데 그 신비한 스님을 본받아『화엄경』을 염송하면 될까요?'

대답하였다.

'그대는 하룻밤에 『화엄경』을 염송하며 5경이 채 되기 전에 여섯 질을 완전히 끝낼 수 있는가? 그대는 밤에 경을 염송하며 입에서 광명을 놓아 등촉을 대신할 수 있는가? 그대는 새우를 먹었던 주선酒仙처럼, 비둘기를 먹었던 지誌 공처럼 토하여 다시 살려 낼 수 있는가? 그대가 그 어느 것도 하지 못하면서 함부로 신승神僧의 행동을 흉내 내어 성현을 기만한다면 그 죄가 창해보다 깊으리니 그 어디로 도망칠 수 있겠는가?'

이에 미치광이가 참회하고 사죄하며 물러갔다."

唐苑律師。京兆延興寺僧。以貞觀初。途經灞橋。日夕舍于逆旅。俄有異僧至。儀服麁敝。止宿主人別房。遂取醇酒良肉。快意飮噉。律師持潔。勃然穢之。其僧食已。乃索水漱口。閉戶端坐而誦華嚴。初標品題。次誦。如是我聞。一時佛在摩竭提國。僧兩口角。倶放光明如金色。比至三更。四帙欲滿。口中光明更熾。至五帙已上。其光漸收。却入僧口。未及五更。誦終六帙。【即六十卷晋經全部。】僧乃却臥。律師側聽玄音。束身抱愧。悲悔交懷。天明入房禮懺。詢其名字不荅。分袂後。莫知所之。感應傳云。錄感應時。適有狂者在傍。問曰某不斷酒肉。効彼神僧。持誦華嚴可乎。荅曰汝一夜誦經。未至五更。能滿六帙乎。汝夜誦經。能放口光。以代燈燭乎。汝能若酒仙之食蝦。誌公之噉鴿。吐而復活乎。汝皆不能。妄效神僧行事。欺誑聖賢。罪深滄海。其何能逃。於是狂者。慙謝而退。

당唐의 해탈解脫 화상은 성이 형邢씨며 대주代州 오대현五臺縣 사람이다. 일곱 살에 출가하였고, 처음부터 혜초慧超 선사를 따르며 정업定業에 대해 물었다. 혜초가 그를 그릇으로 여겨 대중에게 이렇게 말하였다.

"해탈의 조화로운 수습은 일체와 혼융하고 밝으니, 너희들이 벗할 수 있는 자가 아니다. 오래지 않아 크게 깨달을 것이다."

후에 오대산五臺山[36] 서남쪽 불광사佛光寺에 정사를 짓고 오로지 『화엄경』만 염송하였다. 또 경에 의지해 불광관佛光觀을 행하면서 여러 해 대부사大孚寺에 머물며 문수를 친견코자 하였다. 그러자 문수가 나타나 가르침을 주었다.

"그대는 이제 예배하고 우러러볼 필요가 없다. 스스로 깨우치고 다그친다면 분명 크게 깨달을 것이다."

그 후 이로 인하여 돌이켜 구해 무생無生의 이치를 깨닫게 되었고, 아울러 법의 희열을 얻게 되었다. 드디어 널리 제도하려는 비원을 품고서 대각大覺께 정성을 다해 기도하며 이 마음을 증명해 주십사 청하였다. 그러자 이에 감응하여 모든 부처님께서 나타나 게송을 설하셨다.

모든 부처님의 적멸하고 너무도 깊은 법
오랜 겁에 수행하여 지금에야 얻었구나.
만약 이 법안을 뜨고 깨달을 수 있다면
일체 모든 부처님 다들 따라 기뻐하리라.

스님이 다시 물었다.

"공 가운데의 적멸한 법을 사람들에게 설하여 가르칠 수 있겠습니까?"

그러자 모든 부처님께서 곧 모습을 감추고 소리로만 말씀하셨다.

방편의 지혜를 등불로 삼아
마음의 경계를 환히 비춰 보라.
진실한 법을 궁구하고 싶은가.
보아야 할 것이 일체 없느니라.

---

36 오대산五臺山 : 문수보살이 현신하여 옛날부터 화엄성지華嚴聖地로 여겨졌다.

또 본주도독本州都督이 향기를 전하고 계를 주십사 청해 법으로 교화하기를 마치고 동쪽으로 돌아갈 즈음이었다. 도독과 대중이 전송하며 성 동쪽에 다다랐는데 해가 저물어 향을 사르고 싶다는 생각을 하였다. 그러자 홀연히 성 위쪽 허공에서 소리가 들렸다.

합장을 꽃으로 삼고
몸을 공양구로 삼으라.
착한 마음이 진실한 향이니
찬탄의 향 연기 가득 퍼지네.
모든 부처님 이 향기 맡으시고
소리 듣고 찾아와 서로 제도하나니
대중이여, 부지런히 정진하면서
끝내 의심하거나 잘못 알지 말라.

옛 전적[37]에서는 제목을 '공을 배격한 것을 게송으로 찬탄하다(偈讚排空)'라고 하였다.

唐解脫和尙。姓邢氏。代州五臺縣人。七歲出家。初從慧起[1)]禪師。詢定業。超器之告衆曰。解脫調習融明。非爾輩所隣也。未幾大獲啓悟。後于五臺西南佛光寺。立精舍。專誦華嚴。復依經作佛光觀。屢住大孚寺。求見文殊。文殊現身誨云。汝今不須禮覲。可自誨責。必當大悟。後因反求。乃悟無生。兼得法喜。遂慨思弘濟。祈誠大覺。請證此心。感諸佛現。爲說偈曰。諸佛寂滅甚深法。曠刼修行今乃得。若能開曉此法眼。一切諸佛皆隨喜。師

37 옛 전적 : 『華嚴感應緣起傳』(X77, 638c)에서 이 기사의 소제목을 '무생입증無生入證' 또는 '게찬배공偈讚排空'이라 하였다.

更問。空中寂滅之法。可說得敎人耶。諸佛即隱。但有聲告曰。方便智爲燈。照見心境界。欲究眞實法。一切無所見。又本州都督請傳香受戒。法化旣畢。將東皈。都督及衆。送至城東。日暮思欲焚香。忽聞城上空中聲曰。合掌以爲花。身爲供養具。善心眞實香。讚歎香烟布。諸佛聞此香。尋聲來相度。衆等勤精進。終不相疑誤。故舊傳題云。偈讚排空也。

1) ㉮ '慧起'는 '慧超'인 듯하다. 아래에 '혜초가 그를 그릇으로 여겨(超器之)'라는 구절이 있고, 이 책의 저본인 주극부가 편집한『華嚴經持驗紀』(X77, 651a)에도 '혜초 선사慧超禪師'로 되어 있다. 따라서 '기起'를 '초超'로 교정하여 번역하였다.

당의 석법성釋法誠은 성이 번樊씨며 옹주雍州 사람이다. 어려서 출가하여『화엄경』염송으로 과업을 삼았으며, 혜초 선사를 만난 인연으로 남곡藍谷에 은거하였다. 그 뒤 남령南嶺에 화엄당華嚴堂을 지어 갖가지를 빠짐없이 갖추고 매우 청결히 하고는『화엄경』7처 9회의 도상을 그렸으며, 홍문관弘文館 서생 장정張靜을 초청하여 경 전체를 공경히 사경하였다. 스님이 직접 향로를 받들고 오로지 정진하며 예배하고 정대하자 형체와 빛깔이 기묘한 상서로운 새가 홀연히 나타나 꽃을 물고 방으로 들어와서는 주위를 돌며 공양하였다. 당시 사람들이 이를 오롯한 마음의 감응이라 하였다.

唐釋法誠。姓樊。雍州人。幼出家。以誦華嚴爲課。因遇慧超禪師。隱居藍谷。後於南嶺。造華嚴堂。備致嚴潔。乃啚畫本經七處九會之像。延弘文舘書生張靜。敬寫全經。師親捧香爐。專精禮戴。忽見有瑞鳥。形色殊異。啣花入室。旋繞供養。時以爲精心所感。

당의 승려 변재辨才는 어려서 유裕 법사를 모시며 매일 오로지『화엄경』만 익히면서 과업으로 삼았지만 오래도록 깨닫지 못하였다. 이에 정성을 다해 향나무로 함을 만들어 경을 담고는 정수리에 이고 행도하였다. 이렇게 3년을 경과하자 꿈에 보현보살이 현묘한 뜻을 지적해 주어 한순간에 염송할 수 있게 되었고, 거울을 보듯 확연해졌다.

唐僧辨才。幼事裕法師。日惟課習華嚴。久而不悟。乃虔造香函盛經。頂戴行道。凡經三載。夢普賢指授玄義。忽爾成誦。煥若臨鏡。

당의 석법공釋法空은 수隋나라 말엽 안문雁門의 낭장朗將이었다. 그는 가정을 버리고 청량산 깊은 골짜기에 이르러 "오직 마음이 부처를 만든다."는 『화엄경』 게송을 항상 염송하였다. 그러다 후에 기이한 스님을 만나 반야의 현묘한 종지를 전수받고는 활연히 마음이 공해졌고, 임종 때도 앉아서 서거하였다. 『운서감응략기雲栖感應略記』[38]를 보라.

唐釋法空。隋末雁門朗將也。棄家詣清凉深谷。常誦華嚴唯心作佛之偈。後遇異僧。授以般若玄旨。豁爾心空。臨終坐逝。見雲栖感應略記。

당의 승가미다라僧伽彌多羅는 사자국師子國[39] 사람이다. 제3과를 증득하고 인덕麟德 초(664)에 진단震旦으로 오자 고종高宗이 극진히 공경하고 예를 갖췄다. 뒤에 문수보살을 공경하고 예배하고자 청량산으로 찾아갔고, 이로 인해 서태원사西太原寺에 이르게 되었다. 당시 그곳 스님들이 모두 『화엄경』을 염송하자 스님이 물었다.

"그건 무슨 경입니까?"

"『화엄경』입니다."

스님은 숙연히 태도를 고치고 말하였다.

"이 땅에도 이 경이 있으리라고는 생각지 못했습니다."

---

38 운서 주굉雲棲袾宏이 편록한 『華嚴經感應略記』(X77, n.1532)를 말한다.

39 사자국師子國 : 지금의 스리랑카이다.

오래도록 합장 찬탄하고는 말하였다.

"이 대방광불의 공덕은 헤아리기 어렵습니다. 저 서쪽 나라에서는 '이 경을 읽은 사람이 손을 물로 씻고 그 물을 벌레나 개미에게 뿌리면 그것들 가운데 목숨을 버리는 것들이 모두 천상에 태어난다'고 전해 오고 있습니다. 하물며 수지 독송하고, 정진하며 사유하는 자들이겠습니까."

唐僧伽彌多羅。師子國人。證第三果。麟德初來震旦。高宗甚加敬禮。後往淸凉敬禮文殊。因至西太原寺。時屬諸僧誦華嚴經。師問是何經。荅曰華嚴。師肅然改容曰。不謂此地亦有是經。合掌讃歎久之曰。此大方廣佛功德難思。西國相傳。有人讀此經。以水盥掌。水霑蟲蟻。其捨命者。皆得生天。何況受持讀誦。精進思惟者歟。

당의 두순杜順 화상은 성이 두杜씨고 휘는 법순法順이며 경조京兆 두릉杜陵 사람이다. 지조와 행실이 고결하고 배움에는 일정한 스승이 없었으며, 오로지 『화엄경』으로써 학업을 삼았다. 어린 시절에 집 뒤 무덤 위에서 대중에게 설법하였고 들은 사람이 모두 대승을 깨달았는데, 설법했던 그 무덤이 지금까지 남아 있다. 또 종남산終南山에서 『화엄경』에 담긴 뜻을 모두 모아 『법계관문法界觀文』를 지을 당시에는 바다처럼 드넓은 회상의 보살들이 몸을 나타내어 찬탄하는 감응이 있었다. 그리고 완성된 후 불더미에 태웠는데도 성인의 마음에 계합하여 한 글자도 손상되지 않았다. 산중에 거처하면서 아욱을 심으려 한 적이 있었는데, 그 땅에 벌레와 개미들이 많았다. 스님이 이에 밭두둑을 돌며 자리를 정하자 벌레들이 곧바로 밖으로 옮겨 갔다. 그래서 한 생명도 손상시키는 일 없이 밭을 개간할 수 있었다. 삼원현三原縣에 태어나면서부터 농아인 백성이 있었는데, 스님이 그를 불러 말을 건네자 대꾸하여 곧바로 치유되었다.

한번은 남산으로 가는 길에 가로지르는 도랑을 만났는데 그 물결이 아득히 넘실거렸다. 그러자 그는 물살의 흐름을 멈추게 하고 느린 걸음으로 건너갔다. 돌아가시던 날 인연 있던 사람들이 모두 모인 자리에서 음성과 얼굴빛에 별반 변화가 없이 담담하게 입적하였다. 번천樊川 북원北原에 장사지냈으며, 지금은 전신탑全身塔이 장안長安 남화엄사南華嚴寺에 있다. 별전에서는 그를 문수보살의 화신이라 하였다.

唐杜順和尙。姓杜氏。諱法順。京兆杜陵人。操行高潔。學無常師。專以華嚴爲業。童子時。於宅後塚上。爲衆說法。聞者皆悟大乘。至今說法塚存焉。又於終南山。集華嚴所詮之義。作法界觀文。時感海會菩薩現身讚嘆。旣成。聚火焚燒。契合聖心。一字無損。居山中。嘗欲種葵。地多蟲蟻。師乃巡疆定封。蟲即外徙。由是耕墾。一無所損。三原縣有民。生而聾啞。師召之與語。應言便愈。因詣南山。値横渠張溢。止之斷流。徐步而過。將終之日。普會有緣。聲色不渝。泊焉入寂。葬樊川北原。今全身塔在長安南華嚴寺。別傳云。是文殊化身也。

당나라 때 우전국 삼장 실차난타實叉難陀는 중국말로 희학喜學이다. 그는 증성證聖 원년(695) 3월 14일 신유辛酉에 동도東都 불수기사佛授記寺에서 『화엄경』을 재차 번역하기 시작하여 성력聖曆 2년(699) 10월 8일에 경전의 새 번역을 마쳤다. 『지도론智度論』을 살펴보면 이를 『부사의경不思議經』이라 하고 10만 게송이라 하였으며, 『양섭론梁攝論』[40]에서도 역시 『백천[41]경百千經』이라 하였다. 그러나 이전 진晋나라 때 번역된 것은 3만 6천 게송에 그쳤으니, 이른바 반쪽짜리 구슬과 같은 법령法領이었다. 그래서 그때 우전에 사신을 파견하여 범본을 맞이해서는 스님에게 드려 재차 번역하

40 『양섭론梁攝論』: 『攝大乘論』의 여러 역본 가운데 양나라 때 진제眞諦 삼장이 번역한 것을 지칭한다.

41 백천 : 100×1,000으로 곧 10만을 말한다.

게 하였고, 아울러 예전 번역에서 누락된 부분을 보완하게 하였다. 이에 더해진 부분을 계산해 보니 9천 송이었고, 구본과 합하면 총 4만 5천 송이었다. 이것이 당본唐本 80권【39품 9회】이다. 전傳에서는 "법장法藏[42]이 열 종류의 경經을 가지고 있었는데 그 가운데 하나가 약본경略本經이니, 곧 지금 두 가지 번역의 저본이다. 총 10만 게송을 요약한 것으로서 완전히 다 번역하지 못했기 때문이다."라고 하였다. 그러나 첫 번째 회상의 화장세계華藏世界에 대한 설명이 진본晋本에서는 빠지고 축약된 문장이 많았는데, 80권본에 이르러 비로소 문맥이 환히 통하고 또 찬란히 정비되었다. 당시 대덕이었던 의정義淨 삼장·홍경弘景 선사·원측圓測·신영神英·법보法寶·현수賢首 등 여러 법사가 함께 번역하였고, 복례復禮 법사가 문장을 지었다. 신유일辛酉日에 번역을 시작하였고, 하루 다음인 임술일壬戌日에 하늘에서 감로가 내리는 서응이 있었다.

唐于闐國三藏實叉難陀。華云喜學。證聖元年三月十四日辛酉。於東都佛授記寺。重譯華嚴。至聖曆二年十月八日譯新經訖。按智度論。名此爲不思議經。有十萬偈。梁攝論。亦名百千經。前晋譯止三萬六千偈。所謂法領半珠者也。是時遣使之于闐。迎梵本。至師再加翻譯。兼補前闕。計益九千頌。合舊總四萬五千頌。爲唐本八十卷。【三十九品九會。】傳云法藏有十類經。其一略本經。卽今兩譯本也。皆十萬偈中之略。以譯未盡故。然第一會所說華藏世界。晋本文多闕略。至八十卷。始獲通曉。亦燐然備矣。時有大德。義淨三藏。弘景禪師。圓測。神英。法寶。賢首。諸法師同譯。復禮法師。綴文。自辛酉初譯。越一日壬戌。有天降甘露之應。

당의 법장法藏 화상은 자字가 현수賢首이고 속성이 강康씨며 강거국康居

---

42 법장法藏 : 실차난타의 역장에 참여했던 현수賢首(643~712)를 말한다.

國[43] 사람이다. 처음 어머니가 꿈에 기이한 빛을 보고서 잉태하였고, 태어나서는 위없는 도를 사모하였다. 그 후 운화사雲華寺에서 『화엄경』을 강설하는 엄儼 화상[44]이란 이가 있었다. 스님은 한밤중에 문득 신비한 빛이 다가와 집과 마당을 환히 비추는 것을 보고 "분명 대교大敎를 널리 드날리는 기이한 사람이 있으리라."라고 찬탄하였는데, 다음날 엄 화상을 만나게 되었다. 이로 인해 가슴으로 절복하고 다함이 없는 법문에 깊이 들어갔다. 성력聖曆 2년(699) 10월에 신역 『화엄경』이 완성되자 스님에게 불수기사佛授記寺에서 강석을 열라는 칙명이 내렸다. 12월 12일 강의가 「화장지계품華藏地界品」에 이르자 강당과 사원의 땅이 갑자기 모두 진동하였고, 스님과 속인 수천 명이 함께 이를 목격하고는 일찍이 없던 일이라며 찬탄하였다. 또 운화사에서 강석을 열었을 때에는 하얀빛이 입에서 나와 잠깐 사이 일산이 되어 온갖 만상이 뛸 듯이 기뻐한 일이 있었다. 이에 앞서 총장總章 원년(668)에 서역에서 삼장인 어떤 범승梵僧이 수도 낙양에 이르러 고종高宗이 공경히 섬긴 일이 있었다. 스님이 당시 동자童子로서 삼장에게 정례하고 보살계 받기를 청하자 대중이 삼장에게 말하였다.

"이 동자는 『화엄대경華嚴大經』을 염송할 수 있고 아울러 그 뜻까지 이해하고 있습니다."

삼장은 깜짝 놀라며 감탄하였다.

"일승一乘인 화엄은 바로 모든 부처님의 비장秘藏으로서 만나기도 어려운데 하물며 그 뜻까지 통하였단 말인가. 만약 『화엄경』 「정행품淨行品」 한 품을 염송할 수 있는 사람이 있다면 그는 이미 보살의 청정한 계율을 구족한 것이니, 다시 보살계를 받지 않아도 된다."

천수天授 연간(690~692)에 스님이 『화엄경』을 강의하는데 삿됨과 올바름

43 강거국康居國 : 월지국 북쪽에 있던 서역의 나라이다.
44 엄儼 화상 : 지엄智儼(600~668) 화상을 말한다.

을 논하는 자리에서 어떤 도사道士가 거친 말을 내뱉은 적이 있었다. 다음 날 아침 세수를 하자 그의 눈썹과 머리카락이 몽땅 빠졌고, 그때서야 마음으로 뉘우치고 삼보에 귀의하여 공경하였다. 그는『화엄경』을 수지하며 백 번을 염송하겠다고 서원을 세웠다. 그런데 열 번도 채 마치기 전에 홀연히 눈썹과 머리카락이 다시 자라는 감응이 있었다.

唐法藏和尙。字賢首。俗姓康氏。康居國人。初母夢異光而孕。及生而慕無上。後有儼和尙。講華嚴於雲華寺。師至中夜。忽見神光。來燭庭宇。歎曰當有異人。發弘大教。及明乃遇儼和尙。自是伏膺。深入無盡。聖曆二年十月。新譯華嚴經成。敕師於佛授記寺開講。十二月十二日。講至華藏地界品。講堂及寺院中地。忽皆震動。道俗數千共覩。嘆未曾有。又於雲花寺開講。有白光自口出。須臾成盖。萬象歡躍。先是總章元年。西域有三藏梵僧。來至京洛。高宗敬事。師時爲童子。頂禮三藏。請受菩薩戒。衆白三藏曰。此童子能誦華嚴大經。兼解其義。三藏驚嘆曰。華嚴一乘。是諸佛秘藏。難可遭遇。況通其義。若有人誦得華嚴淨行一品。其人已得菩薩淨戒具足。不復更受菩薩戒矣。天授間。師講華嚴經。因論邪正。有道士。口發粗言。明朝洗面。眉髮俱落。方生悔心。皈敬三寶。發誓受持華嚴經一百遍。尙十遍未畢。忽感眉髮重生。

당의 정주定州 중산中山의 수덕修德 선사는 힘든 상황에서도 절개를 지키는 성품이었다. 그는 산림에서 도를 지키며 오로지 화엄으로 학업을 삼았다. 영휘永徽 4년(653)에 사경하려는 마음을 일으켜 따로 깨끗한 동산을 지었으며, 닥나무를 심어 향수로 3년을 길러서는 정갈하게 종이를 만들었다. 그리고 다시 깨끗한 대臺를 따로 신축하고 글씨를 잘 썼던 위주潙州의 왕공王恭을 불렀다. 그는 목욕재계하고 깨끗한 옷을 입고는 향을 사르고 꽃을 뿌리고 온갖 번기와 일산을 달았으며, 경에 예배하고 참회한 다음에야 자리에 올랐다. 붓으로 글씨를 쓸 때는 향을 머금었다가 붓을 뗀 다음에야 호흡을 토하면서 매일같이 항상 이렇게 하였다. 스님도 그 방에 들어가 그를 따라 생각을 움직였으며, 한 권 사경할 때마다 비단 열 필을 주었지만 왕공은 모두 받지 않았다. 사경이 끝나 대중을 모아 재를 지내고 축하하는 자리에서였다. 스님이 대중 앞에서 향을 사르고 꽃을 뿌리며 드넓은 서원을 일으킨 다음 비로소 경장을 열었다. 그러자마자 큰 광명이 쏟아져 나와 정주성定州城 70여 리를 두루 비췄다. 이에 산중에서 재를 지내던 대중과 모든 신남 신녀들이 온몸을 던지면서 슬피 참회하였으며, 받들어 흠모하지 않는 이가 없었다. 『회현기』를 보라.

唐定州中山修德禪師。苦節成性。守道山林。專以華嚴爲業。永徽四年。發心抄寫。別爲淨院。植楮樹歷三年灌以香水。潔淨造紙。復別築淨臺。召善書人潙州王恭。齋沐淨衣。焚香布花。懸諸旛盖。禮經懺悔。方升座焉。下筆含香。擧筆吐氣。每日恒然。師因入室運想。每寫一卷。施縑十疋。恭皆不受。寫畢集衆。設齋慶之。師於衆前。燒香散花。發弘誓願。纔開經藏。放大光明。周七十餘里。照定州城。山中齋衆。及諸士女。投身悲悔。無不敬仰。見會玄記。

당 성력聖曆 연간(698~700)에 삼장법사 실차난타가 말하였다.

"구자국龜玆國[45]에서는 소승만 익혀 석가모니께서 백억으로 분화해 갖가지 몸을 구름처럼 나타내신다는 것을 몰랐다. 그러다 어떤 범승梵僧이 천축에서 『화엄경』 범본을 가지고 그 나라에 오게 되었다. 그러나 소승을

45 구자국龜玆國 : 구자丘玆·굴지屈支·굴자屈茨·구이拘夷라고도 한다. 중국 감숙성甘肅省의 서쪽 신강성新疆省 북쪽에 있던 나라 이름으로 지금의 고차庫車에 해당한다. 북쪽으로는 천산을 의지하고 남쪽으로는 타림 하河를 사이에 두고 타클라마칸 사막과 접하고 있다.

신봉하던 스님들은 어느 누구도 믿고 받아들이지 않았다. 범승은 결국 그 경을 남겨 두고 돌아갔고, 소승을 신봉하던 스님들은 이에 그 경을 우물에 던져 버렸다. 그러자 우물에서 빛이 뿜어져 나왔는데 불덩이처럼 찬란했다. 그날 밤 그것을 목격한 스님들은 금덩이가 아닐까 생각하였는데, 날이 밝아서 우물에 들어가 건져 오게 하자 바로 전날 버렸던 『화엄경』이었다. 모든 스님들은 그 이적에 깜짝 놀라 결국 경장經藏에 포함시키고 중단의 감실龕室 안에 보관하였다. 그러나 다른 날 문득 이 경이 경장 중 가장 높은 단에 있는 것을 발견하였다. 여러 스님들이 '이것 역시 우리 석가모니께서 설하신 것이긴 하다. 우리가 약간의 이적을 보았기에 경장에 포함시키고 중단의 감실에 두었는데, 누가 재빨리 이 상단으로 옮겼을까?' 하고는 다시 하단의 감실에 보관하였다. 그리고 장경각 문을 잠그고는 열쇠를 엄격히 관리하였다. 그러나 다음날 문을 열고 살펴보자 또 상단에 있었다. 이에 모든 스님들이 비로소 일승 대교의 위의와 영험이 이와 같음을 깨닫고는 지난 일을 후회하며 믿고 사모하였으며, 화엄이라는 하나의 경이 드디어 여러 나라에 성행하게 되었다."

『영사감응전英師感應傳』을 보라.

唐聖曆中三藏法師實叉難陀云。龜玆國惟習小乘。不知釋迦分化百億。現種種身雲。有梵僧從天竺。持華嚴梵本。至其國中。小乘師等。皆無信受。梵僧遂留經而歸。小乘諸師。乃以經投棄於井。旣而井中發光。赫如火聚。其夜諸師覩之。疑謂金寶。至明使入漉取。乃前所棄華嚴經也。諸師驚異。遂收歸經藏。置中龕內。他日忽見此經。在藏中最上隔。諸師自言。此亦我釋迦所說。吾見有小異。乃收入藏中龕。何人輒移此上隔。乃更置下龕。鎖藏門。嚴掌鎖鑰。明日開視。則仍在上隔矣。諸師方悟一乘大敎。威靈如此。追悔信慕。華嚴一經。遂盛行諸國。見英師感應傳。

당 숭복사崇福寺의 승려 혜우慧祐는 계행이 정밀하고 엄격했으며, 엄儼 화상을 모시고 오로지 화엄만 학습하였다. 매일 청명한 새벽과 상큼한 밤이면 향을 사르고「여래출현품如來出現品」을 열심히 염송하였는데, 홀연히 10여 명의 보살이 땅에서 솟아올라 금색의 몸을 나타내고 모두들 광명을 놓는 것을 보았다. 그들은 연화좌에 앉아 합장하고 염송을 듣다가 경이 끝나면 사라지곤 하였다.

唐崇福寺僧慧祐。戒行精苦。事儼和尚。專業華嚴。每淸晨良宵。焚香虔誦如來出現品。忽見十餘菩薩。從地涌出。現金色身。皆放光明。坐蓮華座。合掌聽誦。經訖乃隱。

당의 석도영釋道英은 포주蒲州 진陳씨이다. 나이 열여덟에 양친이 결혼을 시켰지만 5년을 함께 살면서도 맹세코 서로를 범하지 않았다. 그 후 병주并州 거炬 법사로부터『화엄경』을 듣고 곧바로 머리를 깎고는 태항산大行山 백제사栢梯寺로 들어가 지관止觀을 수행하였다. 한번은 지독한 가뭄으로『화엄경』을 강의해 감로의 은택이 있기를 기원한 적이 있었다. 이때 어떤 두 노인이 각자 두 동자의 시중을 받으며 때맞춰 찾아와 강의를 듣고는 하였다. 도영이 이상해 그들에게 묻자 대답하였다.

"제자들은 둘 다 해신海神입니다. 이 경을 좋아해 일부러 들으러 온 것입니다."

스님이 말했다.

"지금 단월檀越들께 경을 강설해 주었으니 가랑비라도 내려 주셨으면 합니다."

노인이 두 동자에게 명을 내리자 동자는 곧 창문 구멍으로 나갔고, 잠깐 사이에 큰비가 퍼부어 원근이 모두 혜택을 입었다. 두 노인은 절하고 물러나 홀연히 사라졌다.

唐釋道英。蒲州陳氏。年十八二親爲之娶。五載同居。誓不相犯。後從并州炬法師。聽華嚴經。便落髮。入大[1]行山栢梯寺。修行止觀。甞因亢旱。講華嚴經。以祈甘澤。有二老翁。各二童子侍。時來聽講。英異而問之。荅云弟子竝是海神。愛此經。故來聽受。師曰今爲檀越講經。請下微雨。翁敕二童。童即從牕孔中出。須臾大雨霶霈。遠近咸頼焉。二翁拜謝。倏然而滅。

1) 역 '大'는 '太'와 통용된다.

당의 청량淸凉 국사는 휘가 징관澄觀이고 자는 대휴大休며 회계會稽 하후씨夏侯氏이다. 현종玄宗 개원開元 무인戊寅(738)에 태어났는데 신장이 9척 4촌에 손을 늘어뜨리면 무릎 아래까지 내려왔고, 치아가 40개에 눈빛이 밤에도 번쩍이고 낮에는 깜빡이지도 않았다. 건중建中 2년(781)에 오대五臺에 머물며 『화엄소華嚴疏』를 저술하기 시작했는데, 하루는 금용산金容山 마루에 빛이 환한 꿈을 꾸었다. 잠에서 깨어난 그는 그것이 광명변조의 징후임을 알았다. 이때부터 붓을 놓고 생각하는 일이 없어졌고, 그렇게 4년이 경과하자 글이 완성되었다. 또 몸이 용으로 변화하여 남대南臺에 머리를 세우고 북대北臺에 꼬리를 서리고는 허공에서 구불구불 요동치더니 잠깐 사이에 10만 마리로 변해 푸른 하늘에서 꿈틀거리다 사방으로 흩어지는 꿈을 꾸었다. 식자들은 이를 널리 유통될 징조라 하였다. 처음 대중에게 강의할 때, 아름다운 구름이 하늘에 맺혀 빙빙 돌면서 그늘을 드리운 감응이 있었다. 『소초疏鈔』 외에 다시 『수경手鏡』 100권·『화엄강요華嚴綱要』 3권·『정요正要』 1권·『법계관현경法界觀玄鏡』 1권·『경등설문鏡燈說文』 1권·『삼성원융관三聖圓融觀』 1권·『칠처구회화장세계도七處九會華藏世界圖』·『심경설문心鏡說文』 10권을 찬술하였다.

정원貞元 연간(785~805)에 자리를 마련하고 초청하자 내전內殿에 들어가 법좌에 올라 화엄의 종지를 널리 드날렸다. 이에 담당자에게 칙령을 내려 도장을 주조하고 국사로 천거하였으며, 호를 청량이라 하였다. 개성開成

3년(838) 3월에 입적하였으니, 살아서 아홉 왕조를 겪었으며 일곱 황제의 스승이었으며 춘추 102세에 승랍 88세였다. 종남산에 탑을 세워 전신을 모셨는데, 얼마 후 어떤 범승이 대궐로 찾아와 표를 올렸다.

"총령葱嶺에서 허공을 날아가는 두 사신을 보고는 주문을 외워 세우고 그 까닭을 물었습니다. 그러자 그들은 북인도 문수당文殊堂의 신인데 동방에서 화엄 보살華嚴菩薩의 어금니를 가지고 고국으로 돌아가 공양하려 한다고 대답했습니다."

교지를 내려 탑을 열어보았더니 과연 이빨 하나가 사라져 서른아홉 개뿐이었다. 드디어 다비를 하자 사리가 영롱한 빛을 뿜고 혀가 붉은 연꽃 같았다. 이에 청량국사묘각지탑清凉國師妙覺之塔이라는 시호를 더하였다. 『소초疏鈔』의 「연기행적緣起行蹟」을 보라.

唐淸凉國師。諱澄觀。字大休。會稽夏侯氏。生於玄宗開元戊寅。身長九尺四寸。垂手過膝。口四十齒。目光夜發。晝乃不瞬。建中二年。栖止五臺。下筆著華嚴疏。一日夢金容山峙。光相瑩然。旣覺知是光明徧照之徵。自是筆無停思。歷四年而文成。又夢化身爲龍。矯首南臺。尾蟠北臺。宛轉淩虛。須臾變百千數。蜿蜒靑冥。分散四方而去。識者以爲流通之象。初爲衆講。感景雲凝空。盤旋成盖。疏鈔外。復撰手鏡一百卷。華嚴綱要三卷。正要一卷。法界觀玄鏡一卷。鏡燈說文一卷。三聖圓融觀一卷。七處九會華藏世界啚。心鏡說文十卷。貞元間詔延。入內殿升座。闡揚華嚴宗旨。乃敕有司鑄印遷國師。號淸凉。開成三年三月示寂。生歷九朝。爲七帝門師。春秋一百有二。僧臘八十有八。全身塔終南山。未幾有梵僧至闕表稱。於葱嶺見二使者。淩空而過。以呪止而問之。荅曰北印度文殊堂神也。東取華嚴菩薩大牙。皈國供養。有旨啓塔。果失一牙。惟三十九存焉。遂闍維舍利光瑩。舌如紅蓮。仍謚號淸凉國師妙覺之塔。見疏鈔緣起行蹟。

당의 석성혜釋城慧는 영구靈丘 이李씨의 아들로서 그의 부모가 오대산에 기도해 낳았다. 장성해 부모와 이별하고는 오대산 진용원眞容院으로 찾아가 법순法順 화상을 따라 법복을 입고 머리를 깎았다. 일찍이 이우곡李牛谷에서 『화엄경』을 염송하며 풀과 나무 열매로 음식을 삼은 적이 있었는데, 매번 경을 염송할 때마다 유생 복장을 한 자들이 다섯이나 일곱 정도가 앉아서 듣곤 하였다. 그들이 여러 차례 기이한 꽃과 신선한 과일을 가져와 바치자 스님이 이상하게 여겨 그들에게 묻자 이렇게 대답하였다.

"저희는 산신山神입니다. 스님의 법력을 입고 갚을 길이 없으니 스님의 시종이 되었으면 합니다."

그러나 스님은 이를 좋아하지 않았고 결국 그곳을 떠났다. 『운서감응략기雲栖感應略記』를 보라.

唐釋城慧。靈丘李氏子。其親禱五臺山而生。旣長辭親。詣五臺眞容院。從法順和尙披剃。嘗誦華嚴于李牛谷。草木爲食。每誦經時。有五七儒服者坐聽。數持异華鮮菓以獻。師怪問之。荅曰某山神也。蒙師法力。無以爲報。願充執侍。師不樂。遂捨其處。見雲栖感應略記。

당 의봉儀鳳 연중(676~679)에 서역의 두 범승梵僧이 오대산에 이르러 꽃을 받들고 향로를 들고서 산꼭대기를 향해 무릎과 팔꿈치로 걸으며 문수에게 예배하다가 한 비구니 스님을 만났다. 그녀는 바위틈에서 지내면서 소나무 아래 노끈으로 엮은 평상에서 단정히 홀로 앉아 『화엄경』을 소리내어 염송하고 있었다. 마침 해가 저물녘이라 비구니가 범승에게 물었다.

"비구니가 대승大僧[46]과 함께 묵는 것은 합당하지 않으니, 대덕께서는 일단 가셨다가 내일 다시 오십시오."

---

46 대승大僧 : 구족계를 받은 비구승을 말한다.

범승이 말하였다.

"산은 깊고 길은 멀어 기숙할 만한 곳이 없는 걸 어쩝니까?"

비구니가 말하였다.

"가지 않으시겠다면 제가 머물 수 없으니 깊은 산으로 들어가겠습니다."

범승이 배회하면서 부끄러워하고 두려워하였지만 어디서 묵어야 할지를 몰랐다.

그러자 비구니가 말하였다.

"앞 골짜기로 내려가기만 하면 그곳에 선굴禪窟이 있을 것입니다."

범승이 가서 찾아보자 과연 굴이 있었고, 서로의 거리가 몇 리 남짓 되었다. 두 범승은 합장하며 향로를 받들고 북쪽을 향해 멀리서 예배하고는 마음을 기울여 경을 들었다. 그러자 맑은 소리가 귀에 들렸다. 먼저 경의 제목을 밝히고 "이와 같이 나는 들었습니다."라고 할 때였다. 멀리서 바라보니, 비구니가 노끈으로 엮은 평상에서 남쪽을 향해 앉았는데 입에서 쏟아진 빛이 금빛처럼 찬란히 앞 봉우리에서 빛나고 있다. 제2질을 염송하고부터는 그 빛이 골짜기 남쪽까지 가득해 사방 10리가 낮과 다름없었고, 제4질부터는 그 빛이 점점 거두어지더니 여섯 질의 염송을 모두 마치자 빛이 모조리 비구니의 입속으로 들어가 버렸다. 사람들은 이를 문수보살이 화현해 범승에게 보인 것이라 하였다. 『영사감응전英師感應傳』을 보라.

唐儀鳳年中。西域有二梵僧。至五臺山。捧花執爐。肘膝行步向山。頂禮文殊。遇一尼師。在巖石間。松下繩床。端然獨坐。口誦華嚴。時日方暮。尼謂梵僧曰。尼不合與大僧同止。大德且去。明日更來。僧曰山深路遙。無所投寄。奈何。尼曰若不去。我不可住。當入深山。僧徘徊慙懼。莫知所止。尼曰但下前谷。彼有禪窟耳。僧往尋。果得窟。相去數里許。二僧合掌捧香爐。面北遙禮。傾心聽經。冷冷於耳。初啓經題。稱如是我聞。乃遙見尼。身處繩床。面南而坐。口中放光。赫如金色。皎在前峯。誦兩帙已上。其光盛于谷南。方圓可十里與晝不異。至四帙。其光漸收。六帙都畢。光並收入尼口。人以爲此文殊分化。以示梵僧也。見英師感應傳。

당 상원上元 연중(674~676)의 일이다. 손사막孫思邈은 유주단流珠丹과 운모분雲母粉을 복용하여 나이 150세에도 얼굴이 동자와 같았다. 장안에 이르러 제齊나라와 위魏나라 때 일을 말하였는데 마치 직접 목도한 것 같았다. 그는 일찍이 『화엄경』을 750부나 사경한 적이 있었다. 당시 태종太宗[47]이 그를 불러 만나보고 물었다.

"불경 가운데 어느 경이 위대합니까?"

손사막이 말하였다.

"『화엄경』이 불교에서 위대한 경으로 우러르는 것입니다."

황제가 말했다.

"근래 현장玄奘 삼장이 번역한 『대반야경』 600권은 왜 위대하지 않고, 80권 『화엄경』만 유독 위대할 수 있습니까?"

손사막이 말하였다.

"화엄법계華嚴法界는 일체의 문門을 갖추고 있고, 하나의 문에서 대천세계만큼이나 되는 권수의 경을 연출할 수 있으니, 『반야경』도 『화엄경』 가운데 하나의 문일 뿐입니다."

태종이 비로소 깨닫고 이에 『화엄경』을 수지하였다. 『영사감응전英師感應傳』를 보라.

唐上元中。孫思邈。服流珠丹雲母粉。年百五十歲。顏如童子。至長安。說

47 태종太宗 : '상원上元'은 '고종高宗'의 연호이다. 『華嚴經傳記』 권5(T51, 717b)에도 이 기사가 수록되어 있는데, 이를 상원上元과 의봉儀鳳(676~679) 연간에 있었던 일이라 하였다.

齊魏間事。有如目覩。嘗書寫華嚴經七百五十部。時太宗召見問。佛經何經爲大。孫曰華嚴經。佛所尊大者。帝曰近玄奘三藏。譯大般若六百卷。何不爲大。而八十卷華嚴經。獨得大乎。孫曰華嚴法界。具一切門。於一門中。可演出大千經卷。般若經乃華嚴中一門耳。太宗方悟。乃受持華嚴。見英師感應傳。

당의 이 장자李長者는 휘가 통현通玄이다. 처음 태원太原에 이르러 고산노高山奴 집에 기숙하였는데 매일 아침 대추 열 개와 잣나무 잎 떡 한 개만 먹었다. 뒤에 그곳을 떠나 길을 가다가 호랑이 한 마리를 만났는데 순종하는 것이 마치 명을 기다리는 듯하였다. 장자가 호랑이에게 말하였다.

"내가 논을 지어 『화엄경』을 해석하려 하니 네가 나를 위해 머물 곳을 하나 골라다오."

그러자 호랑이가 장자의 바랑과 발우를 지고 30여 리를 가서 한 토굴에 다다라 웅크리고 앉았다. 장자가 그 토굴로 들어가자 호랑이는 곧바로 꼬리를 내리고 사라졌다. 토굴에는 원래 물이 없었는데, 그날 저녁 바람과 천둥에 노송 한 그루가 뿌리째 뽑혔고, 그 소나무 아래에서 샘이 솟았다. 그 샘은 맑고 시원하며 달콤했으며, 당시 사람들이 '장자의 샘'이라 불렀다. 장자는 논을 저술하는 저녁이면 마음으로 현묘하고 오묘한 뜻을 궁구하였다. 그러면 입에서 하얀빛이 나와 토굴을 환히 비추어 등불을 대신하였다. 당시 두 절세미인이 흰 수건을 머리에 두르고 장자를 위해 물을 긷고 향을 사르며 종이와 붓을 공급하였고, 묘시나 진시쯤이면 곧 정갈한 찬을 준비하였는데 온갖 진미가 빠짐없이 구비되었다. 그리고 식사가 끝나면 그릇을 거두었는데 어디서 오가는지 알 수가 없었다. 5년이 지나 논이 마무리되자 곧 그들도 종적을 끊었다. 『장자화엄론사적長者華嚴論事跡』을 보라.

唐李長者。諱通玄。初至太原。寓高山奴家。每旦唯食棗十顆。栢葉餠一枚。後捨去。路逢一虎。馴伏如有所待。長者語之曰。吾將著論。釋華嚴經。汝當爲吾。擇一栖止。虎負長者囊鉢。行三十餘里。至一土龕蹲住。長者入龕。虎便妥尾而去。龕素無水。是夕風雷。拔一老松。松下出泉。淸洌甘美。時人號爲長者泉。長者著論之夕。心窮玄奧。口出白光。照耀龕中。以代燈燭。時有二女。容華絕世。以白巾幪首。爲長者汲水焚香。供給紙筆。卯辰之際。輒具淨饌。甘珎畢備。齋罷徹器。莫知去來。歷五載。著論將終。便爾絕跡。見長者華嚴論事跡。

당 영휘永徽 연중(650~655)의 일이다. 번현지樊玄智는 안정安定 사람인데 약관의 나이에 도를 닦아야 한다는 것을 알아 두순 화상에게 귀의하였다. 그러자 두순은『화엄경』염송을 업으로 삼게 하고, 아울러 이 경에 의지해 보현행普賢行을 닦게 하였다. 경을 염송할 때마다 입에서 여러 차례 사리가 나왔으며, 전후로 도합 수백 과나 되었다. 혜영慧英 법사의『감응전感應傳』[48]에서 말하였다.

“거사가 밤에 염송할 때면 입에서 금색 광명이 쏟아져 나와 40여 리를 비췄기에 원근에서 놀라고 기이하게 여겼다. 나이 92세에 병 없이 목숨을 마쳤고, 다비할 때 어금니와 이빨이 사리로 변해 100여 과를 얻었는데 며칠 동안 그치지 않고 모두 빛을 뿜었다. 이에 승속이 탑을 세워 공양하였다.”

唐永徽中。樊玄智。安定人。弱歲即知修道。歸依杜順和尙。順令誦華嚴爲業。仍依此經修普賢行。每誦經。口中頻獲舍利。前後數百粒。慧英法

48 혜영慧英 법사의『감응전感應傳』: 당唐의 혜영慧英이 찬집한『大方廣佛華嚴經感應傳』(T51, 173b)을 말한다.

師。感應傳云。居士有時夜誦。口放金光明。照及四十餘里。遠近驚異。年九十二。無疾而終。茶毘時。牙齒變爲舍利。得百餘粒。悉放光明。數日不歇。於是僧俗。竪塔供養。

당의 등원상鄧元爽은 화음華陰 사람이다. 증성證聖 연중(695)에 친구가 갑자기 죽었다가 7일 만에 다시 살아나 "명부冥府에서 등원상을 추포하려 한다."고 말하였다. 등원상이 두려워하자 그 사람이 『화엄경』을 사경하도록 가르쳐 주었다. 사경이 끝나자 등원상의 어머니 묘 곁에 심어 두었던 철쭉이 겨울이라 이미 시들었다가 갑자기 찬란하고 무성하게 꽃을 피웠다. 마을 사람들이 이를 기이하게 여겨 조정에 알리자 깃발을 세워 효문孝門을 삼았다.

唐鄧元爽。華陰人。證聖中。有親故暴卒。經七日復甦。說冥中欲追爽。爽懼。其人敎寫華嚴經。寫竟。爽母墓側。先種蜀葵。至冬已瘁。忽花發。燦然榮茂。鄉閭異之。聞於朝。旌爲孝門。

또 『화엄지華嚴志』에서 말하였다.

"추극선鄒極繕은 『화엄경』을 사경하였는데, 반쯤 사경하자 홀연히 향나무 책상 앞에 한 비구가 나타났다. 추극선이 물었다.

'당신은 누군데 이곳에 오셨습니까?'

'저는 화엄華嚴 시자입니다. 당신의 지극한 정성에 감복해 특별히 벼루와 먹을 가져왔습니다.'

추극선이 예배하며 감사하자 사라졌으니, 사경의 신령한 감응이 이와 같았다."

又華嚴志云。鄒極繕寫華嚴經。至半部。忽香案前。見一比丘。鄒問汝何人至此。荅曰吾乃華嚴侍者。感君至誠。特來硏墨耳。鄒方禮謝。遂不見。寫經之靈應如此。

당 영륭永隆(680~681) 연간에 장안 사람 곽신량郭神亮이 범행梵行을 청정히 지키다 어느 날 갑자기 죽었다. 그리고 어떤 천인의 인도로 도솔천궁兜率天宮에 이르러 미륵보살에게 공경히 예배하게 되었다. 한 보살이 곽신량에게 말하였다.

"왜『화엄경』을 수지하지 않았습니까?"

"강설하는 사람이 없었기 때문입니다."

보살이 말하였다.

"현재 강설하는 사람이 있는데 왜 없다 하십니까?"

그러고 나서 곽신량은 다시 살아났고, 박진薄塵 법사에게 그 일을 이야기하였다. 그러고서야 현수 법사가 법륜을 널리 굴리고 있다는 사실을 비로소 알았으니, 그 감통의 신비하고 기이함이 이와 같았다.『회현기會玄記』를 보라.

唐永隆中。長安人郭神亮。梵行淸淨。忽一日暴卒。有天人。引至兜率天宮。敬禮彌勒。一菩薩謂郭曰。何不受持華嚴。對曰以無人講演故。菩薩曰。有人現講。何以言無。旣而郭甦。向薄塵法師述其事。始知賢首之弘轉法輪。其感通神異若此。見會玄記。

송宋나라 때 미주眉州 중암中巖의 화엄 조각華嚴祖覺 선사는 어려서 눈에 스치기만 해도 외울 정도로 총명했다. 불교를 배척하는 책을 저술했는데, 그러다 홀연히 지독한 경계를 보고는 잘못을 뉘우치고 출가해 혜목 능慧目能 선사를 의지하였다. 그러나 오래지 않아 종기가 무릎에 생겼고 5년이 지나도록 의사도 치료하지 못했다. 그래서『화엄합론華嚴合論』을 서사하게 되었는데, 서사를 끝내던 밤 기이한 꿈을 꾸었고, 아침에는 곧 지팡이를 버리고 편안히 걷게 되었다. 그러던 어느 날 아침 염송하다가 「현상품現相品」의 "부처님 몸은 생긴 일 없지만 능히 출생하는 모습을 보이시네. 법성은 허공과 같아 모든 부처님 그 가운데 머무시니, 머묾도 없고 감도 없어 곳곳에서 모두 부처님을 보네."[49]라는 구절에 이르러 비로소 화엄의 종지를 깨달았다. 부府의 통솔자가 천부당千部堂에서 강설해 줄 것을 청해 그 말씀과 뜻을 널리 펼치자 대중이 모두 탄복하였다. 『오등회원五燈會元』을 보라.

宋眉州中巖華嚴祖覺禪師。幼過目成誦。著書排釋氏。忽見惡境。悔過出家。依慧目能禪師。未幾疽發膝上。五年醫莫愈。因書華嚴合論。畢夜感異夢。旦即捨杖安步。一旦誦至現相品曰。佛身無有生。而能示出生。法性如虛空。諸佛於中住。無住亦無去。處處皆見佛。遂悟華嚴宗旨。府帥請講於千部堂。詞旨宏放。衆咸嘆服。見五燈會元。

송宋의 원정圓淨 법사는 이름이 성상省常이고 전당錢塘 안顏씨이다. 17세에 출가하여 구족계를 받고 계행이 근엄하였으며 천태天台의 지관법문止觀法門을 익혔다. 순화淳化 연중(990~994)에 소경昭慶에 주석하면서 여산廬山의 풍모[50]를 흠모하여 서호西湖에서 결사하였고, 『화엄경』 「정행품淨行品」으로 성과聖果를 이룰 종요宗要로 삼았다. 스스로 손가락을 찔러 그 피를 먹과 섞어 사경하였는데, 한 글자 쓸 때마다 세 번을 절하고 세 바퀴를 돌고 부처님 명호를 세 번 불렀으며, 또 판각하고 인쇄하여 천 권을 보시하였다. 연사蓮社를 정행사淨行社로 바꾸고 그 모임에 참여한 자들을 모두

49 『新華嚴經合論』 권19 「如來現相品」(X4, 130a).

50 여산廬山의 풍모 : 여산 동림사東林寺에서 유·불·선을 가리지 않고 123인과 함께 백련사白蓮社를 결성했던 혜원慧遠의 풍모를 말한다.

정행제자淨行弟子라 칭하였으며, 문정공文正公 왕단王旦과 상국相國인 향민중向敏中이 결사의 수장이 되자 일시에 사대부 120인과 비구 천 명이 결성되었다. 한림翰林 소이간蘇易簡은 「정행품」의 서문을 지으며 "저는 머리카락을 펼쳐 그 발을 받들고 살을 도려내어 그 법을 청하라 해도 거절하지 않을 것인데 하물며 비루한 글에 천박한 학문을 아끼겠습니까?"라고 하기에 이르렀다. 천희天禧 4년(1020) 정월에 단정히 앉아 염불하면서 입적하였으니, 연사蓮社의 7조라고들 한다.

宋圓淨法師。名省常。錢塘顔氏。十七歲出家受具。戒行謹嚴。習天台止觀法門。淳化中住錫昭慶。慕廬山之風。結社西湖。以華嚴淨行品。乃成聖之宗要。自刺指血。和墨書之。每書一字。三拜三圍繞。三稱佛名。又刊板印施千卷。易蓮社爲淨行社。預會者。皆稱淨行弟子。王文正公旦。及相國向公敏中爲社首。一時士大夫百二十人。比丘千人焉。翰林蘇易簡。作淨行品序。至謂予當布髮以承其足。剜身以請其法。猶尙不辭。況陋文淺學而吝惜哉。天禧四年正月。端坐念佛而寂。爲蓮社七祖云。

송의 석선본釋善本은 『화엄경』을 시험보고 승려가 되었고, 거처하는 곳마다 항상 지송하기를 그치지 않았다. 조칙을 받들어 법운사法雲寺에 머물면서 대통선사大通禪師라는 호를 하사받았고, 뒤에 항주杭州 상오사象塢寺로 돌아가 정토의 업을 닦았다. 그러다가 선정 중에 금빛 몸을 나타낸 아미타부처님을 보았다. 어느 날 아침 문인들에게 "나는 3일 뒤에 갈 것이다."라고 하였는데, 기약한 날이 되자 과연 가부좌하고 염불하다가 서쪽을 향해 천화하였다.

宋釋善本。試華嚴得度。居恒誦持不輟。奉詔住法雲。賜號大通禪師。後歸杭州象塢寺。修淨業。定中見彌陀佛。示金色身。一旦告門人曰。吾三日後行矣。至期果趺坐念佛。西向而化。

송의 문충文忠 구양수歐陽修 공이 임종할 무렵 자제들을 부르고 훈계하였다.

"나는 젊은 시절 문장으로 세상에 이름을 떨치고는 부도浮圖(불교)를 한껏 비난했었다. 그러다 근래 여러 경에서 문득 오묘한 뜻을 듣고는 비로소 바른 과보를 연구해 보려 했으나 뜻을 지녀 볼 겨를도 없이 죽게 되었다. 너희는 삼교三敎[51]의 같고 다름을 가볍게 말했던 나의 전철을 밟지 말라."

그리고는 노병老兵을 시켜 가까운 절에서 『화엄경』을 빌려오게 하여 장엄하게 염송하다가 8권에 이르렀을 때 편안히 앉은 채 서거하였다.

宋文忠歐陽公。將易簀時。呼子弟誡曰。吾少以文章名世。力詆浮圖。邇來於諸經。忽聞奧義。方將研究正果。不料賫志以沒。汝等毋蹈吾轍。輕言三教異同也。令老兵于近寺。借華嚴經。莊誦至八卷。安然坐逝。

송의 손량孫良은 전당錢塘 사람이다. 은거하며 대장경을 열람하였으며, 특히 화엄의 종지를 얻어 일생 거처하는 곳마다 항상 지송하기를 그만두지 않았다. 뒤에 대지大智 율사에게 보살계를 받았고, 매일같이 부처님을 만 번이나 염송하기를 거의 20년이나 하였다. 하루는 집안사람들에게 명하여 스님을 초청해 염불하게 하였고, 반 식경 정도 지나자 허공을 보며 합장하고 말하였다.

"여러 부처님들께서 이미 강림하셨다."

그리고는 자리에서 물러나 천화하였다.

---

51 삼교三敎 : 불교·유교·도교를 말한다.

宋孫良。錢塘人。隱居閱大藏。尤得華嚴之旨。居恒誦持不廢。後依大智律師。受菩薩戒。日誦佛萬聲。幾二十年。一日命家人。請僧念佛。方半晌。望空合掌云。諸佛已荷降臨。退坐而化。

송의 진秦씨 정견淨堅은 송강松江으로 시집갔는데 스스로 여자의 몸임을 싫어하였다. 그래서 남편과 각방을 쓰며 재계齋戒를 꼼꼼히 지키고, 항상 『화엄경』·『법화경』·『금광명경』·『반야경』 등을 펼쳐 독송하면서 헛되이 보내는 날이 없었으며, 아침저녁으로 부처님께 예배하고 미타참彌陀懺을 닦았다. 그렇게 오래 하자 광명이 방으로 들어왔고, 서쪽을 향해 편안히 앉아 천화하였다.

宋秦氏淨堅。家松江。自厭女身。與夫各處。精持齋戒。常披誦華嚴及法華光明般若等經。無虛日。晨昏禮佛。修彌陀懺。久之有光明入室。面西安坐而化。

금金의 선타실리薛陀室利는 중인도 나란다사那蘭陀寺의 승려로 『화엄경』을 지송하였다. 나이 85세에 바다를 항해하여 오대산五臺山을 찾아와 예배하였고, 하나의 대臺 정상마다에서 『화엄경』 10부를 염송하고 7일 동안 선정에 들었다. 선정에서 황금의 성과 푸른 전각, 보배 연꽃에 향기로운 물, 구슬을 꿴 그물이 서로를 비추는 가운데 모든 하늘과 동자들이 그곳에서 즐겁게 노니는 것을 보았다. 뒤에 영취봉靈鷲峯에서 천화하였으며, 사리를 8홉이나 얻었는데 구슬처럼 찬란하였다. 『운서감응략기雲栖感應略記』를 보라.

金薛陀室利。中印度那蘭陀寺僧。誦持華嚴。年八十五。航海來禮五臺。每一臺頂。誦華嚴十部。禪寂七日。定中見金城紺殿寶蓮香水。珠網交輝。諸天童子。遊戲其中。後於靈鷲峯化去。得舍利八合。璀爛如珠。見雲栖感應略記。

원元의 화엄 보살華嚴菩薩은 휘가 정순正順이며 위주尉州 고高씨 자손이다. 오대산의 수녕용壽寧用 공에게서 삭발하고는 깊은 숲에 초가를 짓고 오로지 『화엄경』만 열람하여 그 횟수가 천 부를 채웠다. 화장관華藏觀에 들어갈 때마다 15일 만에야 선정에서 깨어났기에 세상에서 그를 화엄 보살이라 불렀다. 입적할 무렵 문인이 게송을 청하자 스님이 말하였다.

오랜 겁 지내도록 본래 가고 머문 적 없으니
응하여 활용함에 무얼 짐작하고 무얼 염려할까.
온몸을 굴려 허공마저 밟아 버리고
일체의 옳고 그름을 돌아보지 말라.

말을 마치고 서거하였다. 그날 영가를 모신 제단 위에 다섯 빛깔의 용이 나타났으며 날아다니는 광명이 뜰을 밝혔다. 『운서감응략기雲栖感應略記』를 보라.

元華嚴菩薩。諱正順。尉州高氏子。從五臺壽寧用公祝髮。結廬深樹。惟閱華嚴。數盈千部。每入華藏觀。三五日方起。世號華嚴菩薩。將示寂。門人乞偈。師曰。歷劫本無去住。應用何思何慮。轉身踏破虛空。一切是非莫顧。言訖而逝。是日靈几上。現龍五彩。飛光燭於庭宇。見雲栖感應略記。

명明 만력萬曆 연간(1573~1620)에 변융辨融 선사가 유언비어로 하옥되었는데, 옥졸이 '변辨 공은 명성이 높으니 분명 금전이 많을 것이다'라고 여겨 그에게 두둑한 뇌물을 요구하였다. 스님이 "절집에 무슨 돈이 있겠는가?" 하고 한 푼도 주지 않자 옥졸은 스님을 큰 상자에 가두어 괴롭혔다. 갇힌 뒤에 스님이 허공을 향해 "대방광불화엄경 화엄회상의 불보살이여." 하고 큰소리로 외치자 홀연히 상자 가득 요란하게 메아리치더니 자물쇠가 끊어지고 상자가 부서졌다. 이 이야기가 감옥의 담당자에게 알려졌고, 결국 어전까지 전해져 조칙을 받들어 풀려났다. 운서雲栖[52]의 『죽창이필竹窓二筆』에서 말하였다.

"내가 경사京師로 들어가 동료들과 함께 변융 스님을 찾아가 참례하고 가르침을 청하자 변융 스님께서는 '이익을 탐하지 말고, 명예도 구하지 말고, 귀하고 요긴한 문을 붙잡지도 말고 오로지 일심으로 도를 갖춰야 한다'고 가르쳐 주셨다. 물러나 몇몇 나이 어린 자들이 웃으며 말했다.

'우리는 뭐 특별한 말씀이라도 들을 줄 알았는데 어찌 이리 평범합니까?'

그래서 내가 말했다.

'이 어른을 공경해야 할 이유가 바로 여기에 있다. 저분이 비록 말씀은 어눌하다지만 어찌 선덕들의 문답과 기연機緣 한두 개쯤 엮어 자신의 문호門戶를 가리지 못하겠는가. 그러나 그렇게 하지 않는 분이니, 그 말씀은 그가 실천한 것이고 자기의 행을 들어 남을 가르친 것이다. 진정 참된 선화禪和(禪僧)이니, 가볍게 여겨서는 안 된다.'"

明萬曆間。辨融禪師。以蜚語下獄。獄卒以辨公名重必多金。索其厚賄。師云僧家那得有錢。一無所與。獄卒置師大匣床中以困之。匣竟師向空唱云。大方廣佛華嚴經。華嚴會上佛菩薩。忽滿匣床。聒聒作響。鎖斷牀碎。事聞提牢。遂達御前。奉詔請出。雲栖竹窗二筆云。予入京師。與同輩詣辨融師。

---

52 운서雲栖 : 중국 명나라 스님으로 법명은 주굉袾宏(1536~1615), 자는 불혜佛慧, 호는 연지蓮池, 운서雲棲는 주석 산명이다. 유교를 배우다 30세에 출가하였다. 항주 운서산에 선림禪林을 세우고, 또 염불을 권하였다. 32종의 저서를 남겼다.

叅禮請益。融教以無貪利。無求名。無攀援貴要之門。惟一心辨道。旣出數年少笑曰。吾以爲有異聞。何寬泛乃爾。予謂此老可敬處。正在此耳。渠縱吶言。豈不能掇拾先德問荅機緣一二。以遮盖門戶。而不爾者。其言是其所實踐。擧自行以敎人。正眞實禪和。不可輕也。

명의 과이안戈以安은 법명이 광태廣泰이고 전당錢塘 사람이다. 성품이 지극히 효순하였으며 평소 선행을 쌓고도 스스로 깊이 감추었다. 만년에 정성을 다해 부처님을 받들어 영지사靈芝寺의 승려 현소玄素와 봄가을로 두 번 결사를 맺고는 염불하였으며, 『화엄경』 등 다섯 가지 경을 염송하였다. 그렇게 계속하다가 갑자기 사람들에게 "내 마지막 날이 가까웠으니 서방정토로 돌아갈 양식을 마련해야겠다." 하고는 드디어 문을 닫아걸고 염송으로 일과를 삼았고, 아침부터 저녁까지 끊지 않았다. 서방으로 돌아갈 날을 섣달 21일로 예정하였는데, 그 이틀 전 저녁에 아내와 자식이 둘러앉아 지켜보면서 슬픔으로 목이 메자 과이안이 웃으며 말했다.

"태어나면 반드시 죽음이 있는데 어찌 슬퍼하는가. 내 정신을 깨끗한 세계에 모으고자 하니, 너희들은 절대로 인정과 애착으로 나를 어지럽혀서는 안 된다."

기약한 날이 되자 고요히 서거하였다. 얼마 후 어떤 스님이 명부에 들어갔다가 손孫을 보았다.[53] 조용한 방에 고요히 앉아 있었는데 경전이 책상에 수북이 쌓여 있고, 뜰에는 붉은 대나무와 괴석이 무성하며, 너무도 깨끗한 것이 신선 세계 같았다고 한다. 『운서왕생집雲栖往生集』을 보라.

---

53 손孫을 보았다 : 원문은 '견손見孫'이다. '손孫'이 무엇을 의미하는지 명확하지 않다. 운서사雲棲寺 주굉袾宏이 편집한 『往生集』(T51, 149b)에는 이 부분이 '견거사見居士', 즉 "거사를 보았다."로 되어 있다. 문맥으로 보아 '견거사見居士'라야 적당하다. 후대 주극부周克復가 편찬하는 과정에서 발생한 오류를 그대로 답습한 것이 아닐까 의심된다.

明戈以安。法名廣泰。錢塘人。性至孝。素積善行。而深自韜晦。晚歲精誠奉佛。與靈芝僧玄素。結春秋二社念佛。誦華嚴五經。繼忽謂人曰。吾大限將至。當爲西皈資糧。遂掩關課誦。昕夕不輟。預定皈期於臘月二十一日。前二夕。妻子環視悲哽。戈笑曰。生必有滅。奚悲爲。吾方凝神淨域。若等愼勿以情愛亂我。至期寂然而逝。未幾有僧入冥。見孫晏坐靜室。經籍盈几。庭多紫竹石峯。淸絕如洞天云。見雲栖往生集。

명의 공부工部[54] 담정묵譚貞默의 어머니 태부인 엄嚴씨는 일생을 항상 집안 살림과 자녀양육으로 과업을 삼았다. 아울러 법도가 있어 비록 남편이 존귀하고 아들이 존귀했지만 베옷과 나물밥으로 지내며 사치하는 걸 좋아하지 않았고, 부처님의 말씀을 좋아하는 성품이라 아침저녁으로 예배하며『금강경』과『법화경』염송하기를 그치지 않았다. 만년에는 특히『화엄경』을 존중하고 받들어 매일 한 권씩 가지加持하였으며, 또 며느리에게 능히 대의大義까지 강의하였다. 평생 병 없이 지내다 숭정崇禎 임신년(1632) 여름에 갑자기 병을 얻었다. 그는 곧 죽음이 가까웠음을 알고 일어나 목욕하고 옷을 갈아입고는 부처님께 예배하며 말하였다.

"저는 일생 부처님을 존경하였습니다. 정말 불연佛緣이 있다면 남은 육신이 기운이 사라져도 더러워지지 않게 하소서."

그리고는 가부좌하고 단정히 앉아 합장하고 서거하였다. 7일이 지나도록 미소를 머금은 얼굴빛이 살아 있을 때와 같았고 향기가 때때로 풍겼으며, 상을 치르는 동안 파리 한 마리 날아다니지 않았다. 이에 보는 이들이 그 기이함을 찬탄하지 않는 자가 없었다. 공부工部가 직접 전기傳記를 남겼다.

54 공부工部 : 관직명이다.

明譚工部貞默。母嚴太夫人。居恒治家課子。俱有法度。雖夫貴子貴。而布衣蔬食。不樂華侈。性好浮啚言。晨夕禮誦金剛法華不輟。晚年尤尊崇華嚴經。每日加持一卷。又能爲子婦。講解大義。生平無疾。崇禎壬申暑月。忽得疾。即知垂歿。起沐浴更衣。禮佛曰。我一生敬佛。果有佛緣。當令遺體。氣息不穢。隨跏趺端坐。合掌而逝。七日顏色。含笑如生。香氣時時飄拂。喪次無一飛蠅。見者莫不嘆異。工部自有傳記。

발문

내가 『정토보서淨土寶書』라는 책 하나를 판각하고 나서 이어 다시 이 책을 간행하는 까닭은 다음과 같다. 『금강경』은 상相을 씻어 버리고 공空을 밝혀 대승법문을 처음으로 열어젖힌 것이고, 더욱이 명부의 관리들이 존중하고 소중히 여기는 것이다. 『법화경』과 『화엄경』 두 경은 세존의 설법 가운데 가장 높은 것으로서 제일가는 승乘이다. 관음대사觀音大士로 말하자면 널리 세간을 제도하고 나타나지 않는 세계가 없는 분이다. 실로 이 모두는 화택火宅에 내리는 단비이며 법문法門을 방어하는 성이므로 그 말씀을 지니고 널리 통용하기를 급히 서둘러야지 늦춰선 안 된다.

이에 역대 왕조의 명사와 현사들이 이를 지송하며 경험했던 일 중에 실로 증명하고 믿기에 충분한 것들만 모아 드디어 한 부로 편집하게 되었으니, 보고 나서는 부지런히 닦고 지송하여 말세에 멸려차蔑戾車[55]의 땅에 떨어지지 않기를 바란다.

그 찬집한 차례와 조항의 법식에 있어서는 공문空門의 제자라면 천축의 전적을 숭상하고 믿어야 하기에 분류를 정확히 그에 상응하게 하였다. 다

---

55 멸려차蔑戾車 : 범어 mleccha의 음역으로 멸례차蔑隷車·미리차彌離車·미려차彌戾車·밀리차蜜利車라고도 하며, 변지邊地로 의역하기도 한다. 비천한 직업을 좋아하고 예의를 알지 못하며, 불법을 믿지 않는 하천한 사람, 즉 야만인을 가리키는 말이다.

만 가정을 가지면서 도를 배운 자들은 진실로 푸른 연꽃이 진흙에서 자라면서 물들지 않는 것처럼 매우 희유한 일이기에 채집하고 채택하기를 유독 많이 하였다. 혹 뜻이 있는 자가 이 기록을 깊이 믿어 서로서로 널리 권하고 네 가지 경을 열심히 수지하여 지혜의 광명을 단절하지 않고 진사겁塵沙劫토록 유통한다면 그 복은 시방의 허공처럼 생각으로 헤아릴 수 없을 것이다. 아둔하고 보잘것없는 내 뜻은 오직 여기에 있을 뿐이다.

병인년(1686) 천중절天中節(단오)에 백암栢庵 사문 성총性聰이 삼가 발문을 쓰다.

余旣刻淨土一書。嗣復刊行此書者。以金剛蕩相明空。瓶啓大乘法門。尤爲冥官之敬重。法華華嚴二經。世尊說法之最上第一乘也。至於觀音大士。普度世間。無刹不現。實皆火宅之甘澍。法門之干城。持說弘通。可亟而不可緩故。爰取累朝名賢持驗事。實足可徵信者。遂輯爲一部。庶幾見聞之下。精進脩持。使不墜於叔季蔑戾車之地也。若其撰次條例。空門弟子崇信竺典。分固應爾。唯在家學道。眞若靑蓮出淤泥而不染。甚爲希有故。採取偏多焉。倘或有志者。深信此錄。遆相激勸。懋持四經。不斷慧光。流通塵劫。則其福不可思議。如十方虛空。不慧區區之心。惟在此耳。丙寅天中節日。栢庵沙門性聰謹跋。

사경지험기四經持驗紀 권2*

백암 성총 모음
栢庵性聰集

* ㉯ 제목과 편찬자 이름은 보입한 것이다.

금강경지험기 金剛經持驗紀

수隋의 조문약趙文若은 개황開皇 초(581)에 병으로 죽었다. 7일이 경과한 후 집안사람들이 염을 하려다가 갑자기 한쪽 발을 움츠리기에 곧 멈추었다. 그가 깨어나서 한 이야기다.

"한 사람에게 추포되어 명부의 성으로 들어가자 왕이 '살아서 어떤 공덕을 지었느냐?'고 물었다. 그래서 '『금강경』을 수지하였다'고 대답했더니, 왕이 '그것이 제일가는 공덕이지. 수명이 비록 다했지만 연장해 주마' 하였다. 그리고는 또 '여러 죄 중에 살생이 가장 무거운 죄인데 경卿은 매일 돼지고기와 양고기로 부엌을 채웠구나' 하고는 사령을 파견해 고초를 겪는 곳으로 데려가게 하였다. 북쪽으로 가자 담장 아래에 굴이 나왔고, 그 굴을 통과해 나가서 높은 언덕에 올랐는데 사방을 둘러보니 아득히 넓었다. 그곳에 성 하나가 까마득히 솟아 있었고, 연기와 불꽃이 하늘에 맞닿고 슬피 부르짖는 소리가 사방에서 들렸다. 문약은 귀를 막고 눈을 감고는 벗어나기를 바랐으나, 심장이 터지는 듯하였고 입에서 피가 쏟아졌다. 사자가 그를 데리고 돌아와 왕을 알현하자 왕이 말하였다.

'그대는 고기 먹는 걸 좋아했으니 가벼운 벌을 면할 수 없다.'

곧 기다란 못 다섯 개를 찾아 머리와 양쪽 손발에 못질하였는데 그 쓰라린 통증은 여태까지 느껴 보지 못하던 것이었다."

그는 이때부터 육식을 끊고 경전을 수지하였다. 후에 공적인 일로 역관驛館에 이르렀다가 홀연히 푸른 옷을 입은 한 여인이 구해 달라는 꿈을 꾸게 되었다. 그래서 역관의 관리에게 물었다.

"먹을 것이 뭐가 있는가?"

"포동포동 살찌고 연한 양 한 마리가 있습니다."

가서 살펴보니 바로 푸른빛 암컷이었다. 문약은 "나는 고기를 먹지 않는다." 하고는 결국 값을 치르고 풀어 주었다.

隋趙文若。開皇初病亡。經七日。家人將殮。忽縮一足遂停。旣蘇云。被一人追入冥城。王問在生有何功德。答持金剛經。王曰此第一功德。筭雖盡可延。又曰諸罪更重殺生。卿每以猪羊充庖。遣使領至受苦處。北行墻下有穴。從此穴出。登高阜。四望遙濶。一城極峻。煙火接天。備聞哀號聲。文若閉耳目求出。仍覺心破。口中出血。使者引回見。王曰汝好啖肉。薄罰難免。索長釘五枚。釘頭及兩手足。痛楚異常。從此絕肉持經。後因公事至驛。忽夢一靑衣女求救。因問驛吏。有何物食。報云一羊甚肥軟。視之則靑羜也。文若云。我不食肉。遂贖放之。

수隋의 목언통睦彦通은 무뢰읍武牢邑을 다스리며 매일같이 『금강경』을 지송하였는데, 이밀李密의 도적 떼가 봉기하자 사람들이 그를 죽이려 하였다. 의로운 깃발에 호응하여 언통이 결국 성 아래로 몸을 던지자 도적들이 칼을 뽑아 들고서 죽이려고 달려들었다. 그때 앞쪽에 깊은 계곡이 있기에 결국 그곳으로 뛰어들었는데, 공중에서 금강신金剛神이 나타나 손으로 언통의 팔을 잡고 반석에 내려놓아 전혀 다친 곳이 없었다. 그리고 큰소리로 말했다.

"경을 염송하는 너에게 감복하여 이렇게 찾아와 구해 주는 것이다."

언통은 집으로 돌아왔고 금강신이 잡았던 오른쪽 팔에서는 기이한 향기가 며칠이 지나도 가시지 않았다. 후에 그 지위가 방백方伯에 이르렀으며, 어느 날 병 없이 지내다 목욕하고는 붓을 찾아 게송을 쓰고 서거하였다.

隋睦彦通。宰武牢邑。日持金剛經。李密盜起。人欲殺之。以應義旗。彦通遂投身城下。賊拔刀逼殺。前有深澗。遂躍入。空中見金剛神。以手接彦通臂。置盤石上。都無傷損。呼曰感汝念經。故來相救。彦通還家。所接右臂。奇香累日不散。後位至方伯。一日無病。沐浴索筆。書偈而逝。

수의 두지량杜之亮은 인수仁壽 연중(601~604)에 한왕漢王 량諒의 막부의 참군叅軍이 되었다. 후에 량은 병주并州에서 거병하여 모반을 일으켰지만 패배하였고, 량과 그 막료들이 모두 잡혀 투옥되었다. 그렇게 눈물로 밤낮을 보내는데 홀연히 어느 날 밤 꿈에 한 스님이 나타나 말하였다.

"그대가『금강경』을 염송하기만 하면 이 액난에서 벗어나리라."

새벽이 밝자 경전을 가져다 온 정성을 다해 읽고 외웠다. 주동한 무리를 끌어다 도륙할 때에 이름이 호명된 자는 모두 죽었는데, 유독 두지량의 이름만 없었다. 주동자는 모두 벌을 받았지만 얼마 뒤에 그는 사면되었다. 후에 현경顯慶 연중(656~661)에 황주 자사黃州刺史를 지내다 죽었다.

隋杜之亮。仁壽中爲漢王諒府叅軍。後諒於并州。擧兵反而已敗。諒與僚屬皆繫獄。日夜涕泣。忽夜夢一僧曰。汝但念誦金剛經。此厄可度。至曉取經。專誠習念。及主者引衆就戮。唱者俱死。唯無亮姓名。主者皆坐罰。俄以赦免。顯慶中。卒於黃州刺史。

당 무덕武德 연간(618~626)의 일이다. 장안의 부호 소인흠蘇仁欽은 자기 마음대로 다스리면서 사람을 삶아 죽이고 태워 죽였다. 죽임을 당한 자들이 저승의 사령에게 원통함을 호소하자 혼령을 추포해 감옥에 가두었다. 그러자 인흠은 중병으로 세월을 보내다 수명이 줄어 젊은 나이에 죽고 말았다. 명부의 왕이 말하였다.

"너는 전생에 선을 닦은 덕분에 현세에서 부귀를 누렸지만 마음대로 살생한 업이 무거우니 혹독한 과보로 갚아야 하리라."

그리고는 곧 지옥으로 끌고 가라고 명령하자 인흠이 두려움에 떨며 슬피 애원하였다.

“살면서 비록 선한 일을 하지는 못했지만 『금강경』 한 권을 부탁해 이미 천화한 안국사安國寺 승려 신경神敬에게 수지하도록 준 일이 있습니다. 그 스님이 비록 천화하셨지만 대질하면 증명할 수 있습니다.”

잠시 후 기이한 향기가 가득 풍기면서 한 스님이 경을 들고 대전에 이르러 말하였다.

“오래전에 인흠과 함께 수지한 반야의 공이 있습니다.”

왕이 곧 합장하고 돌아가도록 풀어 주자 다시 살아나게 되었다. 이 일로 『법화경』 100부와 『금강경』 천 권을 인쇄하여 보시하고, 수륙대재水陸大齋를 지내 중생을 제도하였다. 그러자 꿈에 돌아가신 아버지 문충文忠이 나타나 말하였다.

“나는 부자가 되고도 어질지 못하여 생명을 죽이고 해쳤다. 그래서 늙어서는 변소에 떨어지고 죽어서는 지옥에 빠졌는데, 네가 공덕을 닦은 덕분에 천상 세계에 태어났다.”

唐武德間。長安富豪蘇仁欽。恣意宰割烹炮。被殺者。陳訴陰司。追魂繫獄。仁欽重病經年。減筭夭亡。冥王曰。緣汝前生修善。現世富饒。恣殺業重。惡報當償。即令駈至地獄。欽惶怖哀告。在生雖未作善。曾請金剛經一卷。捨與安國寺。已化僧神敬受持。僧雖遷化。可以對證。須臾異香芬馥。一僧執經至殿言。久與仁欽受持。有般若功。王即合掌放還。得再生。因印施法華經百部。金剛經千卷。修水陸大齋濟衆。夢亡父文忠曰。我爲富不仁。殺生害命。老墮厠中。死陷地獄。汝修功德。得生天界矣。

당 무덕 연간에 강릉江陵 사람 진소陳昭가 『금강경』을 염송하며 오랜 세월 공덕행을 쌓았다. 어떤 큰 구렁이가 매일 곁에서 경을 듣다가 독경이 끝나면 물러갔는데 겁 없고 사나운 이웃 사람 역창力昌이 요물이라 의심하여 그걸 때려죽였다. 뱀이 명부에 호소하자 역창을 추포해 뱀으로 하여금 온몸을 칭칭 감고 깨물게 하였다. 그러자 아내의 꿈에 나타나 호소하였다.

"뱀이 경을 100권 듣겠다고 원을 세웠다고 하오. 그러면 하늘로 올라갈 수 있는데 겨우 일곱 권이 모자랄 뿐이었소. 내가 그것도 모르고 그를 죽여 지금 고통과 재앙을 받고 있으니, 스님을 청해 『금강경』 일곱 권을 사경하여 참회하고 나를 구해 주시오."

아내는 지독한 가난으로 그렇게 할 수 없어 다섯 살짜리 아이를 두 관貫에 팔아 스님을 청해 사경하였다.

唐武德間。江陵人陳昭。讀金剛經。累積功行。有大蟒。每日在側聽經。畢卽退。隣人力昌勇悍。疑爲妖。擊殺之。蛇訴冥府。追攝力昌。令蛇纏身噬囓。遂託夢告妻曰。蛇願聽經百卷。便可昇騰。只欠七卷耳。我誤殺之。今受苦厄。請僧寫金剛經七卷。懺悔救我。妻貧甚不能爲。有五歲兒。賣得錢兩貫。請僧寫經。

당의 진문달陳文達은 처현郪縣 사람이며 항상 『금강경』을 지송하였다. 돌아가신 부모님을 위해 8만 4천 권을 염송하기에 이르자 여러 차례 상서를 보았고, 사람들에게 경을 읽어 주면 질병과 액난이 모두 사라졌다. 동산銅山 사람 진약陳約이 저승의 사령에게 잡혀갔다가 지하에서 대臺를 쌓는 것을 본 적이 있는데 "이 반야대般若臺는 진문달이란 이를 위해 준비하는 것이다."라고 하였으니, 그가 저승에서 존경받은 것이 이와 같았다.

唐陳文達。郪縣人。常持金剛經。爲亡父母。誦至八萬四千卷。多見祥瑞。爲人轉經。疾厄皆免。銅山人陳約。曾追赴陰司。見地下築臺曰。此般若臺。待陳文達者。其爲冥司所敬如此。

당의 백인철白仁哲이 용삭龍朔 연중(661~663)에 괵주虢州 주양위朱陽尉가 되어 쌀을 요동遼東으로 운반하게 되었다. 그때 바다를 건너다가 강풍을 만났는데 사방을 둘러봐도 온통 캄캄하였다. 인철은 향을 사르고 급히 『금강경』을 염송하였다. 그렇게 몇 번 염송하자마자 홀연히 꿈결처럼 공중에서 한 범승梵僧이 나타나 말하였다.

"그대가 참된 경을 염송하기에 일부러 찾아와 그대를 구해 준다."

그러자 잠깐 사이에 바람이 멎고 80여 명이 모두 구제되었다.

唐白仁哲。龍朔中爲虢州朱陽尉。運米遼東。過海遇罡風。四望昏黑。仁哲焚香。急念金剛經。纔數遍。忽如夢寐。見空中。有一梵僧謂曰。汝念眞經。故來救汝。須臾風定。八十餘人俱濟。

당의 진리빈陳利賓은 회계會稽 사람으로 약관弱冠의 나이에 과거에 급제하였다. 시와 문장을 잘 지었으며, 처음 벼슬길에 올라 장성위長城尉가 되었다. 그는 어려서부터 『금강경』을 염송하여 액난을 만났을 때 여러 차례 그 도움을 받았다. 개원開元 연중(713~741)에 진리빈이 회계강會稽江에서 동양東陽으로 부임하게 되었는데, 하늘에서 오래도록 비가 내려 강물이 그득히 불어나 있었다. 동행하는 20여 척의 선박이 바람을 타고 돛을 올리자 갑자기 하늘이 캄캄해지면서 폭풍이 몰아쳤다. 그리고 석두石竇 인근 지역에 다다르자 상류에서 급류가 쏟아져 파도가 거세게 때려 정박할 수가 없었다. 앞서 가던 20여 척의 배는 석두 입구에 다다라 모두 파손되었고, 배에 탄 사람들은 두려움에 떨며 어쩔 줄 몰라 하였다. 그때 진리빈이 급히 『금강경』을 염송하자 급류가 흐르는 곳에 이르렀을 때 홀연히 붉은 용과 비슷한 형상의 한 동물이 강을 가로지르며 나타나 배를 지탱하였다. 덕분에 육지에 오를 수 있었으니, 모두들 경을 염송한 공덕이라 하였다.

唐陳利賓。會稽人。弱冠擢第。善屬詩文。釋褐長城尉。少誦金剛經。遇厄多獲其助。開元中。賓自會稽江。赴東陽。天久雨。江水瀰漫。同行二十餘船。乘風掛帆。須臾天晦風烈。至界石竇。上水急流而下。波濤衝擊。不得泊。前二十餘舟。皆至竇口敗。舟人恐懼無措。利賓急誦金剛經。至急流所。忽有一物。狀如赤龍。橫出扶舟。因得上。咸謂誦經之功。

당의 왕령망王令望은 어려서부터『금강경』을 지송하였는데, 공주邛州 임계臨溪로 돌아가다가 매우 험한 길에서 갑자기 맹수를 만나게 되었다. 그가 급히 이 경을 염송하자 맹수가 한참을 물끄러미 바라보더니 꼬리를 내리고 사라졌다. 한번은 안주安州 판사判司에 임명되어 양자강楊子江을 건넌 적이 있었다. 밤에 폭풍이 일어 정박했던 배 100척이 줄줄이 수몰되었는데 유독 왕령망의 배만 온전하였다. 후에 호주亳州 초령譙令을 지내다 세상을 마쳤다.

唐王令望。少持金剛經。還邛州臨溪。路極險阻。突遇猛獸。急念此經。猛獸熟視曳尾去。曾任安州判司。過楊子江。夜暴風起。泊船百艘。相接盡沒。惟令望船獨全。後終亳州譙令。

당의 위순魏恂은 좌서자左庶子 상덕尙德의 아들이며『금강경』을 지송하였다. 신공神功 초(697)에 감문위 대장군監門衛大將軍이 되었는데, 당시 어떤 점치는 사람이 갑자기 죽었다가 며칠 후 소생하여 이런 말을 하였다.

"처음 명부의 관아에 이르렀을 때 일이다. 관리가 사람을 추포해 오지 못했다며 그 사자使者를 매질하려 하자 그 사자가 말하였다.

'위장군은『금강경』을 지송합니다. 선신들이 옹호해 추포할 수 없었습니다.'

곧 다른 사자를 보내 다시 추포하게 하였지만 잠시 후 돌아와 똑같이 보고하였다. 그러자 명부의 관리가 '그럼 추포를 그만두라'고 하였다."

위순이 이 말을 듣고 더욱 열심히 정진하였다.

唐魏恂。左庶子尙德之子。持金剛經。神功初。爲監門衛大將軍。時有蔡策者。暴亡數日。方蘇云。初至冥司。官以追人不得。將撻其使者。使者云。魏將軍持金剛經。善神擁護。追之不得。卽別遣使復追。須臾還報竝同。冥官曰。且罷追。恂聞之。更加精進。

당의 여문전呂文展은 개원 3년(715)에 낭중현승閬中縣丞에 임명되었다. 불전佛典을 매우 좋아하였고, 특히 온 마음을 다해 『금강경』을 지송하였다. 그 횟수가 3만여 번에 이르자 기이한 영험이 나타났으니, 이미 쇠잔한 노년의 나이라 어금니 세 개가 동시에 빠졌는데 홀연히 어금니가 솟아나 예전과 같아졌다.

또 랑閬에 있을 때 심한 가뭄이 이어져 자사刺史 유준劉浚이 비를 청하는 기도를 하게 한 일이 있었다. 이에 한 번 읽자마자 비가 억수같이 쏟아졌다. 또 지독한 장마가 이어지자 별가別駕가 다시 경을 염송해 비가 그치도록 기도하게 하였는데, 그렇게 하자마자 맑게 개었다. 앞뒤에 증험한 일들은 다 거론할 수 없을 정도이다.

唐呂文展。開元三年。任閬中縣丞。雅好佛典。尤專心持誦金剛經。至三萬餘遍。靈應奇異。年旣衰暮。三牙並落。忽牙生如舊。在閬時屬亢旱。刺史劉浚令祈雨。纔一遍。遂獲沛然。又苦霖潦。別駕又令誦經祈晴。應時開霽。前後證驗。不能遍擧。

당 임안臨安의 진철陳哲은 여항餘杭에 터를 잡고 살던 집안 사람으로서 정밀하고 한결같이 행을 연마하면서 『금강경』을 지송하였다. 광덕廣德 초

(763)에 무강武康의 도적 송담宋潭이 여항을 노략질하였다. 진철은 재산이 많았기에 이사하여 난을 피하려 하였는데 도적이 곧바로 들이닥쳤다. 진철은 그들을 관군이라 생각하고 물었다.

"도적이 지금 어디쯤 왔습니까?"

도적들이 크게 화를 내며 "이 늙은 종놈은 또 뭐기에 감히 우리를 모욕한단 말인가?" 하고는 다투어 검으로 그를 찔렀다. 그러나 검으로 한 번 내려칠 때마다 지름이 5내지 6척쯤 되는 오색의 둥근 빛이 진철의 몸을 덮어 그를 찌를 수가 없었다. 이에 도적이 놀라고 감탄하면서 참회하고는 그를 풀어 주고 도망갔다.

唐臨安陳哲。家住餘杭。精一練行。持金剛經。廣德初。武康賊宋潭。寇餘杭。哲富於財。將移徙避之。賊尋至。哲謂是官軍。問賊今近遠。賊大怒曰。何物老奴敢辱我。爭以釼[1)]刺之。每下一釼*有五色圓光。經五六尺。蔽哲身。不能中。賊驚嘆慚悔。捨之去。

1) ㉾ '釼'은 '釰'과 통용된다. 아래에서도 마찬가지다.

당 정화政和[1] 연중의 일이다. 진주眞州의 석장石匠 손 옹孫翁은 매일『금강경』세 권을 지송하였다. 하루는 20여 명과 함께 산에 들어가 돌을 캐다가 산이 무너져 모두 몰살하고 손씨만 돌 틈에서 살아남았다. 12년이 흐른 뒤 아들이 돌을 깨고 산을 뚫어 단정히 앉아 있는 손 옹을 발견했는데 용모가 예전과 같았다. 아들이 놀라며 절을 하고 물었다.

"어떻게 살 수 있었습니까?"

그러자 손 옹이 말하였다.

"항상『금강경』을 지송했지."

1 정화政和 : 정화政和(1111~1117)는 송宋 휘종徽宗의 연호이다. 당 예종睿宗의 연호인 연화延和(712)의 오기로 추측된다.

"배고프진 않으셨습니까?"
"처음에 소병酥餠을 하나 먹었는데 지금까지도 배가 고프지 않구나."
또 손 옹이 말하였다.
"내가 예전에 염송하던 경은 여전히 있느냐?"
"그대로 있습니다."
집으로 돌아와 경을 가져다 살펴보니, 경에 소병 크기와 흡사한 둥근 구멍이 하나 나 있었다.

唐政和中。眞州石匠孫翁。每日持金剛經三卷。一日同二十餘人。入山鑿石。山崩盡沒。唯孫在石罅處。歷十二年。子孫鑿石穿山。見翁端坐。容皃如故。子驚拜問。何以得生。翁曰常持金剛經。問饑否。曰初啖一酥餠。至今不饑。翁曰我昔所誦之經尙在否。子曰尙在。還家取經視之。經上有一圓孔。恰如餠大。

당의 육강성陸康成이 일찍이 경조부京兆府 법조연法曹掾에 부임한 적이 있었다. 그러다 강압을 피하지 못해 공은 은퇴하였다. 그런데 죽은 아전이 공문 수백 장을 안고 홀연히 나타나 확인을 부탁하기에 그에게 물었다.
"그대는 세상을 떠났는데 왜 이곳을 찾아왔는가?"
"이것은 유부幽府의 장부입니다."
강성이 살펴보니 사람 이름만 있고 다른 것은 적혀 있지 않았다.
아전이 말하였다.
"모두 내년에 병난으로 죽을 사람들입니다."
"나도 있는가?"
아전이 말하였다.
"있습니다."

그래서 크게 놀라며 말하였다.

"옛날에 아전이었으면서 이리 무정할 수 있는가?"

"그래서 일부러 찾아와 공께 미리 알려드리는 겁니다. 오직 『금강경』을 이해할 수 있어야만 명단에서 뺄 수 있습니다."

강성은 드디어 『금강경』을 매일 수십 번씩 독송하였다. 다음 해 주차朱泚가 반란을 일으키고는 그를 어사御史로 임명하자 강성이 질책하며 말하였다.

"적신賊臣이 감히 나라의 선비를 욕보이는구나."

주차가 진노하여 수백의 기병에게 그를 에워싸고 활을 쏘도록 명하였다. 그때 강성이 묵묵히 『금강경』을 염송하자 화살이 그에게 상처를 입히지 못했다. 주차는 "선비는 충신忠信으로 갑옷을 삼는다더니 정말이구나." 하고는 그를 풀어 주고 떠났다. 강성은 결국 종남산終南山에 은거하며 다시는 벼슬 하지 않았다.

唐陸康成。嘗任京兆府法曹掾。不避强禦。公退。忽見亡吏抱案數百紙。請押問曰。汝去世何得來此。曰此幽府文簿。康成視之。但有人姓名。無他事。吏曰皆來年兵刄死者。問曰有我乎。吏曰有。因大駭曰。舊吏得無情乎。曰故來啓明公耳。惟金剛經可解即失之。康成遂讀金剛經。日數十遍。明年朱泚反。署爲御史。康成叱曰。賊臣敢干國士。泚震怒命數百騎。環射之。康成默念金剛經。矢不能傷。泚曰儒以忠信爲甲冑信矣。乃捨去。康成遂隱終南山。不復仕。

당의 최녕崔寧은 대력大曆 초(766)에 서촉西蜀에 진군하였다. 이때 양림楊林이 반란을 일으켜 건아健兒 장국영張國英과 함께 싸웠다. 그러다 배에 화살을 맞았는데 화살촉이 깊이 박혀 빠지지 않았다. 의사가 "하룻밤 안에 분명 죽을 것이다."라고 하여 집안사람들은 장례 도구를 준비하였고,

같은 부대 사람들과 눈물로 이별하였다. 국영은 항상 『금강경』을 지송하였는데 밤이 되자 꿈에 서역의 승려가 나타나 환약 하나를 그에게 투여하였다. 아침이 되자 화살촉이 흘러나왔고, 상처가 곧바로 아물었다.

唐崔寧。大曆初鎮西蜀。時楊林反。健兒張國英與戰。射中腹。鏃沒不出。醫曰一夕必死。家人將備葬具。與同伍泣別。國英常持金剛經。至夜夢胡僧。以一丸藥投之。及旦瀉箭鏃出。瘡便合瘥。

당 대력大曆 연중(766~779)에 태원太原에서 말을 훔친 도둑이 옛날의 원한으로 왕효렴王孝廉과 내통했다고 무고하였다. 고문이 열흘째 이어지자 효렴은 고통이 극심해 억지로 복종하고 말았지만 조사관이 그의 억울함을 의심하고는 판결을 미루고 감옥에 두었다. 효렴은 오로지 『금강경』만 지송하였는데 그 소리가 너무도 애절하였다. 그렇게 하기를 밤낮으로 그치지 않자 홀연히 공중에서 대나무 한 조각이 떨어졌는데 양쪽에 마디가 있었다. 감옥에 떨어질 때 왕효렴 바로 앞에 있었는데, 다른 죄수들이 그걸 서로 가지려고 싸웠다. 옥졸이 놀라며 무슨 일인가 하여 모든 사람들 앞에 서 쪼개어 보았다. 거기엔 『금강경』에 수록된 게송의 반인 "법도 오히려 버려야 하는데 하물며 법 아닌 것이겠는가."[2]라고 쓰여 있었는데 필체가 매우 뛰어났다. 도둑은 자수하고는 슬피 뉘우쳤고, 효렴은 풀려날 수 있었다.

감옥은 바람도 통하지 않는 곳인데 이 대나무가 어디에서 왔을까? 양쪽에 마디가 있는데 이 경이 어디로 들어갔을까? 어찌 생각으로 미칠 수

2 원문은 "法尙應捨。何況非法。"이다. 앞뒤 구절을 살펴볼 때, 구마라집鳩摩羅什 번역의 『金剛般若波羅密經』에는 "汝等比丘。知我說法。如筏喩者。法尙應捨。何況非法。"으로 되어 있어 4구의 게송이라고 하기 어렵다. 그러나 보리류지菩提留支와 진제眞諦의 번역에는 "若觀行人。解筏喩經。法尙應捨。何況非法。"의 4구 게송으로 되어 있다.

있겠으며, 어찌 도둑을 슬피 뉘우치게 하지 못할 수 있겠는가?

唐大曆中。太原偸馬賊。以舊怨誣王孝廉同情。拷掠旬日。苦極强服。推吏疑其寃。未即成獄。孝廉專持金剛經。聲極哀切。晝夜不息。忽空中墮竹一段。兩頭有節。墜獄中。正在王前。他囚爭取之。獄卒驚疑。對衆劈視。乃金剛經中半偈云。法尙應捨。何況非法。書蹟甚工。賊首悲悔。孝廉得釋。獄不通風。此竹從何處來。兩頭有節。此經從何處入。豈思議所能及。安得不令賊人悲悔。

당 대력大曆 11년(776)의 일이다. 위주衛州 별가別駕인 주백옥周伯玉은 매일 『금강경』을 수지하고 염송하며 공적인 일에서건 사적인 일에서건 그 마음을 바꾸지 않았다. 그러다 어느 날 홀연히 범승이 찾아온 것을 보고 물었다.

"당신은 어떤 존자십니까?"

"내가 바로 반야회상般若會上의 수보리須菩提이다. 그대가 여러 해 경을 염송하고는 있지만 애석하게도 육식을 끊지 못하고 있다. 만약 정말 지극한 마음으로 불도를 구한다면 오래도록 재계하지 않으면 안 된다."

백옥은 이때부터 채식을 하며 경을 염송하였다. 그 뒤로는 앞에 일어날 일을 미리 알았다. 나이 90에 앉아서 천화하였다.

唐大曆十一年。衛州別駕周伯玉。日持念金剛經。公私不易其心。一日忽見梵僧來。問曰是何尊者。答曰。吾是般若會上須菩提也。汝誦經數年。惜未斷肉。若果至心求佛。非長齋不可。伯玉自此。蔬食誦經。後預事前知。至九十坐化。

당의 강백달强伯達이 원화元和 9년(814)에 겪은 일이다. 그의 집안은 방주房州에 있었는데 대대로 악질惡疾이 전해진 지 200년이나 되었다. 백달은 겨우 관을 쓸 나이에 나병을 앓게 되어 아버지와 형에게 부탁하였다.

“병석에서 분명 일어나지 못할 것입니다. 후환을 남길까 걱정입니다.”

아버지와 형은 양식을 챙겨 그를 황량한 산 바위 아래에 남겨 두고 울면서 떠났다. 먹을 것이 떨어지고 오래지 않아 홀연히 어떤 스님이 지나가다가 그를 불쌍히 여겨 말하였다.

“네가 『금강경』에 있는 4구 게송을 외운다면 혹 이 고통에서 벗어날지도 모르겠구나.”

백달은 가르침을 받아들여 입으로 염송하기를 그치지 않았다. 그렇게 며칠이 지나자 홀연히 호랑이 한 마리가 나타나 다가왔다. 너무도 두려워 그저 눈만 감고 지극 정성으로 게송을 염하였다. 그러자 호랑이가 그의 종기를 구석구석 핥았는데 마치 전설 속 약처럼 시원하고 다른 고통이 전혀 없었다. 호랑이가 떠나고 종기는 점차 가라앉았다. 다음날 아침 스님이 다시 찾아와 산기슭에서 새파란 풀을 한 주먹 뜯어 그에게 주면서 계곡으로 가서 풀을 물에 적셔 종기를 씻으라 하였다. 백달이 목메어 울면서 감사의 절을 올리자 스님은 사양하고는 떠났다. 스님이 떠난 후에 상처를 씻자 나병이 허물을 벗듯 나았다. 돌아가 아버지와 형을 뵙자 놀라며 기이하게 여기지 않는 자들이 없었고, 이때부터 그 질병도 드디어 사라지게 되었다.

唐强伯達。元和九年。家房州。世傳惡疾。二百年矣。伯達纔冠。即患風癩。囑父兄曰。疾必不起。慮貽後患。父兄裹粮。置之空山巖下。泣而去。絕食未幾。忽有僧過。傷之曰。汝可念金剛經內偈四句。或脫斯苦。伯達受教。念不絕口。數日間。忽見一虎至。懼甚。但瞑目至誠念偈。虎徧舐其瘡。氷冷如傳藥。了無他苦。虎去而瘡漸差矣。明旦僧復至。於山邊拾靑草一握授之。令就澗水。浸草洗瘡。伯達嗚咽拜謝。僧推之背去。去後洗之。風癩如脫。皈見父兄。無不驚異。從此其疾遂止。

당의 사공司空 엄수嚴綬[3]가 원화元和 연중(806~820)에 강릉江陵에 있을 때 일이다. 잠양진涔陽鎭의 장수 왕면王沔이 항상 『금강경』을 지송하였다. 그는 주州에서 일어난 사건을 조사하러 돌아가다가 타탄咤灘에 이르러 배가 파손되고 다섯 사람과 함께 물에 빠졌다. 왕면이 물에 잠기자 어떤 사람이 나타나 장대 하나를 주는 듯하였다. 그는 물살을 따라 나왔다 잠겼다 하면서 300여 리를 떠내려갔고, 하류의 뇌진牢鎭에 이르러서야 언덕에 닿아 죽지 않을 수 있었다. 그때서야 손에 있는 물건을 보았더니 『금강경』을 수지하고 있었다.

唐嚴司空綬。元和中。在江陵時。涔陽鎭將王沔。常持金剛經。因皈州勘事回。至咤灘船破。五人同溺。沔入水。若有人授竹一竿。隨波出沒。三百餘里。至下牢鎭。着岸不死。視手中物。乃受持金剛經也。

당의 오가구吳可久는 월나라 사람이다. 원화 15년(820)에 가구는 장안長安에 살며 마니교摩尼敎를 신봉하였고, 아내 왕王씨 역시 그를 따랐다. 그 해 겨울에 아내가 갑자기 죽었고, 3년이 지난 후 꿈에 나타나 남편에게 말하였다.

"저는 사견邪見 탓에 뱀이 되어 황자파皇子坡 부도浮圖 아래 있는데 내일 아침 죽을 것입니다. 부디 스님을 초청해 그곳으로 찾아와 『금강경』을 전독轉讀하여 업보를 벗겨 주십시오."

가구가 꿈속에서 그를 꾸짖자 아내가 성을 내며 그의 얼굴에 침을 뱉

3 사공司空 엄수嚴綬 : 사공司空은 관직명이다. 내용으로 보아 엄수는 주인공이 아니라 이 이야기를 기록하거나 전한 사람으로 추정된다.

었다. 놀라서 깨어 보니 얼굴에 종기가 나 있었고 참을 수 없을 만큼 아팠다. 아내는 다시 남편의 형 꿈에 나타나 말하였다.

"동산에서 용설초龍舌草를 꺾어다 그것을 찧어 전해 주십시오."

잠에서 깬 형이 그걸 꺾어다 주자 그 동생은 곧 치유되었다. 이튿날 아침 형제는 스님을 초청해 경을 전독하였다. 그러자 큰 뱀이 탑에서 나와 머리를 치켜들고 주변을 둘러보더니 독경이 끝나자 죽었다. 이 일로 가구의 온 집안이 부처님께 귀의하였고, 정성을 다해 이 경을 받들었다.

唐吳可久。越人。元和十五年。可久居長安。奉摩尼教。妻王氏。亦從之。歲餘妻暴亡。經三載。見夢其夫曰。某坐邪見爲蛇。在皇子坡浮圖下。明朝當死。願請僧就彼。轉金剛經。脫免業報。可久夢中叱之。妻怒唾其面。驚覺。面腫痛不可忍。妻復夢於夫之兄曰。可於園中取龍舌草。搗傳之。兄寤取授。其弟立愈。詰旦兄弟。請僧轉經。有大蛇。從塔中出。擧首徧視。經終而斃。可久擧家皈佛。誠奉此經。

당의 사공司空 곽쇠郭釗가 촉蜀을 떠나던 해에 있었던 일이다. 조안趙安이란 백성이 있었는데, 그는 일찍이 『금강경』을 염송한 사람이었다. 그는 야외를 거닐다가 묘지 옆에 소박한 옷 한 벌이 있는 것을 보았다. 조안은 주인이 없는 것이라 여겨 그것을 가지고 돌아왔다. 그러나 이웃 사람이 조안이 물건을 훔쳤다고 고발하여 붙잡혀 현으로 송치되었다. 조안이 인정하지 않는 것에 화가 나 큰 빗장을 정강이에 끼우자 세 조각으로 부러졌고, 그 다음 몽둥이로 등을 내려치게 하였는데 내려치자마자 몽둥이가 부러져 버렸다. 현령이 다른 술수를 부린 건 아닌지 의심스러워 묻자 그가 대답하였다.

"오직 『금강경』을 염송했을 뿐입니다."

이를 곽 사공에게 보고하였고, 곽 사공 역시 이를 기이하게 여겨 결국 방면하도록 판결하였다. 돌아오자 그의 아내가 말했다.

"어느 날 경함經函에서 벼락 치는 소리가 여러 차례 들렸는데 겁이 나서 감히 열어 보지 못했습니다."

조안이 달려가 살펴보니 둘렀던 띠가 끊어지고 축軸이 부러졌으며 종이가 모조리 찢겨 있었다.

唐郭司空釗。離蜀之年。有百姓趙安。常念金剛經。行野外。見衣一樸。遺墓側。安以無主。遂持還。隣人告趙盜物。捕送縣。怒安不承。以大關挾脛。折三段。後令杖脊。杖下輒折。令疑有他術問之。荅云惟念金剛經。及申郭。郭亦異之。遂判放還。其妻云。某日聞經函中震裂數聲。懼不敢發。安馳視之。帶斷軸折。紙盡破裂。

당 건부乾符 연중(874~879)에 있었던 일이다. 연주兗州 절도사節度使 최상서崔尙書는 법령이 준엄하였다. 한 장군이 아참衙參[4]에 도착하지 않자 곧바로 좌우에 명하여 그를 참수하게 하였는데, 참수한 후에도 그의 안색이 변하지 않아 대중이 모두 놀라며 기이하게 여겼다. 그날 밤 3경에 그가 집에 돌아오자 아내와 자식이 귀신인가 의심하였다. 그러자 장군이 말하였다.

"처음 목이 베일 때 취한 듯 꿈인 듯 고통을 몰랐는데, 밤에 깨어 보니 거리에 쓰러져 있었다. 그래서 일어나 집으로 돌아온 것이다."

다음날 아침 관아에 들어가 사죄하자 최상서가 질타하며 말하였다.

"네가 환술을 부리느냐?"

"본래 환술 같은 것은 부릴 줄 모릅니다. 어려서부터 지금까지 『금강경』을 매일 세 번씩 읽을 뿐입니다. 어제는 늦잠을 자는 바람에 독경이 예

4 아참衙參 : 관리들이 조석朝夕으로 조정이나 관청에 모이는 일을 말한다.

정 시간을 넘겨 버렸습니다. 그래서 아참에 빠졌던 것입니다."

최상서가 물었다.

"참수되던 때가 기억나는가?"

"처음 극문戟門 밖으로 붙잡혀 나갈 때부터 문득 취하거나 꿈을 꾼 것처럼 도무지 기억나질 않습니다."

최상서가 물었다.

"경전은 어디에 있는가?"

"집에 있는 불감佛龕의 함 속에 있습니다."

급히 가져오게 하여 함을 열어 보였는데 경은 이미 두 동강이 나 있었다. 최상서는 크게 놀라며 후회하고 두 번 세 번 위로하며 달랬고, 그에게 옷을 한 벌 하사하였다. 그리고 은으로 이 경을 100권 사경하여 독송하고 공양하였다. 더불어 연주兗州 연수사延壽寺 문밖에다가 잡아 죽였던 장면과 경전을 벤 형상을 그리게 하여 신비한 자취를 널리 알렸다. 장군은 104세까지 수명을 누렸다.

唐乾符中。兗州節度使崔尚書。法令嚴峻。一軍將。衙叅不到。卽令左右斬之。斬後顔色不變。衆咸驚異。是夜三更皈家。妻子疑爲鬼。軍將曰。初被斬時。如醉如夢。不知痛苦。夜覺。身倒街中。遂起還家耳。明旦入謝。崔咤曰。爾有幻術耶。荅云素無幻術。自少至今。讀金剛經。日三徧。昨日失曉。誦經過期。故悞衙叅。崔問記斬時否。云初押出戟門外。使如醉夢。都不記憶。崔問經在何處。云在家中佛龕函內。急令取到。開函。經已兩斷矣。崔大驚悔。慰諭再三。賜衣一襲。銀書此經百卷。誦讀供養。仍令於兗州延壽寺門外。圖畫就戮之處。及斬經之像。以顯靈跡。軍將壽至百四歲。

당 진국두陳國竇 공의 부인 노盧씨는 예관芮寬 공의 여동생이다. 평소 죄와 복을 믿어 항상 『금강경』을 독송하였는데, 어느 날은 미처 끝내기도 전에 홀연히 머리가 아프기 시작하더니 밤이 되자 더욱 심해졌다. 혼자 생각에 '갑자기 죽으면 권을 마저 끝낼 수 없다' 하고는 서둘러 촛불을 찾았는데 불이 모두 꺼진 상태였다. 그때 홀연히 횃불이 나타나 차례차례 당의 섬돌을 오르더니 곧장 방안으로 들어왔다. 그 횃불은 든 사람도 없이 땅에서 세 척 남짓 떨어져 있었고 밝기가 대낮 같았다. 부인은 놀라고 기뻐하며 경전을 가져다 독송하였다. 얼마 후 집안사람들이 부싯돌을 비벼 불을 피우자 촛불의 광명은 곧 사라졌다. 이때부터 병이 나아 매일 다섯 권을 염송하였다. 어느 날 예 공이 죽을 무렵 부인에게 말하였다.

"내 여동생이 경전을 자세하고 각별히 염송하였기에 명부의 사령이 그 이름을 기록하고 수명을 늘려 준 것이다."

그 후 나이 90에 병 없이 죽었다.

唐陳國竇公夫人盧氏。芮公寬娣。素信罪福。常誦金剛經。未竟。忽頭痛。至夜逾甚。自念儻死。不得終卷矣。力疾索燭。而火悉滅。忽見燭炬。漸升堂陛。直入臥內。去地三尺許。無人執持。光明若晝。夫人驚喜。取經讀誦。有頃家人鑽燧得火。燭光即滅。自此病痊。日誦五卷。一日芮公將死。謂夫人曰。吾娣誦經精恪。冥司記注姓名。增遐壽矣。後年至九十無疾終。

당의 요등관廖等觀이 선화현善化縣의 지사로 있을 때 일이다. 어떤 노파가 매일 『금강경』을 염송하며 거리와 시장에서 걸식하다가 밤이면 산비탈로 돌아가 잠을 잤는데, 갑자기 며칠 동안 보이질 않았다. 까마귀 떼가 그가 머물던 곳에 시끄럽게 모여 있기에 사람들이 다투어 찾아가 살펴보았더니, 노파는 『금강경』을 품은 채 바위 곁에서 죽어 있었고, 까마귀 떼가 흙을 물어다 그를 덮어 주고 있었다. 그래서 '까마귀가 장사지내 준 노파(鴉葬婆)'라 부르게 되었다.

唐廖等觀。知善化縣。時有婆。每日誦金剛經。於街市乞食。夜則皈宿山阿。忽數日不見。群鴉噪集於其止處。人爭往視之。則懷金剛經。傍巖而化。羣鴉含土以覆之。遂名鴉葬婆。

당 정관貞觀 말년(649)의 일이다. 승려 명도明度는 자비로 구제할 마음을 먹고 부지런히 정토의 업을 닦았으며, 매일 『금강경』 염송으로 과업을 삼았다. 어떤 비둘기가 집 기둥에 둥지를 틀고 새끼 두 마리를 키우자 명도는 매일같이 남는 죽을 먹여 주었다. 그리고 "내가 독경한 경의 힘을 빌려 날개가 얼른 자라거라." 하고 축원하였다. 그러나 새끼가 어느 날 갑자기 날갯짓을 배우다 땅에 떨어져 둘 다 죽고 말았다. 명도는 이들을 가엾이 여겨 장사까지 지내 주었다. 10여 일 후 꿈에 두 소년이 나타나 말했다.

"저희는 본래 난생卵生의 몸을 받았지만 상인上人께서 양육해 주시고 지송한 공덕을 회향해 주신 덕분에 지금 다행히도 몸을 바꿔 사람으로 태어나게 되었습니다. 이곳에서 동쪽 10리에 있는 아무개 집이 그곳입니다."

명도가 묵묵히 이를 기억해 두었다가 그해가 지나고 그 집으로 찾아가 묻고 살폈더니 과연 쌍둥이 아들이 태어나 있었다. 명도가 "비둘기 새끼야!" 하고 부르자 쌍둥이가 서로 쳐다보며 방긋 웃었는데 마치 잘 아는 사이 같았다.

唐貞觀末。僧明度。慈濟爲心。勸修淨業。日誦金剛經爲課。有鴿巢於屋楹。乳抱二雛。度每以餘粥哺之。復呪曰乘吾經力。羽翼速成。雛忽學飛。墜地皆殞。度憫瘗畢。旬餘夢二小兒曰。兒等本受卵生。蒙上人育養。誦持回向。今幸轉生人道。距此東十里。某家是也。度默誌之。約過歲餘。往其家詢視。果雙生二子。度號爲鴿兒。二子相視嘻笑。如熟識。

당 영휘永徽 원년(650)의 일이다. 석명준釋明濬이 갑자기 죽자 푸른 옷을 입은 두 사람이 나타나 인도하였고, 명부의 왕을 알현하게 되었다.

"한평생 무엇을 익혔습니까?"

"『금강경』만 염송했습니다."

왕이 "훌륭하십니다. 염송을 10만 번 채운다면 내년에는 분명 정토에 왕생할 것이니, 제자는 스님을 뵙지 못하겠군요." 하고는 풀어 주며 돌려보냈다. 명준은 더욱 열심히 정진하다가 영휘 2년(651) 3월에 앉아서 천화하였는데 모두가 기이한 향기를 맡았다. 경에서 "경을 독송하며 염송하는 소리가 끊임없이 이어지게 할 수만 있다면 저절로 정토에 왕생하게 된다."[5]고 한 것이 이것이다.

唐永徽元年。釋明濬暴死。見二靑衣。引見冥王。問一生何藝。荅但誦金剛經。王曰善哉。若誦十萬遍。明年必生淨土。弟子不見師也。乃放還。濬愈加精進。至二年三月坐化。咸聞異香。經云誦經但能念聲相續。自得往生淨土是也。

당 건원乾元 연중(758~760)의 일이다. 광주廣州의 승려 건혜虔慧는 어려서부터 『금강경』을 수지하며 추위와 더위를 아랑곳하지 않았다. 후에 10여 명과 함께 바닷길로 남안도호부南安都護府로 가다가 바람과 파도가 거세게 일어 배가 전복되어 사람들이 모두 몰살당하게 되었다. 하지만 오직 건혜만은 파도에 휩쓸리다가 우연히 쑥 다발 하나를 만나 손으로 그것을 단단히 끌어안았다. 사흘 밤낮을 파도에 휩쓸리다가 해안에 다다라 손

5 어느 경에서 인용한 것인지 명확하지 않다. 『萬善同歸集』(T48, 962a)에서는 "중생이 우둔하여 관법을 이해할 수 없을지라도 염송하는 소리를 끊임없이 이어지게만 하면 저절로 불국토에 왕생하게 된다.(衆生愚鈍。觀不能解。但令念聲相續。自得往生佛國。)"는 문구를 인용하고 『文殊般若經』의 말씀이라 하였다.

을 풀고 살펴보니 쑥 다발 속에 『금강경』 한 권이 있었다. 건혜는 절을 하고 그것을 수지하며 더욱 열심히 정진하였다. 나이 130세에 이르러 단정히 앉아 운명하자 그 경전에서 저절로 향 연기가 피어올라 점점 오색구름이 되더니 천천히 하늘로 올라갔다. 대중 스님과 태수와 관료 등 모두가 이를 목격하였다.

唐乾元中。廣州僧虔慧。自幼受持金剛經。無間寒暑。後與十數人。泛海往南安都護府。風濤大作。舟人覆沒。惟虔慧在浪中。偶遇蓬蒿一叢。以手緊抱。隨浪三日夜。得至岸。解視蒿中。則金剛經一卷。慧拜持彌進。年至百三十歲。端坐告終。其經本。自出香煙。漸成五色雲。徐徐上天。僧衆與太守官僚。咸見之。

당 장경長慶 초(821)에 있었던 일이다. 승려 회종會宗이 일찍이 회충에 감염되어 살이 빠지고 뼈만 남은 상태였다. 그는 『금강경』을 염송하며 죽음을 맞이하기로 발원하였다. 그렇게 500번을 염송하기에 이르렀을 때였다. 낮잠을 자다 꿈을 꾸었는데, 어떤 사람이 입을 벌리라고 하더니 목구멍에서 머리카락 10여 가닥을 끄집어내었다. 밤에 또 길이가 1주肘 남짓한 큰 회충을 토하는 꿈을 꾸고는 얼마 후 병이 나았다. 형산荆山의 승려 행견行堅이 그 일을 목격하였다.

唐長慶初。僧會宗。甞中蠱。體削骨存。發願念金剛經以待盡。至五百遍。晝夢有人令開口。喉中引出髮十餘莖。夜又夢吐大蚘。長一肘餘。病尋愈。荆山僧行堅。見其事。

당 강릉江陵 반야원般若院의 승려 법정法正이 매일 『금강경』을 21번씩 지송하다가 나이 60에 병을 얻어 죽어서 명부에 이르렀다. 왕의 힐문에 『금강경』을 염송하였다고 답하자, 왕이 읍하며 대전으로 올라와 곱게 수놓은 자리에 앉게 하였다. 그 자리에서 경을 일곱 번 염송하자 시위侍衛하던 이들이 모두 합장하고는 섬돌 아래에서 고문하고 논박하던 일을 모두 멈추고 조용히 귀를 기울였다. 염송이 끝나자 관리를 파견해 모시고 돌아가게 하였고, 왕이 섬돌을 내려와 전송하며 말했다.

"상인께서는 다시 30년을 인간 세상에 머무실 것입니다. 독송하는 일을 그만두지 말고 생사에서 벗어나십시오."

관리를 따라 수십 리를 가다가 하나의 큰 구덩이에 다다르자 관리가 뒤에서 밀었는데, 마치 허공으로 떨어지는 것 같았다. 그때가 죽은 지 7일 만이었는데 얼굴이 여전히 식지 않았다고 한다. 그는 지금은 향년 80살이 넘었고, 형주荊州의 승려 상정常靖이 그 일을 직접 목격하였다.

唐江陵般若院僧法正。日持金剛經三七遍。年六旬得病。卒至冥司。王詰問。答念金剛經。王揖上殿令登繡座。念經七遍。侍衛悉合掌。階下拷掠論對。皆停息聽。誦畢。遣吏引還。王下階送云。上人更得三十年在人間。勿廢讀誦。勉出生死。隨行數十里。至一大坑。吏自後推之。若隕空焉。死已七日。惟面不冷。今享年八十餘矣。荊州僧常靖。親見其事。

당 천보天寶 연간(742~756)에 있었던 일이다. 장무시張無是가 포정방布政坊에 살고 있었는데 저녁에 돌아오니 문이 닫혀 있었다. 그래서 큰 다리 아래 쭈그리고 앉아 있었다. 한밤중에 홀연히 기병 몇 명이 다리에 이르러 말하였다.

"한 사람은 포정방으로 가서 장무시의 아내와, 같은 동네에 사는 왕씨 노인을 잡아와라. 또 한 사람은 아무개 곳으로 가서 누구누구를 잡아와라."

무시가 이 말을 듣고 크게 놀랐다. 잠시 후 잡으러 갔던 자가 돌아와 말하였다.

"다른 사람은 다 잡아왔지만 무시의 아내만은 『금강경』을 염송해 선신善神들이 보호한 탓에 잡아올 수 없었습니다."

그리고 잡아온 사람들의 이름을 부르자 모두들 대답했다. 무시는 평소 왕 노인과 아는 사이였는데 대답하는 소리가 딱 그 목소리였다. 잠시 후 말발굽 소리가 끊겼고, 급히 집으로 돌아가 아내를 살펴보니 여전히 단정히 앉아 경을 염송하고 있었다. 아내가 말하였다.

"저는 당신이 밤늦도록 돌아오지 않기에 겁이 나서 경을 염송하며 기다리고 있었습니다."

그때 갑자기 남쪽 이웃집에서 곡소리가 들렸고, 왕 노인이 과연 죽었다.【이것은 「선여인감응편善女人感應篇」에 들어가야 합당하다.】

唐天寶間。張無是。居布政坊。暮歸門閉。蹲伏大橋下。夜半忽數騎至橋云。一騎至布政坊。取張無是妻。及同谷王叟。又一騎往某處。取數人。無是聞之大驚。俄取者至云。諸人盡得。惟無是妻。誦金剛經。善神護之。故不得。唱所得人名皆應。無是素識王叟。聲亦應。俄鼓絕急皈見妻。猶端坐誦經。妻曰吾恐汝犯夜。誦經相待。忽聞南隣哭聲。則王叟果死矣。【此應入善女人。】

송 소흥紹興 연중(1131~1162)의 일이다. 수주秀州에 사는 송승신宋承信이 번위翻胃의 질환을 앓았는데 수년 동안 백약이 무효였다. 그러다 꿈에 한 범승이 나타나 말하였다.

"당신은 숙세의 원한으로 금생에 이런 병고를 겪는 것입니다. 무릇 세간에서 질병이 온몸을 얽어매어 오랜 세월 베개에 엎드려 지내면서 죽고 싶어도 그러지 못하는 것은, 대부분 그 혼魂이 저승에 잡혀 전생과 금생에 저지른 죄악을 조사받고 있기 때문입니다. 만일 『금강경』을 받들어 보시하거나 직접 또는 남을 시켜 사경하거나 평생토록 수지한다면 마음에 생각을 떠올리자마자 바로 음부陰府의 관조官曹에 감응하여 먼저 혼백魂魄을 몸으로 돌려보낼 것이며, 다음엔 양의良醫를 만나 그 병도 곧 치유될 것입니다."

승신은 잠에서 깨어나 깊이 반성하였고, 다음날 아침 아내에게 향을 사르게 하고 발원하였다.

"그 경을 천 권 보시할 것을 약속하고, 또 굳건한 마음으로 수지하겠습니다."

그러자 꿈에 금강신金剛神이 환약 한 알을 주며 삼키게 하였다. 다음날 병이 덜하더니 한 달쯤 후에는 완전히 나았다. 이를 목격하고 소문을 들은 이들은 찬탄하지 않는 자가 없었다.

宋紹興中。宋承信。居秀州。患翻胃疾。數年百藥無効。夢一梵僧謂曰。汝有宿寃。今生受此病苦。凡世間疾病纏身。經歲伏枕。求死不得者。其魂多攝在陰司。考較前生今世。所作罪惡。若能奉施金剛經。或自他書寫。或畢世受持。纔擧心念。遂感陰府官曹。先放魂魄附體。次遇良醫。其病即愈。承信睡覺省悟。明旦令妻焚香發願。許施其經千卷。復志心受持。夢金剛神。賜藥一丸。令吞之。次日病減。月餘全瘳。見聞者。莫不贊歎。

송 소주蘇州의 주朱 진사進士는 평생 거자擧子[6]의 업을 배우며 불법은 들은 적이 없었다. 그러다 우연히 호구사虎丘寺를 유람하다가 불인佛印 스님의 『금강경』 강의를 들었는데, "일체 유위법은……" 하는 사구게四句偈[7]에

---

6 거자擧子 : 향시鄕試에 급제하고 다시 회시會試를 준비하는 사람, 즉 과거를 준비하는 사람을 말한다.

7 사구게 전문은 "一切有爲法。如夢幻泡影。如露亦如電。應作如是觀。"이다. 『金剛般若波羅蜜經』(T8, 752b).

이르러 일찍이 없던 희열이 솟았고, 이 일로 경 전체의 뜻을 연구하고 싶어졌다. 우연히 낮잠을 자다가 푸른 옷을 입은 사람이 다섯 사람을 압송하고 주 진사가 뒤를 따르는 꿈을 꾸게 되었다. 2리 남짓을 가자 어떤 큰 거리에 다다랐고, 드디어 마을 문 안쪽에 푸른 베로 발을 친 집으로 들어가게 되었다. 그 부엌에 이르자 통 안에 탕이 있었고, 다섯 사람이 모두 그걸 마시기에 주 진사 역시 마시려 하였다. 그러자 푸른 옷을 입은 사람이 고함을 쳤다.

"불법을 들은 사람은 마셔선 안 된다."

결국 놀라서 깨어났다. 그는 꿈을 믿고 걸어서 큰 거리를 찾아갔고, 마을로 들어서자 과연 인가가 있었는데 꿈에서와 똑같았다. 주 진사가 문을 두드리고 들어가자 주인이 자세히 말해 주었다.

"부엌에서 강아지 여섯 마리가 태어났는데 한 마리는 죽은 놈이었습니다."

깜짝 놀란 주 진사는 두려움에 땀을 비 오듯 흘리면서 "불법을 듣지 못했다면 개의 뱃속으로 들어갔겠구나." 하고 중얼거렸다.

이 일로 때때로『금강경』을 염송하였고, 수명 89세에 이르러 천화하였다.

宋蘇州朱進士。平生學擧子業。未聞佛法。偶遊虎丘寺。聞佛印講金剛經。至一切有爲法四句。喜未曾有。因欲究全經旨義。偶午睡。夢靑衣押五人。朱隨後行。二里許。至一大街。竟入巷門內掛靑布簾人家。至厨房。桶內有湯。五人皆飮。朱亦將飮。靑衣喝曰。聽佛法人。不得飮。遂驚覺。乃信步行。至大街入巷。果有人家。與所夢合。朱叩門入。主人具言。厨房生六犬。內有一死者。朱驚怖流汗。自謂若不聞佛法。入犬胎矣。因時念金剛經。壽至八十九歲。遂化去。

송 순희淳熙 원년(1174)의 일이다. 양주부楊州府 승국承局 주흥周興은 어려서부터 매일『금강경』을 한 권 염송하였다. 태수 막호莫濠가 그를 폐물 천여 관貫을 지니고 가는 사신으로 파견하여 조정 귀인께 장수를 기원하는 선물을 갖다 드리게 하였다. 그는 과주瓜州에 이르러 나루터 욱郁씨 셋째 아들의 객점에 투숙하였는데, 셋째와 형인 욱씨 둘째 아들이 재물이 탐이 나 그를 죽이고는 객점에서 5리쯤 떨어진 길가에 매장하였다. 주흥이 기한을 어김으로 인해 그의 아내와 아들은 1년을 구금되어 질책을 당하였고, 태수 역시 소환되었다. 태수가 부름을 받아 조정으로 가던 길에 과주에 닿을 즈음이었다. 길가에 연꽃 한 송이가 피어 있는 것을 문득 보고는 시종에게 그것을 꺾어 오라 하였다. 하지만 꺾어도 끊어지지 않아 네다섯 자를 파 내려가다가 그 꽃이 죽은 사람의 입에서 나온 것임을 발견하게 되었다. 그 시체는 눈동자가 여전히 움직일 수 있어 물끄러미 바라보았는데 바로 주흥이었다. 부축하고 돌아온 다음날에야 말을 할 수 있게 되어 객점에서 모의해 살해한 사실을 낱낱이 진술하였는데, 땅에 묻힌 지 18개월이나 되었다. 태수가 물었다.

"어떻게 죽지 않고 배고프지 않을 수 있었는가?"

그러자 그가 대답했다.

"피살되어 매장될 때 꿈처럼 혼미하였는데 한 금강신이 나타나 연꽃을 입에 꽂아 주었습니다. 그리고 지금까지 깊이 잠들었습니다."

태수가 감탄하며 말하였다.

"이 경에 불가사의한 공덕이 있다는 건 일찍이 들었다. 내 부끄럽게도 그대의 아내와 자식을 구금하였다. 또 생각건대 평소 처리했던 공안公案에 어찌 조금도 잘못이 없었다 하겠는가?"

그는 곧 양주楊州 관부府官로 편지를 보내 주흥의 아내와 자식을 석방하게 하고, 욱씨 둘째와 셋째를 체포하여 사형에 처하였다.

宋淳熙元年。楊州府承局周興。自幼日誦金剛經一卷。太守莫濠。差齎幣千餘貫。往行在。壽朝貴。至瓜州渡郁三店投宿。三與兄郁二。謀財害命。埋離店五里路傍。興因違限。妻子禁責一年矣。及太守被召。赴行在。將抵瓜州。路傍忽見蓮華一朵。令從者折之。斫之不斷。掘四五尺。見花從死人口中出。眼猶能動熟視之。乃興也。掖皈。次日方能言。具述客店謀害。埋地十八月矣。守問何以不死不飢。荅曰謀死被埋。昏迷如夢。見一金剛神。將蓮華揷口中。沉睡至今。守嘆曰。嘗聞此經。有不可思議功德。自愧禁其妻子。且念平日所理公案。豈盡無枉耶。卽移牒楊州府官。釋興妻子。拘郁二郁三。處死。

송의 범문정范文正 공은 원적原藉이 사천四川 성도成都이나 소주 부윤蘇州府尹으로 출사해 결국 그곳에서 살게 되었다. 어머니가 돌아가시고 21일째 되던 날 꿈에 나타나 울면서 말하였다.

"이 어미는 이승에서 죄를 지어 태산부군泰山府君에게 끌려가 아침저녁으로 이루 말할 수 없는 고초를 겪고 있다. 효순한 우리 아들아, 제발 공덕이 있는 경을 한 장藏 염송하여 어미의 죄를 없애다오. 늑장 부리거나 의심하여 어미가 한 번 지옥에 들어가서 영원히 좋은 곳에 태어날 수 없게 하는 일이 없기를 바란다."

또 부탁하였다.

"공덕이 있는 경은 곧 『금강경』이란다."

공은 새벽에 깜짝 놀라 통곡하다가 잠이 깨었다. 그는 곧 목욕재계하고 절로 찾아가 스님들을 초대하고는 7일 동안 경을 풍송諷誦하게 하였다. 6일째 되던 날 밤에 또 어머니가 꿈에 나타나 말하였다.

"우리 아들의 지극한 정성과 예참禮懺에 감동하여 백의대사白衣大士[8]께서 강림해 무려 경을 반 권이나 지송해 주셨다. 죄를 소멸했을 뿐 아니라

8 백의대사白衣大士 : 관세음보살을 말한다.

다시 천상에 태어나게 되었으니, 이 모두가 부처님의 힘이란다. 내일 네가 경당經堂에 들어가 물어보면 저절로 알게 될 것이다."

공은 법사法事가 끝나기를 기다린 뒤에 대중 스님들에게 갖가지 예물로 후하게 보답하였다. 그러면서 6일째 풍송하던 사람 중에 반 권만 지송한 분이 있는지 물어보았다. 대중이 아연실색하며 대답하였다.

"경전에 예참하기를 모두가 함께하였고, 숫자도 완전히 채웠습니다. 어찌 반 권만 지송하는 일이 있었겠습니까?"

그러자 곁에 있던 한 스님이 조용히 말하였다.

"어제 대중들이 경을 염송할 때 산승도 곁에 서서 묵묵히 간경看經하였습니다. 그러다 제16분分에 이르러 갑자기 대인大人께서 향을 사르러 오셨기에 곧바로 주방으로 돌아가 일을 했습니다. 이제 질문하시니 감히 사실대로 답하지 않을 수가 없군요."

문정 공이 머리를 조아리며 절을 하자 그 스님은 "그러지 마십시오, 그러지 마십시오." 하더니 홀연히 허공으로 날아가 사라졌다.

공은 이 일로 막막선당莫莫禪堂을 창건하고 영험한 이적을 기록하였다.

宋范文正公。原藉四川成都。仕蘇州府尹。遂居焉。母亡三七。夢泣告曰。母以陽世造罪。爲泰山府君所羈。日夕受苦難言。吾兒孝順。乞誦功德經一藏。救拔母罪。幸勿遲疑。使母一入地獄。便永遠不得超生矣。復囑云。功德經即金剛經也。公眛日驚哭而醒。即沐浴齋戒。往寺延僧。諷經七日。至第六日夜。又夢母曰。緣兒至誠禮懺。感白衣大士降。凡持經半卷。不但消罪。更得生天。皆佛力也。明辰兒入經堂詢之。自知。公候法事畢。備襯厚酬衆僧。因問第六日諷經內。有只持半卷者。衆惧失色。荅曰所禮經典。俱如數完。豈有持半卷之事。傍有一僧。從容告云。昨日大衆念經。山僧倚立默看。至第十六分。焂大人至拈香。便皈厨作務。今承問。敢不直對。公稽首下拜。僧言莫莫。忽騰空不見。公因創莫莫禪堂。以誌靈異。

송의 풍시어馮侍御는 매일『금강경』을 세 권 염송하였다. 28세에 이르러 남의 일로 상소를 올렸는데, 그날 밤 4경에 홀연히 두 사자가 나타나 추포하여 명부로 데려갔다. 왕이 말하였다.

"그대의 수명은 79세에 이르고 관직은 추부樞府에 이르러야 합당하다. 그러나 그대의 상소로 인해 백성에게 손해를 끼쳤으니 녹祿을 깎고 수명을 덜어야겠다."

풍시어가 경악하며 말하였다.

"이승의 수명이 기왕 다하지 않았다면 제발 다시 살게 해 주십시오. 맹세코 죽는 날까지 경을 지송하여 음덕을 열심히 쌓겠습니다."

왕이 훈계하여 말하였다.

"무릇 권세를 잡은 자들은 장부 하나를 곁에 두고서 낮에 한 일들을 밤이면 반드시 기록해야 한다. 기록할 수 없는 일이 있다면 반드시 다시는 짓지 말아야 하니, 이것이 수명을 연장하는 방법이다. 백성을 사랑하고 만물을 동정하는 좋은 생각을 떠올리자마자 반드시 수명과 복이 늘어날 것이며, 각박한 마음을 품자마자 상제上帝가 엄히 꾸짖을 것이다."

다시 살아난 풍시어는 음덕을 매일같이 쌓았다. 그는 수명이 98세에 이르렀고, 관직이 승상丞相에 올랐다. 하루는 병이 들어 누웠는데, 방년 11세의 아홉째 아들이 대청을 나서다가 소머리에 말의 얼굴을 한 자들이 무수히 있는 것을 보았다. 깜짝 놀라 어디에서 왔냐고 묻자, 귀신 사자들이 대답하였다.

"저희가 염마천자閻摩天子를 맞이하러 특별히 찾아왔습니다."

아들이 본 것을 아버지에 아뢰자 아버지가 웃으며 말했다.

"살아서는 상주국上柱國[9]이 되고 죽어서는 염마왕閻摩王이 되니, 이것이

9 상주국上柱國 : 전국시대 초나라에서 발군의 전공을 세운 공신에게 수여하던 벼슬 이름이었다. 후대 최고의 공신이나 훈신을 일컫는 용어로 사용되었다.

나의 직위니라."

宋馮侍御。日誦金剛經三卷。至二十八歲。有他事奏䟽。是夜四更。忽見兩使者。追入冥府。王曰汝壽合至七十九。官至樞府。緣汝奏劄損民。當絕祿除筭。馮驚愕告曰。某既陽壽未盡。乞使再生。誓當畢世持經。力行陰隲。王誡曰。凡當權柄。可置一簿。日間作事。夜必書之。旣不可書。必不可作。此延年術也。纔擧善念。惠民恤物。必增福壽。稍懷刻剝。上帝嚴譴矣。馮既再生。陰德日著。壽至九十八。官拜丞相。一日臥疾。其第九子。方十一歲。出廳前。見牛頭馬面無數。駭問何來。鬼吏答曰。吾等特來。迎接閻摩天子。子以所見白父。父笑曰。生爲上柱國。死作閻摩王。是吾職也。

송의 시주柴注는 청주靑州 사람이다. 그가 수춘군壽春郡 사리司理가 되어 모의를 추궁하고 투옥시킬 때, 어떤 죄수가 한 말이다.

"저는 성 밖 30리 떨어진 곳에서 나그네들에게 쉼터를 제공하며 살아왔습니다. 그리고 지나가는 나그네가 휴대한 주머니가 무겁거나 혼자 투숙할 때마다 야밤에 그를 죽이고 시체를 백사하白沙河에 던지곤 하였습니다. 그렇게 죽인 사람이 앞뒤로 모두 몇 명이었는지는 모르겠습니다. 하지만 오직 한 노파만은 계획대로 되지 않았습니다."

시주가 그 까닭을 캐묻자 죄수가 대답하였다.

"그 나이 많은 노파는 혼자 찾아와 투숙하였습니다. 저와 형제들은 그녀의 여장이 가볍지 않음을 보고 밤이 깊어지자 맏아들을 보내 문을 밀게 하였습니다. 그러나 한참 있다가 돌아와서는 마치 누가 문을 막고 있는 것처럼 열 수가 없다고 하였습니다. 저는 믿기지 않아 칼을 들고 직접 찾아가 문구멍과 벽 틈새로 들여다보았습니다. 그러자 붉은 광명 속에서 방을 위아래로 꽉 채울 만큼 몸집이 큰 사람이 문을 등지고 서 있는 게 보였습니다. 저는 놀라움과 두려움에 비명을 지르며 거의 기절할 뻔하였습니다. 날이 밝아 문이 열렸는데 노파는 머리를 단정히 빗고서 경전 염송을 계속하고 있었습니다. 무슨 경이냐고 묻자 『금강경』이라 대답하였고, 그때서야 간밤의 신들이 금강신이었음을 알았습니다."

宋柴注。青州人。爲壽春郡司理。因鞠謀命獄。一囚言。離城三十里。歇客爲生。每過客携囊重獨宿。夜分殺之。投屍於白沙河中。前後不知若干人。惟謀一老媼不得。注問其故。囚曰。是年老媼。獨來投宿。某與兄弟。見其行李不薄。至更深。遣長子推戶。久乃還云。若有人抵。戶不可啓。某不信。携刀自行。及門穴壁窺之。見紅光中。一大人與房上下等背門而立。某驚懼失聲。幾於顚仆。天明門啓。媼理髮誦經不已。問何經曰金剛經也。乃知昨夜神人。盖金剛神云。

송 덕우德祐 병자년(1276)의 일이다. 화우華友는 항상 『금강경』을 지송하였는데 영험이 매우 많았다. 그해 원나라 군사가 들이닥치자 화우는 난을 피하기 위해 남몰래 부처님께 기도하였다. 그러자 그날 밤 금강신이 꿈에 나타나 말하였다.

"그대는 전생에 사람을 죽이고 그 죗값을 아직 갚지 못했다. 그 사람이 금생에 화주和州에 태어났는데 성은 왕王이고 이름은 이二이며, 현재는 군대에 있다. 그대는 그의 손에 죽을 것이니, 어떤 수로도 그대를 구할 수 없고 도망가도 소용없다."

화우는 다음날 단정히 앉아 경전 염송을 멈추지 않았다. 정오 무렵이 되자 두 사람이 들어와 화우를 포박하려 하자 "왕이 상공王二相公" 하고 크게 부르며 말하였다.

"나는 당신 손에 죽을 것이 분명하오. 한 번 죽는 거야 어쩔 수 없지만 경전 염송이나 마저 끝내게 해 주시오. 그러고 나서 바로 죽이시오."

군사가 어떻게 내 성과 이름을 아느냐고 묻자 화우가 꿈 이야기를 들려주었다. 그러자 왕이가 말하였다.

"이미 금강신께서도 꿈에 나타나셨으니 나와 그대의 전생 원한을 풀어 버리는 것은 어떻겠소?"

그리고는 또 옷까지 남겨 두고 이별을 고하며 떠났다. 화우는 결국 경전을 여러 권 염송하다가 홀연히 앉아서 죽었다.

宋德祐丙子。華友常持金剛經。甚有靈驗。是歲元軍至。友以避難。密禱於佛。是夜金剛神賜夢云。爾前生殺人未償。其人今托生和州。姓王名二。現在軍中。爾當死其手。數不能救。趍避無益。友次日端坐。誦經不輟。近午有二人入。將友縛之。大呼王二相公。我當死汝手。一死不爭。容誦經畢。便就戮。軍問何以知我姓名。友以夢告。王二曰。旣金剛神托夢。我與汝解却宿寃如何。復留衣別去。友遂誦經數卷。忽坐亡。

송 강릉江陵 이현종李玄宗의 딸이 열세 살 되던 해 꿈을 꾸었는데, 한 범승이 나타나 이렇게 말하였다.

"너는 선근善根이 있는데 왜 『금강경』을 수지하지 않느냐?"

또 말하였다.

"세간의 선남자와 선여인이 매일 깨끗한 마음으로 한 권씩 염송한다면 이승에서 사는 동안에는 수명이 늘어날 것이며, 목숨을 마치면 곧 하늘세계에 태어날 것이다. 만약 반야를 끝까지 궁구한다면 곧장 피안에 이를 것이다. 혹 경의 뜻을 통달하지 못하더라도 죽은 뒤에 음부陰府에 가면 그를 구속할 수 없을 것이고, 분명 부유하고 귀한 집안에 태어나 온갖 수승한 과보를 받을 것이다."

딸이 그 말을 믿고 매일 『금강경』을 세 권 염송하였다. 그리고 나이 스물넷에 결혼을 원하지 않다가 홀연히 병들어 사흘 만에 죽었다. 명부의 왕이 자세히 조사해 보았더니 죄가 없었고, 또 여자의 머리 위에 부처님께서 나타나신 것을 목격하였다. 왕은 "이 여인에게는 반야의 공덕이 있으니 바로 돌려보내라."라고 하였다. 그리고 혼을 풀어 줄 때 왕이 당부하였다.

"너의 아버지는 업을 지어 이미 이승에서의 수명을 20년이나 깎아 먹었다. 그러니 오래지 않아 추포되어 그 증거와 대면할 것이다. 너의 아버지가 산 물고기를 잡아 회를 뜨는 걸 좋아한 까닭에 지금 물고기 7천 여 마리가 상소를 올려 그의 목숨을 요구하고 있다. 돌아가거든 너의 아버지에게 물어보라. 매일 밤 그물에 걸리는 꿈을 꾸고 낮이면 두통에 시달릴 것이니, 그것은 물고기들이 앙갚음하려는 것이다."

딸이 혼이 돌아와 아버지에게 그 사실을 말하자 아버지는 놀라며 어쩔 줄 몰라 하였다. 결국 딸과 함께 천녕사天寧寺로 찾아가 승려 100명에게 공양을 올렸고, 훈채와 술을 끊고는 손수 『금강경』 49권을 사경하였다. 사경이 끝났을 때 현종의 꿈에 수천 명 푸른 옷을 입은 동자가 나타나 절을 하면서 말했다.

"저희는 당신에게 살육당해 억울함을 호소하며 그대의 목숨을 요구했습니다. 그러나 이제 사경의 공덕을 힘입어 모두들 그 선근의 힘 덕분에 고통의 세계에서 벗어나 좋은 세계에 태어나게 되었습니다. 당신은 이미 원한에서 풀려났고, 거기다 수명까지 아득히 늘었습니다."

그 후로 현종은 지송하기를 더욱 정성껏 하였고, 수명이 120세에 이르렀다.

宋江陵李玄宗女。十三歲時。夢一梵僧曰。汝有善根。何不持金剛經。又云世間善男子善女人。每日淨心。能誦一卷。陽間增壽。命終即生天界。若能究竟般若。直到彼岸。即或未達經意。死去陰府。亦不能拘錄。當生富貴家。受諸勝報。女信之。遂日誦金剛經三卷。年二十四。不願有家。忽患疾。三日卒。冥王照勘無罪。及見女子頭上有佛現。王云此女有般若功。即放還。

魂臨放時王囑曰。汝父造業。致先減陽壽二紀。不久追來對證。因汝父好取生魚切鱠。今有魚七千餘頭。狀訴索命。皈問汝父。每夜夢落綱中。晝則頭痛。此魚求報也。女還魂白父。父驚無措。遂偕女。往天寧寺齋百僧。斷除葷酒。手書金剛經四十九卷。書畢。玄宗夢數千青衣童子拜曰。我等被君殺戮。訴寃索命。今蒙寫經功德。咸乘善力。出苦趣生善道。君旣釋寃。又添遐算。後玄宗持誦益虔。壽至百二十歲。

송의 왕적공王迪功 아내는 매일 『금강경』을 염송하며 지극한 마음으로 선善을 추구하였지만, 적공은 매 사냥으로 생명 해치는 것을 좋아하였다. 하루는 사냥을 마치고 집으로 돌아왔는데 마침 그의 아내가 경을 염송하고 있었다. 아내의 권유로 적공은 제15분인 「공덕분功德分」을 함께 염송하였지만 권의 끝까지 염송하지는 않았다. 적공은 결국 주방으로 가서 고기를 찌고 구워서 먹었다. 그리고 5년 뒤 적공은 풍에 걸려 한 해가 다 가도록 침상에 누워 있었다. 그러던 어느 날 두 사자가 목숨을 거두러 온 것을 직접 보고 죽었다. 염라왕을 알현하자 화를 내며 꾸짖었다.

"너는 작위와 복록을 받은 사람이다. 그런데 왜 복을 더욱 늘리지는 않고 도리어 생명 해치는 걸 좋아해서 수명을 깎아 먹고 복록이 끊기게 하였느냐?"

그러고는 지옥의 관리에게 확탕鑊湯으로 끌고 가라 하였다. 그때 귀신 관리가 장부를 검토하더니 왕에게 아뢰었다.

"이 사람은 살생한 업이 무겁기는 하나 생전에 일찍이 아내와 함께 『금강경』 한 분分을 염송한 적이 있습니다. 비록 몇 장에 불과하지만 무겁기가 언덕이나 산과 같으니, 죄를 면하고 풀어 주어 돌려보내야 합당합니다."

왕은 확탕에서 뜨거운 물을 한 바가지 떠다가 등에다 뿌려 주의를 주라고 명하였다. 이 일로 다시 살아난 뒤에 등창을 앓아 살이 문드러지고 고통이 극심했는데 백약이 무효였다. 그는 아내를 불러 "감히 다시는 생명을 손상하지 않겠다."고 부처님 전에서 대신 맹세하게 하였고, 또 손수 『금강경』을 사경하여 재계하며 늘 수지하겠다고 원을 세웠다. 그러자 적공의 꿈에 한 스님이 나타나 손으로 그의 등을 세 차례 쓰다듬어 주었고, 날이 밝자 그 등창은 곧바로 나았다.

宋王迪功妻。日誦金剛經。至心向善。迪功好鷹獵害生命。一日獵罷歸家。適値其妻念經。因勸迪功同誦功德分第十五分。未及終卷。迪功竟詣厨房。蒸炮飮啖。後五年。迪功中風。經年臥床。一日自見二使者。追命而卒。見閻王。怒責曰。汝受爵祿。何不福上增修。而却好殺害生命。減算絶祿。令獄吏駈入鑊湯。鬼吏檢簿告王。此人殺業雖重。生前曾與妻。同念金剛經一分。雖片紙。重如丘山。合免罪放還。王敕於鑊湯內取一杓湯淋背。使知警戒。因得再活後患背疽。潰爛痛楚。百藥不治。呼妻佛前代誓。不敢再傷物命。且願手書金剛。齋素受持。迪功夢一僧。手摩其背三匝。天明其疽卽痊。

송 소흥紹興 9년의 일이다. 명주明州의 왕王씨는 매일 『금강경』을 지송하였다. 그는 아기를 잉태한 지 28개월이나 되었지만 심히 우려스럽게도 출산을 못하고 있었다. 어느 날 그가 우연히 문을 기대고 서 있는데, 기이한 스님이 그를 보더니 말하였다.

"당신은 선근이 있습니다. 왜 『금강경』을 천 권 인쇄하여 보시하지 않습니까?"

왕씨는 그 숫자만큼 인쇄해 보시하고, 또 천 명의 승려에게 공양하였으며, 『금강경』을 천 권 염송하였다. 그러자 그날 밤 3경에 금강신이 나타나 금강저로 왕씨의 임신한 배를 가리켰다. 깨어나 보니 이미 아들 둘이 태어나 침상에 놓여 있었다. 왕씨는 이에 재를 받들어 올리고 수지하기를 그치지 않다가 나이 61세에 병 없이 죽었다. 두 사자가 나타나 그들의 인도로 명부의 왕을 알현하자, 그녀는 직접 수지하던 『금강경』을 받들어 올렸다. 그러자 왕은 답례로 황금 평상을 하사하며 대전 옆에 앉도록 명하였다. 그녀가 한 번 낭송하자 명부의 쓰라린 고통이 일시에 멈추고 쉬었다. 그리고 또 왕이 물었다.

"왜 주문은 염송하지 않습니까?"

"세간에 그런 책은 없습니다."

왕은 관리에게 주문이 붙어 있는 책을 창고에서 가져오라 명하고는, 왕씨에게 주면서 부탁하였다.

"당신이 이승으로 가 널리 유통시키십시오. 절대로 유실되는 일이 없게 하십시오. 당신은 향후 수명이 다하면 곧장 극락세계에 태어날 것이니, 다시는 이곳에 오지 않을 것입니다."

왕씨는 14일 만에 혼이 돌아왔고, 그 후 나이 91세까지 살다가 병 없이 앉아서 천화하였다.

宋紹興九年。明州王氏。日持金剛經。懷孕二十八月。深憂難產。偶倚門立。異僧示之曰。汝有善根。何不印施金剛經千卷。王氏印施如數。又齋千僧。念金剛千卷。至夜三更。見金剛神。以杵指王氏腹。及覺。已生二男在床矣。王氏遂奉齋。受持不輟。年至六十一。無疾而卒。見二使引見冥王。自供持金剛。王賜金床。命坐殿側。朗誦一遍。辛酸之苦。一時停歇。王又問。何不念呪。答云世間無本。敕吏於藏中取呪本。付王氏囑曰。汝至陽間。展轉流通。切勿遺墜。汝向後壽終。徑生極樂世界。不復來此矣。王氏二七日還魂。後至九十一歲。無疾坐化。

원의 무문총無聞聰 선사는 여수汝水 향산香山 사람이다. 지원至元 신사년(1281)에 자복사資福寺 무애無礙 장로가 스님에게 『금강경』 32분을 주해하도록 청하였다. 자주색 구름이 절을 덮었고 주해를 마치자 뜰 앞에 오색의 지초가 여러 포기 자라났다. 주해한 경은 지금까지 유통되고 있다. 총 스님은 매 분分마다 주해 외에 각각 송을 지어 인천人天의 안목을 열어 주고 금강산을 꿰뚫었다. 자줏빛 구름의 서상이 있었던 것은 당연하고, 또 경을 판각하자 경판에서 사리가 흘러나온 일이 있었다.

元無聞聰禪師。汝水香山人。至元辛巳。資福寺無礙長老。請師註解金剛經三十二分。有紫雲覆寺。旣畢。庭前産五色芝數本。所註經流通至今。聰師每分註解外。各綴頌語。開人天眼。透金剛山。宜有紫雲之瑞。亦有刻經而板中流出舍利。

명의 엄강嚴江은 상성相城의 피혁장이였다. 중년에 직업을 버리고 절에다 재齋를 지내는 음식을 날랐는데, 길을 가면서 오로지 『금강경』을 수지하고 아울러 아미타불을 염송하는 소리를 멈추지 않았다. 나이 예순 남짓에 갑자기 곡기를 끊고 한 달 동안 물만 마시더니 이렇게 말하였다.

"나는 몇 날 몇 시에 갈 것이다."

약속한 날이 되자 목욕하고 옷을 갈아입더니 가부좌하고 천화하였다. 화장하자 사리가 여러 홉 나왔고, 그 혀는 쇠나 돌처럼 단단해 두드리면 소리가 났으니, 정덕正德 13년(1518)에 있었던 일이다. 지극히 부드럽기로 혓바닥만 한 것이 없지만 마음이 견고하면 혀도 견고해지는 것이니, 이것은 금강불괴金剛不壞의 실증實證이다.

明嚴江。相城皮工也。中年棄業。於佛寺擔齋飯。在路專持金剛經。併念阿彌陀佛不絕聲。年六十餘。忽絕粒飲水一月。乃言曰。我當以某日某時去。至期沐浴更衣。跏趺而化。焚之得舍利數合。其舌堅如金石。扣之有聲。時正德十三年事也。至柔莫如舌。心堅則舌堅。此金剛不壞之實證。

명 가정嘉靖 연간(1522~1566)에 소보少保 척계광戚繼光 공은 부총副總이 되었다. 이때 왜란倭亂으로 병사들을 거느리고 삼강三江을 방어하게 되었다. 그는 평소에도 『금강경』을 지송하였고, 행군하는 중에도 멈추지 않았다. 어느 저녁 꿈에 진陣에서 죽은 자기 병사 아무개가 말하였다.

"내일 아내를 공에게 보내겠습니다. 제발 『금강경』 한 권을 염송해 고통에서 벗어날 수 있도록 도와주십시오."

다음날 아침 병사의 아내가 과연 찾아와 호소하였으니, 꿈속의 말과 같았다. 공은 다음날 새벽에 재계하고 그를 위해 평소처럼 경전 염송을 하였다. 그러고 나자 병사의 아내 꿈에 또 그 남편이 나타나 말하였다.

"주수主帥께서 나를 위해 경전을 염송한 것은 감사한 일이오. 다만 그 가운데 '불용不用'이라는 두 글자가 섞여 공덕을 온전히 못했던 까닭에 여전히 고통에서 벗어나지 못하고 있다오."

병사의 아내가 다음날 아침 다시 꿈 내용을 호소하자 공은 크게 놀랐다. 기억해 보니 경을 염송할 때 부인이 하녀 편에 차와 떡을 보내 왔는데, 공이 멀리서 보고는 손을 휘저어 거절한 적이 있었다. 입으로 말하지는 않았지만 생각으로 '필요하지 않다(不用)'고 말한 것이다. 공은 당시 이를 군막에서 말하였고, 객사客事에 의해 결국 이 말이 전해지게 되었다.
전철 용滇徹庸 선사가 말하였다.

"내가 병들었을 때 꿈을 꾸었는데, 신인神人이 장부 하나를 들고서 말하였다.

'이것은 바로 경을 염송하며 잡된 생각을 한 자들의 죄과를 기록한 것이다.'

내가 받아서 살펴보았더니 경을 염송하며 잡되고 속된 생각이 끼어들었던 사람들의 성명과 죄과가 모두 적혀 있었다. 나 역시 그 끝머리에 적혀 있어 그것을 읽고 소름이 돋았다."

明嘉靖間。少保戚公繼光。爲副揔。時以倭亂。提兵守禦三江。素持金剛經。雖在行間不廢。一夕夢陣亡親兵某云。明日當令妻詣公。乞爲誦金剛經一卷。以資度脫。旦日兵妻果來籲。如夢中語。公次晨齋素。爲誦經訖。又兵妻。夢夫語曰。感主帥爲我誦經。但其中來雜不用二字。功德不全。尙未得脫苦耳。兵妻明旦。復以夢籲。公大訝。因憶誦經時。夫人遣婢。送茶餠至。公遙見揮手却之。口雖不言。而意中云不用也。公時以語幕。客事遂傳焉。滇徹傭禪師曰。予病中作夢。神人持一簿云。此是錄誦經雜念者罪過。余接按之。皆書誦經攙雜俗念人等姓名。并罪過也。余亦在末篇。讀已凜然。

명 통주通州의 사마司馬[10] 고양겸顧養謙은 뛰어난 재주에 대범하고 당당한 사람이었다. 그는 부인이 먼저 죽자 널리 불사를 행하였다. 수년 후 공의 첩이 갑자기 죽었다가 하룻밤 지나 다시 살아났는데, 울음을 그치지 않았다. 공이 까닭을 묻자 대답하였다.

"첩이 죽어 명부에 들어가 부인을 만났는데 어느 캄캄한 방에 갇혀 이렇게 말했습니다.

'내가 여기에 갇혀 이루 말할 수 없는 고통을 겪고 있으니, 급히 공덕을 지어 나를 구해다오.'

그래서 첩이 말했습니다.

'부인께서 돌아가신 후 상공相公께서 좋은 일을 크게 지었는데 전혀 이익이 없었단 말입니까?'

그러자 부인이 '경전의 참회로 천도되는 것은 주인의 재계와 지극한 정성에 달린 일이다. 그래야 죄를 없애고 복을 늘릴 수 있다. 지난날 사문이 당堂에서 지송할 때 상공은 방에서 차나 마시며 바둑이나 두었으니, 무슨 이익이 있었겠는가?'라고 하였습니다."

---

10 사마司馬 : 관직 이름이다.

공이 이 말을 듣고 역시 크게 통곡하고는 지계와 덕망이 뛰어난 스님들을 선택해 청정하고 엄숙하게 사흘 낮밤 도량을 만들었다. 이는 도장경屠長卿이 목격하고 기록한 것이다. 차를 마시거나 바둑을 두어서도 안 되는데 하물며 술을 마시고 고기를 먹는 것이겠는가.

明通州顧司馬養謙。爲人高才倜儻。夫人先卒。廣修佛事。數年後公有妾暴亡。經宿甦。哭不止。公問之。答曰妾死入冥府。見夫人。閉一暗室云。我在此。若[1]不可言。急作功德救我。妾曰夫人亡後。相公大作善事。都無益耶。夫人曰。經懺薦度。在主者齋戒至誠。乃能滅罪增福。向者沙門。持誦堂上。相公飮奕室中。何益之有。公聞之。亦大哭。擇戒德名僧。淸淨嚴肅。作道場三晝夜。此屠長卿目覩而筆之者。飮奕且不可。况酒肉乎。

1) ㉮ '若'은 '苦'인 듯하다.

명 가정嘉靖 연간(1522~1566)의 일이다. 귀안歸安 모록문茅鹿門의 품팔이 노동자 풍근馮勤은 일자日者[11]가 그의 요절을 점치자 한 노스님에게 수명을 연장할 방법을 물었다. 그러자 노스님이 말하였다.

"하인으로서 공덕을 쌓을 힘이 없으면 글자가 쓰인 종이를 주워서 태워라. 그러면서 생명을 연장하는 경을 염송하면 아마도 단명은 면하리라."

풍근이 생명을 연장하는 경을 묻자 노승이 말하였다.

"그건 『금강경』이다."

이에 대나무 집게와 대나무 통 두 가지를 마련해서는 매일같이 거리와 골목을 구석구석 누비면서 더러워지거나 글자를 잘못 쓴 종이가 있으면 모두 집어 통에 담았다. 그것을 향기로운 물로 세척해 바짝 말리고 태워

11 일자日者 : 시일時日의 길흉을 점치는 사람을 말한다.

재를 만들어서는 싸서 맑은 물에 흘려보내면서 비록 한 글자라도 감히 빠트리거나 소홀히 하지 않았다. 그리고 밤이면 돌아와 무릎을 꿇고 『금강경』 한 권을 염송해 회향하였다. 해마다 늘 이렇게 하자 후에는 점점 글자를 알고 문장의 뜻을 통하게 되었다. 녹문鹿門마저 그를 예로 대접하고 집안도 풍요로워졌으며, 그는 아들 둘에 손자 넷을 두고 나이 95세에 병 없이 천화하였다.

明嘉靖間。歸安茅鹿門傭僕馮勤。日者占其夭。問一老僧。何以延年。老僧曰若爲下人。無力積德。惟拾焚字紙。併念續命經。庶免短折。勤問續命經。老僧曰。卽金剛經也。乃置竹鑷竹簏兩事。日間遍歷街巷。凡穢惡字紙。悉鑷簏中。滌以香水。曝乾焚灰。包送淸流。雖隻字。不敢遺忽。夜歸跪念金剛經一卷回向。歲以爲常。後漸知書。通文義。鹿門禮貌之。家道豊裕。子二孫四。壽九十五。無疾而化。

명의 안광유顔光裕는 대대로 유학儒學을 업으로 삼는 집안 사람이었다. 하루는 같은 마을의 관직을 지낸 노인들과 같이 금강회金剛會에 들어가 경전을 듣고 강론하게 되었다. 저녁이 되어 집으로 돌아온 그는 펄쩍펄쩍 뛰면서 탄복하였고, 그 종지를 궁구하고 싶었지만 시험 준비를 하느라 겨를이 없었다. 그 후 태화현太和縣 지사로 임명되었다가 갑자기 병을 앓게 되었다. 꿈에 푸른 옷을 입은 두 사람이 그를 잡아 음부陰府(명부)로 들어갔는데, 그 풍경이 어둡고 캄캄했으며 삼엄하고 처참했다. 잠시 후 왕을 알현하자 장부를 든 관리가 말했다.

"광유는 이승의 수명이 이미 다했습니다. 살았을 때 지은 업이 무거우니, 살생을 좋아해 마음대로 삶고 지졌으며 또 소고기와 개고기를 좋아했습니다. 그래서 무수한 생명체들이 그에게 목숨을 내놓으라고 요구하고 있습니다."

왕은 기름불이 지글지글 타오르는 곳으로 압송하라고 판결을 내렸다. 소머리를 한 야차가 그를 펄펄 끓는 솥에 집어넣자 곧 연꽃이 나타나 그의 몸을 감쌌고, 끓어오르던 물이 맑고 깨끗해졌다. 귀신 판관이 이를 왕에게 보고하자 합장하고 그를 만나길 청하였다. 그리고 '과연 무슨 공덕이 있기에 이런 죄업을 변화시킬 수 있었을까?' 하고는 선업을 적은 장부를 자세히 살피게 하였다. 거기엔 하루 동안 반야를 논한 공덕밖에 없었다. 그것이 금강처럼 파괴되지 않는 몸을 얻게 한 것이었다. 왕이 말하였다.

"훌륭하구나. 그대의 수명과 복록을 늘려 주리라. 혼이 돌아가거든 세상 사람들에게 받들어 지니라고 널리 권하라."

혼이 돌아와 보니 이미 7일이 경과한 후였다. 그 후로 염송을 과업으로 삼아 그치지 않았고, 『금강경』 6천 권을 새겨 보시하였으며, 관직은 대참大叅까지 역임하였다. 나이 70에 이르러 죽음에 다다르자 향기가 마을과 거리에 풍겼으며, "자손 대대로 최상의 경전을 수지하라."라고 간곡히 훈계하고는 말이 끝나자 서거하였다. 안자顔子의 66대 손이다. 박사博士 백렴伯廉이 기록하였다.

明顔光裕。世襲業儒。一日同鄉紳耆老。入金剛會。聽經講論。至暮而歸。踴躍嘆服。欲究其旨。以赴銓未暇。後任太和縣事。忽病夢二青衣。拘入陰府。景象晦冥。森嚴悽慘。少頃見王。執簿吏曰。光裕陽壽已盡。在生業重。好殺恣意烹炙。且好食牛犬。即有無數生靈。對執索命。王判押赴油火煎煉。牛頭叉入沸鼎。祇見蓮花遮體。滾沸澄清。鬼判稟王。合掌請見。果何功德。化斯罪業。令察善簿。祇有持論般若一日之功。植此金剛不壞之體。王曰善哉。延爾壽祿。還魂普勸世人奉持。返魂已經七日。自後課誦不輟。刻施金剛六千卷。官歷大叅。年至七十。臨終香聞里巷。苦口囑戒。子孫世代。受持最上經典。言畢而逝。顔子六十六代孫。博士伯廉記。

명 곤산崑山의 주소악周少岳은 휘가 지정之程이다. 나이 50에 눈이 멀고 그 동자가 뒤집어져 푸르스름한 색이 되었다. 낮이 캄캄한 밤과 같아지자 그는 자신을 세상으로부터 유폐시키고, 일심으로 부처님께 귀의하며 숙세의 허물을 씻었다. 매일 맑은 새벽에 『금강경』 세 권을 장엄하게 염송하였는데, 염송할 때는 큰소리로 찬양하며 손님이 찾아와도 예를 올리지 않았다. 그렇게 하기를 15년, 홀연히 어느 날 환하게 사물이 보이더니, 다시 캄캄해졌다 보였다 하였다. 놀랍기도 하고 의심스럽기도 한 것이 분명하지 않아 집안사람들에게 자신을 살펴보게 하였다. 그랬더니 왼쪽 눈동자가 움직이면서 한 가닥 빛이 보였다. 2개월 남짓 지나자 푸르스름한 동자가 점점 바뀌더니 양쪽 눈의 푸른빛이 다시 회복되어 소년들보다도 더 멀리 볼 수 있었다. 소악은 『금강경』을 염송한 신비한 힘에 감동하여 경전 염송을 더욱 정성껏 하다가 나이 80에 죽었다.

그 선대에 116세를 산 노인으로 호가 수의자壽誼者인 분이 계셨는데, 그는 은덕隱德이 많은 분이었다. 태조太祖께서 그를 편전으로 불러 만나보고는 경음례卿飮禮를 시행하도록 천하에 조칙을 내렸으니, 바로 그 노인에게서 시작된 것이다. 소악은 그의 8세손이다. 그의 손자인 일륭日隆이 백 번 절하고 기록하였다. 고백념顧伯念이 말하였다.

"이것은 우리 읍에서 근래 있었던 일로 내가 어린 시절에 그 이야기를 들었다. 이제 신비로운 감응들을 편집하면서 떠도는 말일 뿐 자세히 살펴보지 않았다 할까 염려스러워 직접 그의 적손的孫 융보隆甫를 찾아갔다. 그러자 그가 이 기록을 꺼내 나에게 주기에 채록하여 전하는 것이니, 믿을 만하다고 하겠다."

明崑山周少岳。諱之程。五十喪明。其瞳子反背碧色。晝如黑夜。自以爲廢於世矣。一心歸依佛氏。以消宿僁。每日淸晨。莊誦金剛經三卷。誦則高聲讚楊。客至不爲禮。積十五年。忽一日烱然見物。旋見旋晦。驚疑未定。令家人視之。見左目眸子。搖動露光一髮。二月餘碧瞳漸轉。兩眼淸光盡復。比之少年。更能視遠。少岳感念金剛神力。誦經益虔。年至八十考終。其先代百十六歲翁。號壽誼者。多有隱德。太祖召見便殿。詔天下行卿飮禮。自翁始。少岳其八世孫也。孫日隆百拜志。顧伯念曰。此余邑中近事。童年即聞之。今因集靈應。恐語焉而不詳。乃躬叩其的孫隆甫。出此授余。採入以傳。信云。

명의 진명원陳明遠은 흥화군興化軍 사람이며 일찍이 진사進士로 천거되었다. 그가 사주泗州를 지나며 보조사普照寺를 유람하다가 떨어진 옷을 입고서 나무에 기대 푸른 종이로 된 책을 읽는 노스님을 보았는데, 그 책에서 100보 남짓의 빛이 뿜어져 나오고 있었다. 다가가 살펴보니 금으로 글자를 쓴 『금강경』으로서 양조梁朝 부 대사傅大士의 게송이 붙어 있는 것이었다. 스님은 명원을 돌아보며 "당신도 이 책을 좋아합니까?" 하고는 그것을 주었다. 다음 해 아버지 주鑄를 따라 해릉海陵의 관리로 갔다가 갑자기 병이 들어 죽었다. 그리고 대렴大殮[12]을 치르려는데 몸에 다시 온기가 돌아오더니 시간이 흐르자 다시 살아났고, 직접 다음과 같이 말하였다.

"눈이 푹 꺼지고 호랑이 주둥이를 한 네 명의 옥졸이 나타나 서북쪽으로 끌고 갔는데 그 기세가 매우 난폭하였다. 지나는 곳은 모두 광야라 먼지와 모래가 얼굴을 때렸고, 안개가 자욱한 가운데 점점 큰 강에 가까이 다가갔다. 부서府署가 삼엄하고 엄밀하여 세 명의 옥졸이 먼저 들어가고 한 명은 명원을 지키고 있을 때였다. 잠깐 사이에 한 스님이 허공을 타고 날아왔는데 바로 사주에서 만나 경을 주었던 분이었다. 부서의 책임자는 빠른 걸음으로 달려 나와 그를 맞이하였다. 곁눈질로 명원을 본 스님이 명원을 앞으로 불러 스스로 참회하게 하자, 책임자는 관리에게 그를 방면

12 대렴大殮 : 소렴小殮을 치른 다음날 다시 시체에 옷을 입히고 묶는 일을 말한다.

해 돌려보내라고 명하였다. 앞에서 인도하는 스님을 따라 양쪽 회랑을 거닐면서 수백 명의 죄수가 묶여 있는 것을 보았고, 또 날짐승과 들짐승 및 온갖 벌레가 모두 사람처럼 말하며 죄수와 대면해 죄상을 가리고 있는 것을 보았다. 또 대여섯 명의 사문이 앞에 썩은 음식 수십 항아리를 늘어놓고 앉아 있었는데 바로 길에서 만났던 이들이었다. 또 마을에서 과거에 위세가 크게 빛났던 사람이 이곳에 와선 갖가지 낭패스러운 형상을 면치 못하는 것도 보았다. 잠깐 사이에 앞서 지나왔던 광야에 다다랐는데 개울물이 그득히 불어나 있었다. 스님이 지팡이 한쪽 끝을 잡고 나머지 끝을 명원에게 내밀며 잡고 따라오라 하였다. 처음 물을 건널 때는 얕았는데 중간쯤 갑자기 깊어져서 빠졌고, 그래서 놀라 소리치다가 다시 살아났다."

明陳明遠。興化軍人。嘗舉進士。過泗州。遊普照寺。見老僧敝衣。倚樹讀青紙書。書有光射百步許。就視則金字金剛經。係以梁朝傅大士之頌者。僧顧明遠曰。子亦樂此耶。遂以授之。明年從父鑄官海陵。忽病死。將大殮。體復溫。移刻乃蘇。自言見四卒深目虎喙。驅之西北行。勢甚暴。所經皆廣野。塵埃撲面。如在霧中。漸逼大河。府署嚴密。三卒先入。一守明遠。須臾一僧。乘空而來。即泗州所遇授經者。府主趨出迎之。旁睨明遠。僧呼明遠前。使自懺悔。主乃詔吏放還。僧前導遊兩廡。見囚繫數百。更有禽獸諸蟲。悉能人言。與囚對辨。又坐沙門五六人。前列敗壞飲食數十甕。途中所遇。又見里中向日。威勢孔灼。到此不勝狼狽諸狀。俄及前所過廣野。溪水漲甚。僧執杖端。以末授明遠挈之行。始涉亦淺。中忽深陷。因驚呼而甦。

명 전당錢塘의 이시영李時英은 남해南海 흠주欽州 태수를 지냈으며, 항상 『금강경』을 염송하였다. 융경隆慶 정묘(1567)에 분고관分考官으로 있으면서 과거장에서 병사하였다. 그리고 사흘째 되는 날이었다. 먼저 황금 갑옷을 입은 신이 나타나 족쇄를 채우고 태산부군泰山府君에게 데려가려 하였다. 성황신城隍神과 토지신土地神이 모두 그 자리에 있었는데, 토지신이 "이시영은『금강경』을 염송했다."고 하며 압송에 강력히 항의하였다. 황금 갑옷을 입은 신은 분노하며 소매에서 길이가 세 자 남짓이나 되는 달구어진 못을 꺼내 토지신의 정수리에 박아 넣었고, 그가 완전히 타버릴 때까지 서서 지켜보았다. 그러나 잠깐 사이에 본래의 몸을 회복하고는 앞에서처럼 압송해서는 안 된다고 단단히 고집을 부렸다. 그러자 황금 갑옷을 입은 신이 말했다.

"너희들도 함께 족쇄를 채워 태산으로 데려가리라."

주위를 둘러보자 여러 귀신들이 원한을 호소하며 그의 목숨을 요구하고 있었다. 그들은 시영이 전생에 구강九江의 태수를 지내면서 뇌물을 받고 사람을 죽였다며 꾸짖었다. 깜짝 놀란 순간『금강경』을 기억해 염송하자 홀연히 여조呂祖 스님이 구름을 타고 내려왔고, 귀신들은 모두 멀리 달아났다. 시영이 땅에 엎드려 애걸하자 여조 스님이 말하였다.

"이 늙은이의 단丹을 돌려다오."

한참을 찬찬히 바라보더니 말하였다.

"업이 무겁구나, 업이 무거워. 안타깝게도 단이 완전히 파괴되어 버렸구나. 너는『금강경』을 염송했으니 육조六祖 스님께 구해 달라고 청하라."

잠깐 사이에 육조가 나타나 땅에 엎드린 시영을 보더니 역시 말하였다.

"업이 무겁구나, 업이 무거워. 오조五祖께서 널 살피실 때까지 기다려라."

시영이 한 손을 내밀어 육조 스님의 가사를 붙잡자 조각조각 금빛이 날렸다. 잠시 후 갑자기 기이한 향기가 가득 풍기더니 허공에서 오조 스님과 육조 스님의 명령이 들렸다.

"경을 염송한 사람이니 일단 풀어 주어 돌려보내라."

그러자 곧 황금 갑옷을 입었던 앞의 그 신이 다시 나타나 시영을 집어

들어 단번에 집어던졌다. 시영은 땀을 비 오듯 흘리면서 다시 살아났다. 시영은 과거장을 나와 곧 관직을 버리고는 호남湖南 정자사淨慈寺에 귀의하였다. 그리고 새벽이면 꼭 『금강경』을 염송해 원한 맺힌 귀신들을 제도하다가 병 없이 죽었다.

明錢塘李時英。爲南海欽州守。恒誦金剛經。隆慶丁卯。爲分考官。於闈中病死三日。初見金甲神。欲鎖去見泰山府君。城隍土地咸在。土地以李誦金剛經故堅不肯押字。金甲神怒。袖出火釘。長三尺餘。從土地頂門釘入。立見焚燒盡。俄復本形。堅執不押如故。金甲神曰。當同鎖汝往泰山。旋見數鬼。稱冤索命。呵時英。前世爲九江守。受賕殺人。正急怖間。憶誦金剛經。忽見呂祖師。乘雲而下。鬼俱奔逝。時英伏地乞哀。呂祖曰。還我老君丹來。熟視曰。業重業重。可惜丹俱壞盡矣。汝誦金剛。可求救六祖。忽然間六祖至。覩時英伏地。亦曰業重業重。待與五祖商[1]量來。時英出一手。曳六祖袈裟。片片飛金光。少頃倏異香滿鼻。聞空中五祖六祖敕曰。誦經人。且放還。隨見前金甲神復至。提時英一擲。汗下如雨而甦。時英出場。即棄官歸湖南淨慈寺。晨必誦金剛經。超度冤鬼。無疾終。

1) ㉯ '商'은 '啇'과 통용된다.

명 만력萬曆 초(1573)의 일이다. 시중侍中 종부수鍾復秀 공과 서준수徐遵壽 공이 경성京城의 나羅씨 마을에 함께 살았다. 그들은 부처님을 받들고 『금강경』을 염송하였으며, 별원別院에 정실淨室을 여러 칸 짓고 두 사람이 나란히 앉아 지송하였다. 종 공의 집에는 하얀 거위가 두 마리 있었다. 그 거위는 독경 소리를 듣거나 염불 소리가 들리면 곧 두 사람 뒤에 붙어 소리를 내며 따라왔다. 쫓아도 가지 않았고, 마치 듣기라도 하는 것처럼 머리를 들고는 가건 멈추건 항상 뒤따르며 목탁 소리를 냈다. 수년이 흐른 뒤 두 마리 거위는 경안經案을 마주하고 선 채로 천화하였다. 두 사람은 정업사淨業寺 뒤쪽에 그 거위를 매장하고 '경을 듣던 거위의 무덤'이라 불렀다.

옛날 정영사淨影寺의 늙은 사문 혜원慧遠이 처음 고향에 있을 때 거위 한 마리를 키웠는데, 그 거위가 따라다니며 경을 듣곤 하였다. 혜원이 서울로 들어오고 거위는 절에 남겨지자 밤낮으로 목을 놓아 울기에 그 문도들이 거위를 서울로 보내게 되었다. 절 문 앞에 다다라 풀어 주자 거위는 스스로 혜원의 방을 알아보았고 곧 길들여졌다. 거위는 경전을 강의할 때마다 방에 들어와 엎드려서 들었고, 다른 일을 이야기할 때면 곧 울면서 날개를 치고 나가 버렸다.

이 두 가지 사안을 함께 살펴볼 때 거위의 신령함과 지혜도 이와 같으니, 경을 염송하며 잡된 생각을 일으키거나 경을 듣고도 귀가 꽉 막힌 자들은 진실로 짐승만도 못한 자들이다.

明萬曆初。侍中鍾公復秀。徐公遵壽。俱住京城羅家巷。奉佛念金剛經。別院淨室數間。二公聯坐誦持。鍾家有二白鵞。聞經聞念佛。輒尾二公後。作聲而行。逐之不去。昂首若聽。行止皆隨木魚聲。逾數年。二鵞並對經案立化。二公爲瘞於淨業寺後地。號聽經鵞塚。昔淨影老沙門慧遠。初在鄉。養一鵞。相隨聽經。及遠入京。鵞留寺中。晝夜長鳴。其徒送入京。至寺門放之。自能知遠房。入馴狎。每講經。入室伏聽。泛說他事。則鳴翔而出。合觀二案。鵞之靈慧如此。彼誦經生雜想。聞經若充耳者。誠異類不若矣。

명 만력萬曆 연간(1573~1620)의 일이다. 소주蘇州 풍교楓橋의 성재덕盛在德은 강사 현명懸明으로부터 『금강경』을 배웠는데, 뜻하지 않게 병에 걸려 죽게 되었다. 추포되어 명부로 보내졌지만 곧 잡아갔던 원수 같은 귀신이 성재덕의 교화로 군郡의 성황城隍에게 알렸고, 그가 찾아와 대신 증언하였다. 재덕은 정직하다고 판결되어 명부의 옥사를 구경하게 되었고, 석방

되어 돌아갈 때 성황을 만났다. 그때 성황이 계단을 내려와 당부하였다.

"나는 생전에 형주荊州 사람으로 성이 조曹씨였으며 이때부터 신들의 호적에 오르게 되었습니다. 나의 어머니 장태군張太君은 삼생에 거쳐 모두 여자의 몸으로 태어났으나 아이를 낳지 못하고 있습니다. 나를 대신해 현의 훌륭한 스님들께 간청하여 『금강경』과 『월상녀경月上女經』을 각각 500부 정성을 다해 염송해 준다면, 내 어머니는 남자로 태어날 것이 분명합니다."

재덕은 다시 살아나 예를 갖춰 현의 훌륭한 스님들을 초청하였다. 그리고 염송 횟수를 채우자 동해를 관장하는 신에게 편지를 써서 고하고, 서문을 지어 이를 기록하였다. 미륵게彌勒偈에서는 말하였다.

지금 현재의 부모님이
바로 석가와 미륵이니
그분들을 공양할 수 있다면
따로 공덕을 구할 필요 뭐가 있으랴.

따라서 섬마睒魔보살[13]이 눈을 뽑아 부모님을 구제하자 고질병이 곧 치유되었던 것이고, 자심慈心 동자[14]가 고통을 대신 받겠다고 원을 세우자

13 섬마睒魔보살 : 섬마는 Samaka의 음역으로 섬마睒摩·상막가商莫迦라고도 한다. 『菩薩睒子經』·『睒子經』 등에 이와 관련된 이야기가 나오나 정확히 일치하지는 않는다. 효성이 지극했던 섬마는 열 살 때 눈이 먼 두 부모를 따라 산에 들어가 살았다. 그러던 어느 날 가이국迦夷國의 왕이 사냥을 하다 실수로 사슴가죽 옷을 입은 섬마를 쏘아 죽이게 되었다. 눈이 먼 부부가 하늘을 우러러 "섬마는 효성이 지극하오니 하늘이 아시면 섬마를 다시 살려 주소서." 하며 탄식하자, 하늘의 신들이 내려와 화살을 뽑고 약을 먹여 섬마가 살아났다. 부모가 놀라움에 두 눈을 부릅뜨자 예전처럼 눈이 회복되었다고 한다. 『睒子經』(T3, 438b).

14 자심慈心 동자 : 어머니를 지극한 마음으로 봉양한 공덕으로 수많은 복락을 누렸고, 어머니에게 패악한 짓을 한 인연으로 지옥에 들어가 불화로를 머리에 이게 되었다는

불덩어리가 선 자리에서 꺼졌던 것이며, 황매黃梅 스님[15]이 노모를 봉양하는 집을 두었던 것이 제방의 책에 기록되어 있는 것이다.

明萬曆間。蘇州楓橋盛在德。從講師懸明受金剛經。偶病歿。追赴冥司。則被仇鬼。盛之化。告郡城隍。逮對也。在德理直。得觀冥獄。釋還時。見城隍。降階諭曰。我生前荆州人。姓曹。自登神籙。我母張太君。轉世三度矣。咸女身不育。若代我懇懸明師。虔誦金剛經。月上女經。各五百部。我母轉男必矣。在德再生。禮請懸明。誦滿牒告管東溟。作序紀之。彌勒偈曰。即今現在雙親。就是釋迦彌勒。若能供養得他。何用別求功德。故睒魔菩薩。割目救親。沉疴卽愈。慈心童子。發願代苦。火輪立消。黃梅養母有堂。載諸方册。

명의 왕반王泮은 산음山陰 사람이며 만력萬曆 갑술년(1574)에 진사進士가 되었다. 그의 백부가 어린아이를 안고 문에서 어르다가 아이의 팔에 차고 있던 은팔찌를 그만 잃어버리고 말았다. 이때 왕반의 아버지가 마침 곁에 있었기에 그가 훔쳤다는 의심을 받게 되었다. 왕반의 아버지는 불평하며 천지신명天地神明을 부르는 주문을 외우고 『금강경』을 가져다 발로 밟아 버렸다. 왕반은 학생이 되어 여러 차례 고등과에 시험을 보았지만 급제하지 못했다. 하루는 새벽에 성 밖으로 나섰다가 수염이 허연 두 노인을 보았는데, 이런 말을 주고받고 있었다.

"대선사大善寺 앞에 사는 수재秀才 왕반은 상급으로 올라가야 마땅하다. 하지만 그의 아버지가 『금강경』을 모독한 탓에 지금 명단에서 제외되었

이야기가 『雜寶藏經』에 나온다. 『雜寶藏經』에서는 이름을 자동녀慈童女라 하였고, 자동녀가 자신의 잘못을 깨닫고는 다른 불효자들의 죄까지 자신이 받겠다고 마음먹자 머리에 인 불화로가 저절로 떨어졌다고 한다. 『雜寶藏經』(T4, 450c).

15 황매黃梅 스님 : 황매산黃梅山에 거주했던 오조 홍인弘忍 대사를 말한다.

다."

왕반이 까닭을 몰라 집으로 돌아가 아버지에게 묻자 아버지가 전에 있었던 일을 말해 주었다. 왕반이 크게 놀라 부처님 전에 참회하고 손수 경을 한 부 사경하자 그해 현서賢書에 올랐다. 돌아가 재차 한 부를 사경하겠다고 마음먹었지만 그렇게 하지 못하자 상춘관上春官에서 쫓겨났고, 갑술년(1574)에 이어서 사경을 마무리하자 비로소 급제하였다. 적수赤水의 도륭屠隆이 직접 목격하고 그 사실을 전하였다.

明王泮。山陰人。萬曆甲戌進士。其伯父抱幼兒。戲於門。兒臂帶銀鐲。忽失之。時泮父適在傍。疑爲所竊。泮父不平。引神明爲呪。取金剛經足踐之。泮爲諸生。屢試高等。不得第。一日曉出城外。見兩白鬚翁。相語曰。大善寺前秀才王泮。應登上第。爲其父。褻汙金剛經。今削籍矣。泮不知何故。歸問父。父語以前事。泮大驚。懺悔佛前。手書經一部。是年登賢書。歸欲再書一部未訖。上春官被放。至甲戌。續書完經。始得第。赤水屠隆。目擊傳其事。

명 만력萬曆 연간(1573~1620)의 일이다. 사명四明의 도륭屠隆 공이 당대에 기이한 재주를 추앙받아 청포현靑浦縣 지사로 있을 때였다. 감옥에 종종 사나운 귀신이 나타나 감옥의 죄수들을 어지럽혀 죄수들 가운데 이로 인해 죽는 자가 생겨났다. 감옥의 관리가 이를 도륭에게 알리자 글을 지어 감옥의 신을 타일렀다.

"신神이 있다면 귀신이 어찌 이럴 수 있으리오. 감옥에서 억울하게 죽은 자가 있다면 관리의 죄이지 죄수에게 무슨 잘못이 있으리오."

이에 뜰 안에 불을 피워 『금강경』 한 부를 비밀스럽게 사르고는 직접 감옥에 앉아 그 밤을 보냈다. 다음날 아침 감옥의 아전에게 물어보니 귀신은 묘연하게 그 자취가 사라졌다고 하였다.

明萬曆間。四明屠公隆。代推異才。知靑浦縣。獄中驟有厲鬼亂獄囚。囚有因而斃者。獄吏以聞。屠爲文以諭獄神曰。神在鬼安得爾。獄有寃死者。官之罪囚何尤。乃爇火庭內。密焚金剛經一部。而身坐獄至夜分。明日問獄吏卒。鬼杳然遂絕蹟。

명 해염海鹽의 어부 장원張元과 그의 동생 정貞이 그물을 치고 밤에 돌아가다가 청송당靑松塘쯤에 이르러 별빛이나 달빛을 가리는 기이한 광채가 수면에 어른거리는 것을 보았다. 그 아래에 진주가 있는 것은 아닐까 하여 물에 뛰어들었던 그는 뜻밖에 돌로 만든 상자를 하나 건졌다. 그것을 열어보니 금으로 쓴『금강경』이었고, 광채가 범상치 않았다. 장원이 그것을 집에다 모시자 꿈에 황금 갑옷을 입은 신이 나타나 말하였다.

"그대는 전생에 장수長水 스님 강단에서 일을 맡아 보던 사람인데 도심道心이 없었던 까닭에 여기까지 떨어진 것이다. 그러나 숙세에 심은 좋은 인연이 없어지지 않았기에 그대에게 대법大法을 하사한 것이니, 마땅히 열심히 정진하며 지송해야 하리라."

장원이 글자를 모른다며 사양하자, 신이 입을 벌리라 하더니 금환金丸을 먹여 주었다. 그러자 향기롭고 따스한 기운이 배로 들어와 깜짝 놀라며 깨어나게 되었다. 다음날 아침에 경을 펼쳐 염송하자 마치 오랫동안 익힌 것처럼 익숙하였으니, 이때가 만력 갑신년(1584)이었다. 장원이 달관達觀 대사를 찾아가 그 일을 낱낱이 고하자 스님은 더욱 열심히 경전을 염송하면 반드시 서방정토에 회향하리라고 하였다. 정축년(1637) 7월에 이르러 장원은 친지들에게 "내가 살생했던 업이 없어지고 연화대가 나타났다." 하고는 병 없이 앉아서 천화하였다. 장원 형제는 손에 넣고도 글자를 알아볼 수 없었다.

明海鹽漁戶張元與弟貞。撒網夜歸。至靑松塘。見水面有異光。掩映星月。

疑其下有蚌珠。遂沒水取焉。得石匣一枚啓之。乃金書金剛經。光彩異常。元置之家。夢金甲神語曰。汝生前爲長水師講壇作務人。因無道心。退墮至此。然宿因未泯。賜汝大法。當精進持誦。元以不識字爲辭。神令開口。以金丸投之。香煖入腹。遂驚而覺。明旦啓誦。熟如久習矣。時萬曆甲申年。元叩達觀大師。具陳其事。師更勉以誦經。必回向西方。至丁丑七月。元謂親識曰。我殺業除蓮臺現矣。無疾坐化。張元兄弟得手在。不識字上。

명의 대사구大司寇 강보姜寶 공은 단양현丹陽縣 사람이다. 그는 서실에 있다가 홀연히 두 사자에게 잡혀 지부地府(명부)로 추포되어 들어가게 되었는데, 한 관리가 높은 관을 쓰고 두툼한 띠를 두르고 있었으며, 시위侍衛가 삼엄하게 늘어서 있었다. 강보에게 살아 있을 때 한 일을 물어 강보가 대답하지 못하자 곁에 있던 한 관리가 나와 대답하였다.

"이 사람은 지은 악이 많고 선은 적으니 축생이 되어야 마땅합니다."

귀신이 드디어 소가죽을 가져와 그의 몸에 덮어 씌웠다. 그러나 세 번을 씌우려 했지만 세 번 다 덮이지 않았다. 왕이 괴이하게 여기자 관리가 대답했다.

"이 사람은『금강경』제목을 들은 것 외에는 선업이 전혀 없습니다."

강보는 "만일 이승으로 돌아간다면 죽을 때까지 경을 지송하겠습니다." 하며 풀어 달라고 애절하게 간청하였다. 그가 잘못을 깨닫고 뉘우치자 왕은 결국 그를 풀어 주어 다시 살아나게 하였다. 강보는 이때부터 재계를 지키며 경을 염송하였고, 자신을 굽히고 치문緇門(승가)을 찾아가『금강경』의 대의를 강론하고 연구하였으며, 사람들에게 자세히 설명해 주기를 게을리 하지 않았다. 그러던 어느 날 모든 친지들에게 말하였다.

"내일 낮에 나는 떠날 것이다."

약속한 때가 되자 과연 하늘에서 음악이 울리고 기이한 향기가 퍼지더니 합장한 채 서거하였다. 만력萬曆 무자년(1588)에 보문普門 거사 조봉曹奉

이 기록하였다.

明大司寇姜公寶。丹陽縣人。在書室中忽被二使。追入地府。一官峩冠博帶。侍衛森嚴。問姜在生所作。寶未對。旁出一官對曰。此人惡多善少。當爲異類。鬼使遂携牛皮。披其身。三披三不能覆。王怪之。官對曰。此人但聞金剛經題。餘無善業。姜哀懇求脫。如還陽世。終身持經。王因其悔悟。遂放回生。寶自此持齋誦經。折節緇門。講究金剛大義。與人衍說不懈。一日告諸親曰。明午我當去矣。至期果聞天樂異香。合掌而逝。萬曆戊子。普門居士曹奉記。

명 만력萬曆 연간의 일이다. 금단金壇의 왕방록王方麓 공이 병이 위독해지면서 번조증煩躁症을 보이자 그의 아들이 감히 당堂으로 나아가 아뢰었다.

"대인大人께서는 평소 도를 간직하고 덕을 함양하는 공부를 하셨으니 바로 이럴 때 힘을 얻어야 합니다. 원컨대 마음을 맑히고 제가 전독하는 『금강경』을 들으십시오."

방록은 머리를 끄덕이고 턱짓으로 경을 가져다 낭송하도록 명하였다. 그렇게 경을 듣다가 "아상我相도 없고 인상人相도 없고……" 하는 사구게에 이르자 갑자기 웃음을 터트리며 말했다.

"번뇌가 본래 없는 것인데 아상을 누가 사랑하겠는가?"

드디어 합장하고는 영영 떠나갔다. 고덕께서 말씀하셨다.

"지인至人은 생각 생각에 정혜定慧를 갖추니, 죽음을 맞이해 어찌 어지러울 수 있겠는가? 범부는 생각 생각에 산란하니 죽음을 맞이해 어찌 안정될 수 있겠는가?"

방록 선생은 예전부터 도덕을 함양한 사람이라 칭해졌지만 그럼에도 불구하고 병이 위독해지자 오히려 이처럼 번조증을 면치 못했다. 그러나 단번에 털어 버리고 곧바로 바꾸었으니, 그가 종전에 지녔던 식신識神의 힘을 알 만하다. 손암損菴 공은 지극히 존귀한 아버지께서 목숨을 마치는 순간인데도 어찌해야 할지 당황하는 일이 조금도 없이 조용히 부친에게 경을 들으라고 권했으니, 임종을 맞이해 큰 효를 실천함이 세속의 정을 아득히 벗어났고 사람의 아들 된 법도를 충분히 다했다고 하겠다. 지난날 문충文忠 구양歐陽 공은 임종할 무렵 자제들을 불러 이렇게 훈계하였다.

"나는 어려서 문장으로 세상에 이름을 날리고는 부도浮圖(불교)를 힘껏 비난했었다. 그러다 근래에 문득 오묘한 뜻을 듣고는 비로소 바른 과보를 연구해 보려 했으나 뜻을 지녀 볼 겨를도 없이 죽게 되었다. 너희들은 열심히 힘써 나처럼 뒷날 후회하는 전철을 밟는 일이 없도록 하라."

그는 노병老兵을 시켜 가까운 절에서『화엄경』을 빌려오게 하였고, 염송이 8권에 이르렀을 때 편안히 앉은 채로 서거하였다. 또 원종도袁宗道 공은 말년에 그동안 배우고 실천했던 학문이 생사生死와 무관했음을 깊이 뉘우치고는 결국 오로지 염불왕생만 사람들에게 가르쳤으니, 두 사람은 마침내 고향 소식을 깨달은 자라 할 수 있겠다.

明萬曆間。金壇王公方麓。病篤時煩躁。其子肯堂進曰。大人平日存養功夫。正於此際得力。願澄心。聽兒轉金剛經。方麓首頷頤解。命取經朗誦。聽至無我相無人相四句。輒笑曰。煩惱本無。我相誰戀。遂合掌長逝。古德有云。至人念念定惠。臨終安得而亂。凡人念念散亂。臨終安得而定。方麓先生。宿稱有養。病篤尙爾。煩躁不免。然能一撥便轉。其從前之識力可知。至損菴公。於至尊彌留之際。毫不手忙脚亂。從容勸親聽經。其終事大孝。逈出俗情。足爲人子法也。昔文忠歐陽公。易簀時。呼子弟誡曰。吾少以文章名世。力詆浮圖。邇來忽聞奧義。方將研究正果。不料賫志以歿。汝等勉旃。無蹈後悔。令老兵於近寺借華嚴經。誦至八卷。安然坐逝。又袁公宗道。暮年深悔所學所行。無關生死。遂純提念佛往生。以示人。二公可謂終悟故鄕消息者矣。

명의 심제환沈濟寰은 가흥嘉興에 살면서 청과점靑菓店을 열었다. 그는 매일 아침 일어나면 반드시 『금강경』을 지송하고, 혹 외출할 일이 있으면 경을 넣은 띠를 가슴팍에 두르고 다녔는데, 훤히 지송하지는 못했다. 그러다 우연히 동정洞庭으로 귤을 매매하러 갔다가 호수에서 갑자기 사나운 용과 같은 바람을 만나게 되었다. 배가 이미 침몰해 호수 바닥에 닿았는데, 아비규환 속에서 홀연히 어떤 큰 힘이 배를 잡아 세우더니 파도 더미에서 건져내어 날듯이 끌어다 잠깐 사이에 언덕으로 올려놓았다. 그때 언덕에 있던 사람 모두가 황금 갑옷을 입은 두 신이 좌우에서 배를 들고 오는 것을 보았다. 배에 탔던 사람들은 금강역사가 건져준 것임을 알았고, 모두들 심제환의 덕에 감복해 그를 심불가沈佛家라 불렀다.

明沈濟寰。居嘉興。開靑菓店。每晨起。必持金剛經。或出外則。一袋貯經懸胸前。不曠持誦。偶往洞庭販橘。湖中陡遇龍風。船已陷水底矣。呼號間。忽有巨力。提船而起。拔出波間。來送如飛。頃刻登岸。則岸人共見。有兩金甲神。左右擎船而來。船中人。知爲金剛拯救。共感沈德。號爲沈佛家。

명의 심광화沈光華는 일찍이 양회兩淮 지방의 소금과 철을 관장하였다. 고향으로 돌아온 날 우연히 같은 군의 오송吳淞이란 사람과 한가히 앉아 있게 되었다. 그가 요즘 뭘 하며 지내냐고 조용히 묻기에 심광화가 대답했다.

"새벽에 일어나 채식을 하고 『금강경』을 염송한 지 20년이 되었습니다."

오송은 역시나 그러냐며 별일 아니라는 듯 치부하였다. 그렇게 별다른 일 없이 지내다 어느 날 오송이 갑자기 새벽에 일어나 심씨 집으로 부리

나케 달려왔다. 그는 축하하며 말했다.

"아드님이 급제하여 남쪽 대문에 명패가 걸릴 것이 분명합니다."

심광화가 무슨 근거로 그러냐고 묻자 오송이 말했다.

"간밤에 신이 꿈에 나타나 말하기를 '이 군의 한 사대부가 『금강경』을 지송한 공덕으로 그의 아들이 마땅히 준걸이 될 것이다'라고 하였습니다. 꿈에서 깨어나자 공에게 이 꿈을 알려 주어야겠다고 생각했습니다."

그해 가을 그의 아들 응명應明이 과연 응천향천應天鄉薦에 올랐다.

明沈光華。嘗判兩淮鹽鐵。歸田日。偶與同郡吳淞閑坐。從容問日間所爲。沈云晨朝茹素。誦金剛經。積二十年。吳亦漫然置之。居無何。吳忽晨起。疾詣沈家。賀云郎君南闈必第矣。沈問何據。吳云夜夢神言。郡中一士夫。以持金剛功德。其子應得雋。覺來。憶公當酬是夢。是秋其子應明。果登應天鄉薦。

명 가흥嘉興의 범范씨 집안의 하인 이야기이다. 그의 성명은 알 수 없다. 거사 왕재생王載生은 어린 시절 그가 매일같이 채소를 어깨에 짊어지고 시장을 거닐며 중얼중얼 염송하는 것을 보곤 하였다. 듣기로 그는 아침 일찍 일어나 꼭 먼저 부처님 전에 향을 사르고 『금강경』을 여러 권 염송하였으며, 집을 나서자마자 반드시 금명사金明寺로 달려가 부처님께 예배하고 회향하였다. 또 돌아오는 길에 짐승을 파는 것을 보면 사서 풀어 주었고, 거지나 병자를 만나면 입에 넣었던 음식까지 덜어 나눠 주었다. 이에 그의 주인도, 그의 아내도 그런 그를 원치 않아 결국 출가를 허락받게 되었다. 그는 고된 임무를 맡아 부지런히 수행하였고, 무릇 선당禪堂의 고역에도 온몸으로 임하며 한 번도 피곤하다고 말하는 법이 없었다. 하루는 병세를 보이더니 대중에게 "나는 전생에 『금강경』 염송을 태만히 한 벌로 남의 종이 되었다. 이제 그 분량을 다 채웠으니, 분명 좋은 곳으로 가서 태어나리라." 하고는 바로 눈을 감았다.

明嘉興范氏僕。失姓名。居士王載生幼時。見每肩菜擔。行市中。喃喃念誦。聞蚤起必先佛前焚香。誦金剛數卷。始出必赴金明寺。禮佛回向。歸途遇生命買放。逢乞病者。減口食而施之。家主與之妻。不願。遂聽出家。辛勤作務。凡禪堂苦役。悉身任之。未嘗告倦。一日示疾告衆曰。我宿生。以誦金剛怠慢。罰作人奴。今限滿。當往善地受生矣。遽瞑。

명 회북淮北의 대상大商 호연胡燃은 관중關中 사람이고, 그의 아내는 오吳씨이다. 그는 수십 만금의 재산을 가지고 있었는데, 나이 40이 되도록 선을 짓기 좋아했음에도 불구하고 아들이 없었다. 어떤 스님이 그에게 화주하며 "그대가 『금강경』을 판각해 한 장藏을 보시하면 분명 기린아麒麟兒를 생산할 것입니다."라고 하자, 호연은 흔쾌히 그의 말대로 하였다. 또한 관목棺木 한 장藏을 보시하고 아울러 아무렇게나 나뒹구는 뼈들을 수습해 주었다. 이와 같이 하기를 10여 년에 어느 날 홀연히 꿈에 신인이 나타나 말했다.

"그대는 아들이 늦는다고 근심하지 말라. 상제께서 그대의 원이 진실한지, 처음부터 끝까지 딴 생각은 없는지 세밀히 살피고 계신 것이다."

그리고 1년이 지나 첩실들이 연이어 세 아들을 낳았는데 모두 총명하고 빼어났다. 부부는 70이 넘도록 살았으며 집안은 더욱 융성하였다.

明淮北大商胡燃。關中人。妻吳氏。挾貲數十萬。年四十。好善而無子。有僧化之曰。爾能刻金剛經。施捨一藏。定産麟兒。燃慨如其言。又施棺木一藏。幷掩骴骼之暴露者。如是者。十餘年。忽夢神人告曰。爾無憂子之遲也。上帝細察。爾願誠否。始終無替念否。越一載姬妾連擧三子。皆聰頴。夫婦年踰七十。家道益隆。

명 낭주閬州의 백성인 용의龍義는 품을 팔아서 먹고살았다. 우연히 친지의 병문안을 갔다가 『금강경』 사경하는 것을 본 용의는 까닭도 없이 비방하며 배척하였다. 그러자 갑자기 벙어리가 되어 말을 할 수 없게 되었고, 의사도 기도도 효험이 없었다. 그 후 또 이웃집 사람이 그 경을 염송하는 것을 듣고는 통탄하며 자책하였다.

"내가 예전에 경을 비방했던 죄로 벙어리가 되는 이 병을 얻은 것이다. 이제라도 죄를 뉘우치고 죽을 때까지 공경히 받들면 다시 말을 할 수 있을지도 모르겠다."

이때부터 경 읽는 소리가 들릴 때마다 곧 벽에 기대어 들었다. 온 마음을 기울여 이렇게 하기를 한 달 남짓했는데, 하루는 절에 갔다가 한 노스님을 만났다. 공경히 예배드리자 스님이 어떻게 왔냐고 물었다. 용의가 입을 가리키며 목에 걸린 소리를 내자, 스님은 "내가 네 병을 고쳐 주겠다." 하고는 칼로 혓바닥 아래를 여러 차례 뒤적였다. 그러자 곧 말을 할 수 있게 되었다. 그리고 함께 경을 염송했는데 그 목소리가 이웃집 사람과 조금도 다르지 않았다. 다시 지나는 길에 이웃집에 사람이 있는지 살펴보았지만 만나지 못했다. 그리고 벽에 초상화만 그려져 있었는데, 그 모습이 이웃 사람과 매우 비슷했다. 절에 사는 스님들이 이분은 수보리須菩提라고 하였고, 용의는 그때서야 보살이 감응했던 것임을 깨달았다.

明閬州民龍義。傭力自給。偶省親疾。見寫金剛經。義無故毀斥之。忽喑啞不能言。醫禱無驗。後又聞隣人有念此經者。痛自責曰。我前謗經。得此啞病。今悔罪願。終身敬奉。未知復能言否。自此每聞經聲。即倚壁而聽。專心月餘。一日入寺。逢一老僧。敬而禮焉。僧問何來。義指口啞。僧曰吾爲汝治之。以刀括舌下數次。便能語。因與誦經。聲同鄰人無二。再過候之。不遇矣。壁有畫像。甚肖焉。寺僧曰。此須菩提也。義始悟菩薩顯應。

명의 채괴정蔡槐庭은 초楚나라 사람인데 가흥嘉興 태수가 되어 스스로를 청렴히 하고 백성을 사랑하며 늘 재계를 지키고 부처님을 받들었다. 공은 여가가 생기면 오로지 『금강경』을 지송하였고, 관청 내에 쓸데없는 물건이라곤 털끝만큼도 두지 않았다. 공은 몸이 창백하고 야윈 자신을 두고 이렇게 말했다.

"학생 시절 위독한 질병에 걸렸었는데 가난해 의사도 약도 쓸 수 없는 형편이었다. 그래서 죽음을 이웃 삼으며 목숨이 다하도록 이 경을 지송하겠다고 원을 세웠다. 그러자 점차 병이 치유되었고 과거에서 장원으로 발탁되었다. 이제 남은 생에 관리가 되었으니, 오직 바람이 있다면 이 경을 휴대하고 왔듯이 역시 이 경만 휴대하고 떠나며 임무를 마치는 것이다."

그는 외압을 두려워하지 않고 백성들을 아픈 상처처럼 돌보았으며, 음식은 채소나 젓갈만 먹고 시정의 고기는 입에도 대지 않았다. 또한 옷도 베로 짠 핫옷만 입고 시정의 명주는 입지 않았다. 그리고 매번 이 경과 살생을 경계하는 글을 간행하여 백성을 교화하였다.

明蔡槐庭。楚人。守嘉興。潔己愛民。長齋奉佛。公暇惟持金剛經。署內毫無長物。公體素羸。自言爲諸生時。遘危疾貧無醫藥。與死爲隣。發願盡形。誦持是經。漸次痊愈。得發科甲。今以餘生作官。誓願攜此經而來。亦攜此經而去。故竟任。不畏强禦。視民如傷。食惟菜腐。未嘗市肉。衣但布袍。未嘗市絹。每以是經。併戒殺文。刊行勸化。

명 오문吳門의 주공정朱恭靖 공이 집에서 지낼 때였다. 어떤 유랑하던 스님이 걸식하였는데 한 말의 곡식을 한 끼에 먹었다. 그날 그 스님이 세 끼의 음식을 연이어 받자 시정 사람들은 깜짝 놀랐다. 소문이 공에게까지 들리자 공이 그를 초대해 방으로 들이고 이야기를 나누었는데, 그 스님은 인과법문因果法門에 능숙하였다. 공이 말했다.

"저희가 면할 수 있을지 모르겠습니다."

스님이 말했다.

"명부의 과보는 귀함과 천함, 지혜로움과 어리석음을 가리지 않고 공평하게 시행되는 것입니다. 공께서 이 몸이 죽은 뒤의 인과를 알고 싶다면 공께서 믿는 귀신에게 한 차례 현몽해 달라고 함께 기도해 봅시다."

공이 스님을 유숙하게 하고 그의 말대로 하자 기이한 조짐이 나타났다. 공이 아침 일찍 일어나 스님에게 알리자 스님이 말했다.

"반드시 『금강경』을 지송해야만 풀 수 있습니다."

공은 이에 이 경을 부지런히 염송하며 게을리 하지 않았다. 그 후 여러 차례 영험이 있었으며, 임종하기 며칠 전에는 친지들에게 이렇게 말하였다.

"내 『금강경』을 수지한 이익으로 이 길로 곧장 귀한 집안에서 몸을 바꿔 태어나게 되었다."

나이 81세의 늙은이 노천魯川의 조윤유曹胤儒가 기록하였다.

明吳門朱恭靖公。家居時。有游僧乞食斗栗一浪。是辰僧連受三齋。市人駭之。聲聞于公。公延入與語。僧善談因果。公曰不知吾輩可免否。僧曰冥報不擇貴賤智愚而平施者也。公欲知身後因果。合禱於所信鬼神。祈一夢。公留僧宿。如其言。有異兆。公夙興告僧。僧曰必持金剛經。方可釋也。公乃勤誦此經不懈。屢有靈驗。易簀前數日。告親曰吾受金剛經益。此行脩然。轉生貴戚矣。八十一翁。魯川曹胤儒誌。

명의 등소봉鄧少峯은 강서江西 사람으로 가정嘉靖 기유년(1549)에 태어났다. 매번 수명을 점치는 사람을 만날 때마다 다들 그는 자식도 적고 수명도 짧을 것이라고들 하였다. 등소봉은 결국 발심하여 『금강경』을 염송하면서 수명이 늘어나고 자식이 많기를 기원하였다. 그는 숭정崇禎 임오년

(1642)에 이르러 95세로 목숨을 마쳤는데, 아들 열셋에 손자가 서른여섯이었다.

明鄧少峯。江西人。生嘉靖己酉年。每逢推命者。皆謂其少子少壽。少峯遂發心。誦金剛經。祈壽倂祈子。至崇禎壬午。壽終九十五歲。生十三子。三十六孫。

명의 항성杭城 사람 장수성張守誠은 자가 불이不易이다. 그는 밤낮으로 『금강경』을 경건하게 염송하였고, 출입할 때마다 경을 주머니에 담아 가슴팍에 걸고 다녔다. 그는 숭정崇禎 임오년(1642)에 친구 따라 북쪽으로 무역을 떠났다가 도중에 마적을 만나 친구와 함께 상해를 입었다. 이때 장수성은 화살 한 발을 맞았는데 가슴팍에 걸고 다니던 경을 넣은 주머니에 적중하여 심장을 관통하지 않았다. 이로 인해 그는 목숨을 건질 수 있었다. 이 이야기는 황심부黃心符 참군叅軍이 사부암舍桴菴의 승려 혜우慧雨에게 들려준 것이다.

明杭城人張守誠。字不易。晝夜虔誦金剛經。每出入以囊貯經。懸佩胷前。崇禎壬午年。隨伴北上貿易。途遇响馬。同伴受傷。張被一箭。正中胷前經袋。不致透心。因得全命。此黃心符叅軍。語舍桴菴僧慧雨。

사경지험기四經持驗紀 권3*

백암 성총 모음
栢庵性聰集

* ㉯ 제목 및 편찬자 이름은 보입한 것이다.

법화경지험기法華經持驗紀

진晋의 천축 비구 마하라摩訶羅는 마하연摩訶衍(大乘) 경전을 읽었다. 덕행이 크게 드러나자 국왕이 바른 믿음을 일으켜 머리카락을 펼쳐 진흙을 덮고서 그 위를 밟고 지나가게 하였다. 어떤 사람이 왕에게 "이 사람은 많은 경전을 염송하는 것도 아닌데 왜 이렇게 크게 공양하십니까?" 하고 여쭙자, 왕이 말하였다.

"내가 언젠가 한밤중에 이 비구를 뵙고 싶은 적이 있었다. 그분이 머무는 곳에 도착했을 때, 그분은 어느 굴속에서 『법화경』을 염송하고 계셨다. 그때 금빛 광명을 내뿜는 어떤 사람이 하얀 코끼리를 타고서 합장 공양하는 것이 보였는데, 내가 가까이 다가가자 사라졌다. 그래서 비구께 '제가 와서 금빛을 내뿜던 사람이 사라진 것입니까?' 하고 묻자, 비구께서 대답하셨다. '그분은 변길徧吉보살입니다. 변길보살께서 직접 말씀하시기를, 『법화경』을 염송하는 사람이 있으면 하얀 코끼리를 타고 찾아와 가르쳐 주고 인도하리라고 하셨습니다. 제가 이 경을 염송하기에 변길보살께서 직접 찾아오신 겁니다.' 변길보살은 곧 경에서 말하는 보현普賢보살이시다. 나는 이 말을 듣고 발아래 머리를 조아리고 물러났다. 이런 까닭에 내가 지금 열심히 공양을 올리는 것이다."

晋天竺比丘摩訶羅。讀摩訶衍。德行彌著。國王正信。當布髮掩泥。令蹈其上。或白王。此人不多讀經。何大供養。王曰我曾於夜半。欲見此比丘。即到其所。見彼在一窟中。讀法華經。有金色光明人。乘白象王。合掌供養。我方近即不見。因問比丘。以我來故。金色人滅耶。比丘云。此是徧吉菩薩。徧吉自言。若有人誦法華經。當乘白象。來教導之。我讀是經。徧吉自來矣。徧吉即經中普賢菩薩也。我聞是已。禮足而退。是故我今。勤當供養。

진 장안長安의 석발징釋跋澄은 나이 스물에 출가하였다. 그는 근기가 노둔魯鈍하여 『법화경』을 염송하려고 원을 세웠지만 하루에 한 줄 혹은 게송 반밖에는 외우지 못했다. 이렇게 열심히 애를 써 나이 80이 되어서야 비로소 한 부를 모두 외울 수 있었다.

그러던 어느 날 갑자기 붉은 옷을 입은 사람이 소疏를 들고 나타나 "천제天帝께서 대덕을 받들어 모십니다."라고 하였다. 스님이 "평생 지송한 까닭은 오로지 극락에 왕생하기 위함입니다. 도리천忉利天이 비록 수승한 곳이긴 하지만 제가 원하는 곳은 아닙니다."라고 하자, 신은 이별을 고하고 사라졌다. 또 어느 날 저녁에는 꿈에 칠보탑七寶塔이 나타났고 자신은 제5층에 자리했는데, 멀리 바라보니 칠보성七寶城이 끝없이 펼쳐져 있었다. 또 두 금강신金剛神이 몽둥이를 들고 서 있었고, 푸른 옷을 입은 수십 명이 손에 하얀 불자를 들고서 계단을 쓸면서 "서방정토의 보배성에서 발징을 맞이하러 왔습니다."라고 하였다. 그는 꿈에서 깨어나 대중들에게 물었다.

"너희들은 지금 천 분의 부처님이 보이는가?"

대중이 "보이지 않습니다."라고 대답하자 또 물었다.

"이상한 향기는 느껴지는가?"

모두 느껴진다고 대답하자 말을 마치고 천화하였다.

晋長安釋跋澄。年二十出家。根器魯鈍。誓誦法華。日記一行。或半偈。如是勤苦至八十歲。方通一部。一日忽見朱衣人。持疏云。天帝奉迎大德。師曰生來誦持。專斯極樂。忉利雖勝。非所願。神乃辭去。又一夕夢七寶塔。身居第五層。望見七寶城。無有涯際。有二金剛神。執杵而立。靑衣數十。手執白拂。拂階道云。是西方寶城。來迎跋澄。夢覺問衆曰。汝等此時見千佛否。荅云不見。又問覺非常香氣否。云咸聞。言已化。

진 석법의釋法義는 성이 축竺씨이다. 어린 나이에 도에 입문하여『법화경』을 정밀하게 연구하였고, 그 후 도성을 나와 강석을 크게 열었으며, 흥녕興寧 연중(363~365)에는 강좌江左[1]로 돌아와 회계會稽의 보산정사保山精舍에 주석하였다. 그곳에서 갑자기 병세를 느꼈지만 독경을 쉬지 않았는데 꿈에 한 도인이 나타나 창자와 위를 끄집어내서는 깨끗이 씻어 다시 뱃속에 집어넣었다. 잠에서 깨어나자 병은 곧 치유되었다.

晋釋法義。姓竺氏。髫齡入道。研精法華後出京。大啓講筵。興寧中。還江左。住會稽保山精舍。忽感疾。誦經不歇。夢一道人。爲出腸胃。洗滌還納腹中。覺即愈。

송宋의 석담수釋曇邃는 백마사白馬寺에 머물면서 채식을 하며 베옷을 입고『정법화경正法華經』을 매일 한 번씩 염송하였다. 그러자 한번은 밤에 문을 두드리는 소리가 들리더니 "90일 동안 설법해 주십사 스님께 청합니다."라고 하였다. 스님은 허락하지 않았지만 하도 간절히 청하여 가게 되었다. 여전히 잠이 든 상태였는데 모르는 사이 몸이 이미 백마오白馬塢 신사神祠 가운데 있었고, 또 제자 한 명도 함께 와 있었다. 이때부터 매일 비밀스럽게 그곳으로 갔지만 아는 사람이 없었다. 나중에 절의 스님이 신사 앞을 지나다가 높은 법좌가 두 개 있고 스승은 북쪽에, 제자는 남쪽에 앉아 있는 걸 보았는데, 강설하는 소리가 들리는 듯하였다.

宋釋曇邃。止白馬寺。蔬食布衣。誦正法華經。日一遍。嘗夜聞叩戶云。請師九旬說法。師不許。固請乃赴。猶在眠中。不覺身已在白馬塢神祠中矣。并一弟子俱在。自爾每日密往。人無知者。後寺僧於祠前過。見兩高座。師

1 강좌江左 : 양자강 동쪽 지방.

在北弟子在南。如有講說聲。

송의 석혜량釋慧亮은 어려서부터 맑은 명예가 있었다. 임치臨淄에 절을 세우고 『법화경』을 강설하자 학도들이 구름처럼 모였고, 천 리 밖에서도 가마를 준비하였다. 그 후 양자강을 건너 하원사何園寺에 머물자 안연지顔延之[2]와 장서張緖가 그의 덕을 그리워하여 계속 붙잡아 두었다. 그들은 늘 찬탄하였다.

안安과 태汰[3]가 앞에서 옥구슬을 토하고
빈斌과 량亮[4]이 뒤에서 쇳소리를 떨치니
청아한 말씀 오묘한 실마리
끊어지려다 다시 일어났네.

『통현론通玄論』을 지었고, 지금도 세상에 전한다.

宋釋慧亮。少有清譽。立寺臨淄。講法華經。學徒雲集。千里命駕。後過江。止何園寺。顔延之張緖。眷德留連。每嘆曰。安汰吐珠玉於前。斌亮振金聲

2 안연지顔延之 : 중국 육조 시대 송나라의 시인(384~456). 자는 연년延年이다. 유불儒佛에 통달하여 '삼세인과'의 설을 주장하였으며, 형식미가 풍부한 시를 썼다. 작품에 〈추호시秋胡詩〉, 〈오군영五君詠〉 등이 있다.

3 안安과 태汰 : 안安은 도안道安(314~385), 태汰는 축법태竺法汰(320~387)를 지칭한다. 두 사람은 동학하였고, 함께 난을 피하여 신야新野로 가서 도안은 서쪽 지방에서, 축법태는 동남 지역에서 널리 포교하였다.

4 빈斌과 량亮 : 빈斌은 담빈曇斌, 량亮은 혜량慧亮을 지칭한다. 두 사람 역시 동시대에 활동한 것으로 추정된다. 『高僧傳』 권7(T50, 373b)에 "태시太始 초(465)에 장엄사莊嚴寺에서 교학에 정통한 뛰어난 승려들이 많이 모였는데 그 상수만 천 명이었다. 황제가 칙명으로 혜량과 담빈을 교대로 법주法主로 삼았으니, 이들과 경쟁할 만한 종장은 없었다.(太始之初莊嚴寺大集簡閱義士。上首千人。勅亮與斌遞爲法主。當時宗匠無與競焉。)"고 한 기사가 있다.

於後。淸言妙悟。將絕復興。著通玄論行世。

송의 석혜익釋慧益은 광릉廣陵 사람이다. 효건孝建 연중(454~456)에 죽림사竹林寺에 머물면서 『법화경』을 염송하며 힘써 정근하다가 소신공양으로 약왕藥王보살의 고사[5]를 본받으려 하였다. 하지만 황제가 사신을 파견해 그만두기를 권하고 허락하지 않았다. 대명大明 7년(463) 부처님 탄신일에 대궐로 찾아가 황제와 이별하고 불법의 보호를 부탁하였다. 그리고 종산사鍾山寺에 기름 솥을 설치하고는 길패吉貝(목화)로 온몸을 감고서 손에 직접 촛불을 들고 불을 붙이며 「약왕품藥王品」을 염송하였다. 불길이 눈까지 치솟아 바야흐로 소리가 끊어질 즈음 피리소리가 들리면서 기이한 향기가 그득히 퍼졌다. 황제의 꿈에 스님이 나타나 불법을 보호할 것을 재차 부탁하자, 황제는 다음날 대회를 열어 분신한 곳에 약왕사藥王寺를 건립하도록 칙령을 내렸다.

宋釋慧益。廣陵人。孝建中。止竹林寺。誦法華經。精勤苦行。誓焚身効藥王菩薩故事。帝遣使勸止不聽。大明七年。以佛生日。詣闕辭帝。囑以佛法。乃於鍾山寺。置油鑊。以吉貝纒身。手自執燭以然。誦藥王品。火及眼。方聲絕。時聞笳管之聲。異香芬馥。帝夢師更囑付護法。翌日設大會。敕於焚身處。建藥王寺。

송의 석승유釋僧瑜는 여항餘杭 사람이다. 최초로 여산廬山에 초제정사招提精舍를 건립하였고, 항상 『법화경』을 수지하였다. 효건孝建 2년(455)에 대중에게 말하였다.

5 약왕藥王보살의 고사 : 『妙法蓮華經』 「藥王菩薩本事品」(T9, 53a)에 고사가 수록되어 있다.

"삼도三塗에 묶인 까닭은 정식情識과 형해形骸 때문이다. 정식이 장차 완전히 사라지려면 형해 또한 버려야 마땅하다. 약왕보살의 전철을 유독 어찌 멀다 하겠는가?"

드디어 대중과 이별하고 장작더미 속에 들어가 단정히 앉아서는 「약왕연신품藥王然身品」을 염송하고 횃불을 붙여 분신하였다. 이때 자줏빛 기운이 하늘로 날아오르는 것을 대중들이 보았으며, 열흘 후 분신한 곳에서 두 그루 오동나무가 자랐는데, 식자들이 이르기를 사라쌍수娑羅雙樹의 징조[6]라 하였다.

宋釋僧瑜。餘杭人。初於廬山。建招提精舍。常持法華。孝建二年。謂衆曰。結累三塗。情形之故。情將盡矣。形亦宜損。藥王之轍。獨何遠哉。遂別衆入柴龕。端坐誦藥王然身品。發炬以焚。衆見紫氣騰空。旬日所焚處。生雙桐。識者謂娑羅雙樹之兆。

송의 비구니 혜옥慧玉은 장안長安 사람이다. 강릉江陵 목우사牧牛寺에 주석하며 『법화경』을 염송하였는데 열흘 만에 모두 통달하였다. 원가元嘉 연중(424~453)에 향을 사르고 부처님께 예배하고는 서원하였다.

"만약 지극한 마음에 감응하신다면 이 몸을 버린 후 부처님 국토를 볼 수 있게 하소서. 그리고 7일 안에 부처님의 광명을 보길 원합니다."

5일째 되는 날 밤, 절 동쪽 숲에 홀연히 그 형태와 빛깔이 불덩어리 같은 광명이 나타나 온 대중들이 희유한 일이라며 감탄하였다.

宋尼慧玉。長安人。住江陵牧牛寺。誦法華經。旬日通利。元嘉中焚香禮佛

6 사라쌍수娑羅雙樹의 징조 : 부처님께서는 두 그루 사라나무 아래에서 열반에 드셨다. 두 그루 오동나무가 솟은 것이 이와 유사한 징조라는 의미이다.

誓曰。若誠心有感。捨身之後。得見佛土。七日之內。願見佛光。至第五夜。寺東林樹。忽現光相。形色赫然。衆嘆希有。

송 촉도蜀都의 나여羅璵의 아내 비費씨는 어려서부터 『법화경』 염송을 부지런히 하며 게으름을 피우지 않았다. 그 후 심장병을 앓다 혼절하여 속광屬纊[7]을 기다리고 있을 때였다. 그녀는 부처님께서 나타나 심장을 쓰다듬어 주시는 꿈을 잠깐 꾸고는 곧바로 병이 나았다. 그때 집안사람 모두 금빛 광명을 목격하였고, 또 기이한 향기를 맡았다.

宋蜀都。羅璵妻費氏。少誦法華。勤至不倦。後病心痛垂絕。屬纊待時。俄夢佛手摩其心。應時即愈。家衆俱覩金光。亦聞香氣。

송 원가元嘉 4년(427) 초의 일이다. 도읍에 사는 손언증孫彦曾 집안은 대대로 부처님을 받들었다. 그의 첩 왕혜칭王惠稱이 항상 『법화경』을 염송했는데 홀연히 강가 포구에서 빛이 감도는 것을 보고는 금불상 한 구를 발굴하였다. 거기엔 예전에 새겨놓은 이름이 있었는데 "건무建武 6년 경자(340)에 관사官寺의 도인道人 법신法新이 조성했다."고 쓰여 있었다. 아마도 법신이 바로 첩의 전신일 것이다.

宋元嘉四年初。都人孫彦曾。家世奉佛。有妾王惠稱。常誦法華。忽見江浦有光。擒之得金佛一軀。先有名曰建武六年庚子。官寺道人法新造。蓋法新。乃妾之前身也。

---

7 속광屬纊 : 코밑에 솜을 대고 숨을 쉬는지, 쉬지 않는지를 검사하는 것. 즉 임종을 말한다.

제齊 영명永明 연중(483~493)의 일이다. 고좌사高座寺의 석혜진釋慧進은 오흥吳興 사람인데 어려서부터 용맹하고 의협심이 강했다. 나이 40에 홀연히 무상無常을 깨닫고는 이로 인해 출가하여 베옷을 입고 채식을 하였다. 『법화경』을 염송하겠다고 서원을 세우고 마음을 다해 부지런히 애쓰다 책을 손에 든 채로 병이 들었다. 이에 『법화경』 100부를 조성해 지난날의 업장을 참회하겠다고 발원하였고, 소원대로 경의 숫자를 채우자 병 역시 깨끗이 나았다. 그 후 이 염송한 업을 회향하여 정토에 왕생하기를 소원하자 공중에서 "너의 소원은 이미 이루어졌다. 반드시 정토에 왕생하게 되리라."라는 소리가 들렸다. 나이 여든이 넘어 병 없이 천화하였다.

齊永明中。高座寺釋慧進。吳興人。少雄勇任俠。年四十忽悟無常。因出家。布衣蔬食。誓誦法華。用心勤苦。執卷便病。乃發願造法華百部。以懺先障。經願旣滿。病亦良已。後願廻此誦業。獲生淨土。聞空中聲曰。汝願已足。必得往生淨土。年八十餘。無疾而化。

제 경릉竟陵의 문선왕文宣王 소자량蕭子良은 자字가 운영雲英이다. 신의가 두터우며 옛것을 사랑했고, 여러 경전들을 두루 열람해 세상 사람들이 칭하기를 필해筆海라 하였다. 그는 문혜文慧 태자와 함께 불교의 이치를 정밀히 연구하고 매번 이름난 승려들을 초빙해 여러 경전들을 강의하게 하였으니, 존귀한 법의 흥성함이 강좌江左에 일찍이 없던 일이었다. 간혹 직접 여러 스님들에게 음식을 베풀고 물을 돌리기도 했으며, 『법화경』을 염송해 그 그윽한 감응이 아름답고 컸으며, 동료들과 사상을 진술하여 『정주자淨住子』 20권을 짓고 세상에 유포하기도 하였다. 정주淨住란 범어로는 포살布薩로서, 신身·구口·의意를 계율에 따라 삼가며 지낸다는 뜻이다.

齊竟陵文宣王蕭子良。字雲英。敦義愛古。博覽經籍。世稱筆海。與文慧太子。竝精佛理。每招致名僧。講諸經乘。尊法之盛。江左未有。或親爲衆僧。賦食行水。誦法華經。冥感雅梵。有類陳思。著淨住子二十卷。行世。淨住者。即梵語布薩。謂身口意。如戒而住也。

북제北齊 임려산林慮山의 석법상釋法上은 조가朝歌 사람이다. 열두 살에 선禪에 투신하여 성스러운 사미라 불렸으며, 『법화경』·『유마경』 염송을 하여 겨우 20일 만에 두 부를 모두 마쳤다. 또 『법화경』 강의를 개설하여 온갖 의심에 대응하고 비난을 막자 탄복하지 않는 자가 없었다. 이에 문선제文宣帝가 조칙을 내려 대통사大統師로 삼고, 머리카락을 풀어헤쳐 땅에 깔고는 스님에게 밟고 지나가게 하였다. 당시 사람들이 "사해의 승려들이 선망하는 도량은 법상法上이다."라고 하였다. 무성武成(559~560)에 이르러 병주并州 사람이 땅을 파다 한 물건을 발견했는데, 그 형상이 마치 두 입술 같았고, 그 가운데는 혓바닥 같은 것이 있고 선홍빛이 감도는 붉은색이었다. 이 사실이 황제에게 알려져 여러 도인들에게 문의하였지만 아는 자가 없자 스님이 아뢰었다.

"이는 『법화경』을 지송한 자가 육근六根이 파괴되지 않는 과보를 얻은 것입니다. 염송의 횟수가 천 번을 채운 징험입니다. 이에 칙령을 내려 청정한 장소로 옮겨 공양하고 여러 『법화경』을 지송하는 자들을 모아 에워싸고서 경전을 염송하게 하였다. 염송하는 소리가 시작되자마자 입술과 혀가 일시에 요동쳐 이를 본 사람치고 털이 곤두서지 않은 자가 없었다. 이에 조칙에 따라 석함에 넣고 산실山室에 봉하였다.

北齊林慮山釋法上。朝歌人。十二投禪。稱聖沙彌。誦法華維摩。纔浹二旬。兩部俱了。又創講法華。酬抗疑難。無不嘆伏。文宣詔爲大統師。布髮於地。令師踐焉。時人語云。四海僧望。道場法上。至武成世。并州人擴土。見一物。狀如兩脣。其中有舌。鮮紅赤色。以事聞帝。問諸道人。無能知者。師奏曰。此持法華者。六根不壞報耳。誦滿千遍。其徵驗乎。乃敕遷置淨所供養。集諸持法華者。圍遶誦經。始發聲。脣舌一時鼓動。見者莫不毛竪。詔以石函。緘於山室。

수隋 형주衡州의 석대선釋大善은 어려서부터 임야에 은거하였으며, 항상 『법화경』을 염송하였다. 후에 남악南岳을 참례하고는 관혜觀慧가 열려 몸소 법화삼매法華三昧를 실천하였는데 그 깨달아 들어간 것이 가장 깊었다. 그 후 결가부좌한 채로 서거하자 7일 동안 하늘에서 꽃비가 내리고 기이한 향기가 이슬처럼 맺혔다. 형양령衡陽令 진정업陳正業은 늘 그를 매일같이 찾아가 예배하고 존경하였으며, 내사內史 정승고鄭僧杲를 만나 스님의 덕을 여러 차례 칭송하였다. 한번은 수렵하는 사람들이 한 무리의 사슴을 에워싸자 정승고가 진정업에게 말하였다.

"그대는 대선 선사에게는 자비삼매慈悲三昧의 힘이 있다고 항상 칭송하였는데 오늘 이와 같은 사슴들을 어쩌겠는가?"

진정업이 곧 주변 사람들을 인솔해 한목소리로 "나무대선선사南無大善禪師" 하고 염송하자 사슴 떼가 허공을 날아 달아났다. 이에 대중이 모두 놀라며 감복하였다.

隋衡州釋大善。幼棲林野。常誦法華。後叅南岳。得開觀慧。躬行法華三昧。所入最深。後趺坐而逝。七日內。天爲雨花。異香凝結。衡陽令陳正業。每致禮敬。見內史鄭僧杲。數稱師德。常有獵人。圍一羣鹿。杲謂正業曰。君常稱善禪師有慈悲三昧力。今日如此鹿何。正業卽率左右。同聲念南無大善禪師。羣鹿騰空而出。衆悉駭服。

수 형주荊州의 석혜성釋慧成은 풍양澧陽 단段씨이며, 『법화경』 등을 몽땅 염송하였다. 사대思大 선사[8]를 뵙고 법화삼매法華三昧에 들어가게 해 주십사 청하며 3년을 의지해 수행하자 마업魔業과 선귀禪鬼가 단박에 흩어지고 자취가 끊어졌다. 후에 지강枝江에 이르러 선혜사禪慧寺를 짓게 되었는데 6월에 강이 넘쳐 어느 날 밤 들보로 얹을 목재를 얻었다. 또 정사주精舍主 단홍段弘이 갑자기 기절한 일이 있었는데 스님이 찾아가자 다시 살아나 말하였다.

"처음에 붙잡혀 명부의 왕이 있는 곳으로 끌려갔다가 스님을 만났습니다. 스님은 대전으로 올라가 '이 사람은 공덕이 아직 끝나지 않았으니 풀어 주기 바랍니다'라고 하였습니다. 그러자 왕이 일어나 발아래 머리를 조아렸고, 스님의 말씀대로 석방될 수 있었습니다."

또 상常 율사라는 이가 한밤중에 이를 잡아 땅에 버렸다. 다음날 스님이 말하였다.

"어젯밤에 한 단월檀越이 얼어 죽었으니 참 가엽군요."

상 율사가 크게 참회하고 영원히 이를 경계警戒로 삼았다.

隋荊州釋慧成。澧陽段氏。誦通法華等經。見思大禪師。令入法華三昧。三年依行。魔業禪鬼。頓爾散絕。後至枝江。造禪慧寺。六月江漲。於一夜得梁木。有段弘者。爲精舍主。忽氣絕。師至乃甦曰。初被執至王所。見師上殿云。此人功德未了。願赦之。王起禮足。如言得釋。又有常律師。中夜捫蝨投地。及明師語曰。夜來一檀越。被凍可憫。常大慚。永以爲戒。

수 천태天台 국청사國淸寺의 석관정釋灌頂은 성이 오吳씨며 임해臨海 장

---

8 사대思大 선사 : 남북조 때 활동한 남악 혜사南嶽慧思(515~577) 선사를 말한다. 『法華經』을 공부하고 혜문慧文의 가르침을 받아 일심으로 연구 정진한 끝에 법화삼매法華三昧를 체득하였다. 그의 가르침은 그의 제자 천태 지의天台智顗에 이르러 크게 융성하였다.

안章安 사람이다. 그는 태어난 지 3개월 만에 어머니를 따라 삼보의 명칭을 불렀고, 일곱 살에 세속을 벗어나 매일 1만 단어를 암기했으며, 스무 살에 구족계를 받았다. 지자智者 대사를 알현하고 관법觀法을 전수받았으며 오랫동안 연마하고는 단박에 인가를 받았다. 그 후 지자 대사를 따라 금릉 광택光宅에 이르러 『법화경』 강의를 들었다. 후에 칭심사稱心寺에서 『법화경』을 강설하자 당시 "낭朗을 건너뛰고 기基를 조롱 속에 가두며 운雲을 초월하고 인印을 한참 앞서 갔다."[9]는 말이 있게 되었다. 정관貞觀 6년(632)에 입적하자 방안에 기이한 향기가 풍겼다. 스님의 교화는 흘러넘쳐 세속을 떠들썩하게 하였고, 신비한 묘용은 정해진 방편이 없었으며, 매번 송경하고 좌선할 때마다 항상 그 곁으로 하늘나라 꽃이 표표히 떨어졌다. 마을 사람 우법룡于法龍은 산에서 30리 떨어진 곳에 살았는데 질환으로 절명하려 하자 그의 아들이 달려와 구해 달라고 간청하였다. 스님이 그를 위해 『법화경』을 전독하고 전단향을 사르자 병자는 멀리서 코로 스며드는 향기를 맡고 곧바로 완치되었다. 또 낙안樂安의 남쪽 고갯마루 안주安洲라는 곳에 푸른 숲에 맑은 개울이 흐르고 샘물이 깊은 곳이 있었는데, 사람이 다니는 길로 통하지 않는 곳이었다. 스님은 이곳에 머물며 소중히 여기며 완미하였다. 그리고 돌아보며 맹세하였다.

"만약 이 지역을 평탄하게 해 준다면 마땅히 이곳으로 와서 경전을 강설하리라."

그리고 열흘도 지나지 않아 흰 모래가 온통 솟아올라 평평하기가 옥거울처럼 되었다. 이에 『법화경』과 『금광명경金光明經』을 강의해 신령의 은혜

9 『불조통기佛祖統紀』 권7(T49, 186c)에 "時人讚之有跨朗籠基超雲邁印"이라는 구절이 있는데, 그 간주에서 "흥황사興皇寺의 낭朗 스님과 제齊 산음山陰의 혜기慧基가 『法華疏』를 찬술하였고, 양梁 광택사光宅寺 법운法雲도 소를 짓고 경을 강설하였다. 이들은 모두 『唐續僧傳』에 나오는 인물들이다. 인 스님은 누군지 자세하지 않다.(興皇朗師。齊山陰慧基。撰法華疏。梁光宅法雲。製疏講經。並見唐續僧傳。印師未詳。)"고 하였다. 이에 따르면 '낭朗'은 승랑僧朗 법사, '기基'는 혜기慧基 스님, '운雲'은 법운法雲을 가리킨다.

에 답하였다.

隋天台國淸寺釋灌頂。姓吳。臨海章安人。生甫三月。能隨母稱三寶名。七歲出俗。日記萬言。二十進具。謁智者。禀受觀法。硏繹旣久。頓蒙印可。後隨智者。至金陵光宅。聽講法華。後於稱心寺。講說法華。時有跨朗籠基超雲邁印之語。貞觀六年示寂。室有異香。師化流囂俗。神用無方。每誦經宴坐。常有天花。飄墜其側。村人于法龍。去山三十里。染患將絶。其子馳至祈救。師爲轉法華經。焚栴檀香。病者遙聞香氣入鼻。應時痊愈。又樂安南嶺地曰安洲。碧樹淸溪。泉流伏溺。人逕不通。師留連愛翫。顧而誓曰。若使斯地坦平。當來此講經。曾未浹旬。白沙遍涌。平如玉鏡。乃講法華金光明。以荅靈惠。

수 영은靈隱의 남천축사南天竺寺 석진관釋眞觀은 전당錢塘의 범范씨이다. 어려서부터 기이한 상호가 있었으니, 혓바닥에는 자줏빛 그물 문양이 있었고, 좌우 손바닥에는 '선인仙人'이란 글자가 있었다. 그는 『법화경』을 염송하면서 하루에 한 권을 떼었다. 개황開皇 14년(594)에 지독한 가뭄이 들어 당시 『해룡왕경海龍王經』을 강설하도록 청하였는데, 왕의 뜻을 막 전하자마자 소나기가 퍼부었다. 현縣 서쪽의 영은산靈隱山은 옛날부터 신선들이 산다고 하던 곳으로 스님은 이미 이곳 석실石室에서 두타행을 실천하고 있었다. 대중들이 이곳에 정사精舍를 지어 남천축사南天竺寺라 이름을 짓고는 스님을 초대해 머물도록 하였다. 스님은 항상 『법화경』을 강설하며 심요心要로 삼았다. 스님은 대야에 손을 씻을 때마다 물방울을 흘려도 땅이 젖지 않아 사람들이 모두 기이하게 여겼다. 하루는 고정皐亭의 신神이 『법화경』 강설을 청하였고, 감동한 신은 집을 절로 희사하였다.

隋靈隱南天竺寺釋眞觀。錢塘范氏。少有奇相。舌紫羅紋。左右手有仙人字。誦法華經。日終一卷。開皇十四年亢旱。時請講海龍王經。序王旣訖。驟雨滂注。縣西靈隱山者。舊曰仙居。師旣頭陀石室。衆搆精舍。號南天竺。延師居止。常講法華。以爲心要。每盥洗遺滴。地不爲濡。人皆異之。一日皐亭神。請講法華。感神捨宅爲寺。

수의 석법충釋法充은 구강九江 사람이며, 항상 『법화경』을 염송하였다. 여산廬山 화성사化城寺에 머물 때 스님은 승가 대중에게 매일같이 권고하였다.

"여인이 절에 들어오는 일이 없게 하십시오. 위로는 부처님의 교화를 잃고 아래로는 세간의 풍문에 떨어지게 됩니다."

그러나 대중 가운데 따르지 않는 자가 있자 스님은 산꼭대기 향로봉香爐峯에서 스스로 몸을 아래로 내던지면서 뼈와 살이 가루가 되어 정토에 왕생하겠다고 서원하였다. 그런데 홀연히 공중에서 머리가 위로 향하는 자세가 되더니 나풀나풀 부드럽게 아래로 내려앉아 조금도 몸에 손상된 곳이 없었다. 대중들이 그 기이함에 감복하고는 서로 삼가서 비로소 여인의 발길이 끊어지게 되었다. 개황 말(600)에 앉아서 천화하였는데 찌는 더위에도 시신이 썩지 않았고 기이한 향기가 방에 가득하였다.

隋釋法充。九江人。常誦法華。住廬山化城寺。每勸僧衆。無令女人入寺。上損佛化。下墜謠俗。衆有不從者。師於山頂香爐峯。自投而下。誓粉身骨。用生淨土。忽於空中。頭自轉上。冉冉而下。身無少損。衆感其異。相戒始斷女人。開皇末坐化。隆暑不腐。異香滿室。

수의 석법태釋法泰는 미주眉州 융산隆山 사람이며, 항상 『법화경』을 염송하였다. 그는 직접 경을 한 부 사경하였는데, 여러 차례 영험한 상서가 있자 책으로 단장하기 위해 익주益州로 향하게 되었다. 가는 길에 어쩌다 착교笮橋 아래의 물로 떨어뜨리게 되었고 살펴보았지만 찾지를 못했다. 스님은 슬피 눈물지으며 강가 아래위를 오르내리다 문득 작은 모래섬에 옷가지 하나가 걸려 있는 것을 보게 되었다. 명령을 내려 그것을 가져오게 하고 보니 바로 경이었고, 풀과 나무가 위로 떠받쳐 젖은 곳이 조금도 없었다. 스님은 환희를 이길 수 없었다. 곧바로 성도成都로 가서 단장을 마쳤는데, 전단나무 향으로 축軸을 만드는 등 온갖 것을 구비해 극도로 아름답게 꾸몄다. 그리고 본사로 돌아와 받들자 매일 밤 기이한 향기가 온 방에 가득 찼다. 스님은 열심히 지송하며 밤마다 꼭 한 번씩 염송하였다. 당시 표彪 법사라는 분이 그 절에서 경전을 강설하고 있었다. 그는 저녁 무렵 스님이 경을 염송하는 곳으로 갔다가 여러 대중들이 호궤胡跪하고 합장한 모습을 보았다. 표 법사는 땀을 비 오듯 흘리며 물러났다.

隋釋法泰。眉州隆山人。常誦法華。手寫經一部。數有靈瑞。向益州裝潢。俄墮笮橋水中。求之不得。師悲泣巡岸上下。忽望少洲上。有一襆。命取之乃經也。草木擎之。宛無濕處。師不勝歡喜。卽至成都。裝竟。以檀香爲軸。備極莊嚴。還供本寺。每夜異香滿室。師勤持誦。夜必一遍。時有彪法師。在彼寺講經。夕至師誦經所。見有諸人衆。胡跪合掌。彪流汗而退。

당唐의 석혜주釋惠主는 시주始州 가賈씨이다. 처음 경사京師의 감로사甘露寺에서 구족계를 받을 때부터 오로지 『법화경』만 염송하였다. 산신山神이 공양을 보내 왔고, 육시六時[10]에 행도行道할 때면 새와 짐승들이 따라 걸었는데 마치 소리를 듣고 우러르는 듯하였다. 아울러 숨겼던 덕이 밝게 드러나 보살계菩薩戒를 받았다. 무덕武德 연중(618~626)에 향림사香林寺에 거주할 때 일이다. 그때 능양陵陽 공이 익주益州에 부임하며 짐을 진 백여

10 육시六時 : 하루를 낮 6시와 밤 6시로 구분한 것이다.

마리의 짐승을 끌고 절로 들어와 강당에다 두었는데 감히 잘못을 지적하는 자가 없었다. 스님은 그 더럽고 지저분함을 보고는 곧 방으로 들어가 지팡이와 삼의三衣를 들고 나왔다. 그리고 지팡이를 들고 나귀와 노새 떼에게 향하게 하자 일시에 거꾸러졌다. 현의 관리가 크게 놀라 스님을 잡아다 상황을 보고하였다. 그러나 능양은 조금도 괴이하게 여기지 않고 그저 "스님께서 저의 간탐慳貪을 부수어 주셨으니 진실로 큰 이익입니다."라고만 말하며, 침향 열 근을 선물하고 서울로 돌아갔다. 그리고 뒤에 스님으로부터 보살계를 받았다.

唐釋惠主。始州賈氏。初至京師甘露寺受具。專誦法華。感山神送供。六時行道。鳥獸隨行。似如聽仰。仍爲幽顯。受菩薩戒。武德中居香林寺。時陵陽公。臨益州。將百餘馱入寺。就講堂安置。無敢違者。師見穢雜。即入房。取錫杖三衣而出。擧杖向諸驢騾。一時倒仆。縣官大驚。執師申狀。陵陽一無所怪。但云蒙師破慳。深爲大利。贈沉香十斤還京。後從受菩薩戒焉。

당 경사京師 대안국사大安國寺의 석지린釋志鄰은 성이 범范씨이고 연兗 사람이다. 어머니 왕王씨가 삼보를 믿지 않아 석지린은 동도東都로 도망가 광수사廣受寺 수修 율사에게 의지해 출가하였다. 개원開元 10년(722)에 부모님이 생각나 고향으로 돌아오자 어머니가 돌아가신 지 이미 3년이었다. 이에 악묘嶽廟로 찾아가 좌구를 펴고 『법화경』을 염송하면서 '악제嶽帝를 뵙고 어머니가 태어나신 곳을 알아봐야겠다'고 원을 세웠다. 밤에 악제가 나타나 그를 부르며 말하였다.

"그대의 어머니는 지옥에 갇혀 온갖 고초를 겪고 있다."

스님이 슬피 부르짖으며 풀어 달라고 애원하자 악제가 말했다.

"무산鄮山으로 가서 육왕탑育王墖에 예배하면 구할 수 있을지 모르겠다."

스님은 다음날 아침 절로 찾아가 슬피 울며 예배하였다. 절이 4만 번에 이르자 갑자기 공중에서 석지린을 부르는 소리가 들렸다. 쳐다보니 어머니가 "네 덕분에 도리천忉利天에 태어나게 되었구나." 하며 고마워하고는 순식간에 사라졌다.

唐京師大安國寺釋志鄰。姓范氏。兗人。母王氏。不信三寶。鄰逃東都。依廣受寺修律師出家。開元十年。思親歸寧。母終已三載。因詣嶽廟。敷具誦法華經。誓見嶽帝。求母生處。夜見帝召謂曰。汝母禁獄。見受諸苦。師悲號祈免。帝曰。往鄮山。禮育王塔。庶可救也。師詰朝到寺。哀注禮拜。至四萬。俄聞空中有呼鄰聲。見母謝曰。承汝之力。得生忉利天矣。倏然不見。

당 오군吳郡 포산사包山寺의 석혜인釋慧因은 『법화경』과 『금강경』을 염송하였으며 강설을 잘하였다. 지덕至德 연중(756~758)에 있었던 일이다. 황혼 무렵 한 사람이 방으로 들어와 "왕께서 법사를 청합니다."라고 하는 것을 보았다. 그리고는 결국 뻣뻣하게 굳었는데 심장과 정수리가 여전히 따뜻했으며, 7일 만에 다시 살아나 직접 말하였다.

"사자를 따라 한 성에 다다랐는데 매우 넓고 아름다웠다. 그 성으로 들어가 왕을 뵙자 왕과 그의 수하 수백 명이 전각에서 내려와 절을 하며 말했다.

'제자는 불행히도 세상의 명예와 복록을 주관하고 아울러 죄인을 다스리고 있어 너무도 괴롭습니다. 듣기로 상인上人께서 『법화경』 강의를 잘하신다니 자세히 설명해 주시기 바랍니다.'

이에 법좌에 올라 강의를 마치자 왕은 비단 300필을 주며 돌아가는 길에 딸려 보냈다. 곁에 보니, 100여 명의 승려들이 각기 손가락에 자란 쇠손톱으로 서로를 할퀴어 피와 살점이 땅에 뚝뚝 떨어지고 있었다. 이에 놀라고 두려워하다 다시 살아났다. 깜짝 놀라 벌떡 일어나니 비단도 이미 방에 있었다.”

唐吳郡包山寺釋慧因。善講誦法華金剛。至德中。黃昏時。見一人入云。王請法師。遂僵仆。唯心頂煖。七日乃甦自云。隨使者。至一城。甚宏麗。入見王。王從數百人。下殿拜曰。弟子不幸。主世名祿。兼治罪人。甚爲苦。聞上人善講法華。幸爲敷析。於是登座講畢。王施絹三百疋。令送歸。傍見百餘僧。指上各生鐵瓜相掔。血肉塗地。因驚懼乃甦。蹷然而起。絹已在房中矣。

당의 석수단釋遂端은 명주明州 장張씨이다. 가정을 버리고 덕윤사德閏寺 스님에게 의지하여 『연화경蓮花經』을 수지하였는데 염송하는 것이 마치 오래 익힌 것 같아 사람들이 모두 놀라며 감탄하였다. 12시[11] 사이에 항상 외우기를 그치지 않다가 함통咸通 2년(861)에 홀연히 결가부좌하고 천화하였다. 그러자 잠깐 사이에 입에서 푸른 연꽃 일곱 송이가 자라고 그 향기가 그윽하고 청결하여 원근에서 우러러 찾아뵙고 예배하였다. 이에 동산東山에 감실을 만들어 매장하였다. 그리고 20년이 흘러 여러 차례 광명을 놓자 감실을 개봉해 살펴보니 형태와 질감이 살았을 때와 같았다. 그래서 절로 모시고 돌아와 옻칠을 하고 모시옷으로 단장하였으니, 지금 진신원眞身院이라 부르는 곳이다.

唐釋遂端。明州張氏。捨家依德閏寺。師受蓮花經。誦猶宿習。人皆駭嘆。十二時間。恒諷不輟。咸通二年。忽趺坐而化。須臾口中出青蓮華七莖。芬馥香潔。遠近瞻禮。於是造龕窆東山。經二十年。屢見光發。乃啓視。形質如生。遂迎還寺。漆紵飾之。今號眞身院。

11 12시 : 하루를 12간지에 따라 12시로 구분한 것이다. 즉 하루 종일이라는 의미이다.

당의 석무언釋無言은 성이 이李씨이고, 밀교법密敎法에 조예가 깊었다. 그는 쇠 발우 하나를 들고서 선정에 들곤 하였다. 날씨를 맑게 하고 싶으면 발우 안에서 빛이 하늘을 밝혀 날이 개이게 하였고, 비를 오게 하고 싶으면 발우 안에서 하얀 기운을 위로 올라가게 하여 비가 되어 내리게 하였다. 이에 몽蒙씨가 관정 법사灌頂法師로 봉하였다. 하루는 『법화경』을 강설하는데 어떤 노인이 서서 듣다가 강의가 끝나자 바람과 구름을 타고 사라졌다. 대중이 놀라며 묻자 이수洱水의 용龍이라 하였다.

唐釋無言。姓李。精密敎法。嘗持一銕鉢入定。欲晴則。鉢內火光燭天遂霽。欲雨則。鉢內白氣上昇遂雨。蒙氏封爲灌頂法師。一日講法華。有老翁立聽畢。乘風雲去。衆驚問之。曰洱水龍也。

당의 석원혜釋元慧는 가흥嘉興 법공왕사法空王寺에 거주하며 평생 『법화경』을 염송하였는데 그 수를 다 헤아릴 수도 없었다. 그는 '세 가지 백법(三白法)'을 지키겠다고 뜻을 세웠는데, 세 가지 백법이란 몸으로 망령된 행동을 하지 않고, 입으로 망령된 말을 하지 않고, 마음으로 망령된 반연을 짓지 않는 것이다. 이렇게 세 가지 청백한 업을 행하자 세상 사람들이 삼백三白 화상이라 불렀다. 함통咸通 연중(860~874)에 불골사리佛骨舍利를 보내자 봉상鳳翔으로 가서 왼손 엄지손가락을 태우며 『묘법연화경』을 염송하였는데, 그 손가락이 한 달도 지나지 않아 다시 생겼다.

唐釋元慧。居嘉興法空王寺。生平誦法華。不計其數。立志三白法。三白者。謂身不妄動。口不妄語。意不妄緣。爲三白業。時稱三白和尙。咸通中。送佛骨舍利。往鳳翔。煉左拇指。口誦蓮經。其指不踰月。復生。

당 장안長安 고표인高表仁의 손자는 항상 『법화경』을 염송하였다. 용삭

龍朔 3년(663) 정월에 말을 타고 순의문順義門을 나서는데 두 기병이 그를 쫓았다. 자칭 명부의 사자라 하며 "지금 경을 추포하러 왔다."고 하자 고씨는 놀랍고 두려워 서쪽으로 달아났다. 보광사普光寺로 들어가려 했으나 귀신이 질풍처럼 앞으로 달려 나가 그 문을 막아 들어가지 못하게 하였고, 다시 서쪽으로 달려 개선사開善寺로 들어가려 했으나 또 귀신이 앞을 막았다. 결국 서로 앞서거니 뒤서거니 말을 달리다 예천방醴泉坊으로 들어가게 되었다. 한 기병이 앞에 있기에 고씨가 주먹으로 때려 떨어뜨리자 뒤에 있던 귀신이 노하여 멀리서 고씨의 머리카락을 움켜쥐더니 말 아래로 내동댕이쳤다. 집안사람들은 그를 수레에 실어 돌아왔고 저녁이 되어서야 깨어나 스스로 다음과 같이 말하였다.

"명부의 왕을 만나자 왕이 말하였다.

'너는 왜 스님들의 과일을 도둑질하고, 또 삼보의 허물을 발설하였느냐?'

고씨가 죄를 승복하고 감히 말하지 못하자 왕이 말하였다.

'과일을 도둑질한 죄는 쇠구슬 450개를 삼켜야 합당하며 4년 동안 죗값을 받아야 다할 것이다. 삼보의 허물을 들춘 죄는 그 혓바닥에 쟁기질을 해야 합당하다.'

그리고는 풀어 주며 돌려보냈다."

이 말을 마치고 다시 혼절하였는데 입으로 어떤 물건을 삼키는 형상이었으며, 온몸에 붉은 포진이 돋고 하루가 경과해서야 깨어났다. 이와 같이 4년을 하고서야 쇠구슬을 삼키는 과보가 다하였다. 홀연히 또 기절하여 정신이 명부의 왕이 있는 곳에 다다르자 왕은 귀신 사자에게 명하여 그의 혀를 뽑아 쟁기질을 하라고 명하였다. 귀신이 든 갈고리와 끌이 매우 예리했음에도 불구하고 이상하게도 끝내 그들의 뜻대로 되지 않았다. 왕은 이에 장부를 살피고는 일찍이 『법화경』을 독송했던 힘이 있어 혀를 뽑을 수 없음을 알았다. 결국 그는 죄를 면하고 풀려나 돌아오게 되었다.

이때부터 그는 항상 화도사化度寺에서 다섯 가지 참회법을 행하며 지난날의 방자함을 참회하였다.

唐長安高表仁之孫。常讀法華。龍朔三年正月。乘馬出順義門。有兩騎逐之。稱是冥使。時來追卿。高惶怖西走。欲投普光寺。鬼疾前阻門。不令入。又西走。欲入開善寺。鬼復前阻。遂相從馳。入醴泉坊。一騎在前。高以拳擊墜之。後鬼怒。遙挽高髮。擲下馬。家人輿還。至晚乃蘇自云。備見冥王。王云汝何盜取僧果。復說三寶過。高伏罪無敢言。王云盜果之罪。合呑銕丸四百五十枚。四年受之乃盡。說過之罪。合耕其舌。因放還。言已復絕。口如呑物狀。通身皰赤。經日方醒。如是四年。呑丸報盡。忽復氣絕。神至王所。王命鬼使。拔舌耕之。鬼拈鉤鑿。銛利異常。終不能及。王乃簡案。知曾讀法華力。舌不可出。遂免罪放還。自後常于化度寺。行五悔法。以懺前愆。

당 경사京師 사람 번과潘果는 약관弱冠의 나이에 부평현富平縣 도수소리都水小吏로 임명되었다. 집으로 돌아오는 길에 여러 명의 소년들과 함께 야외에서 놀다가 양 한 마리가 풀을 뜯고 있는 것을 보고 번과와 소년들이 그 양을 잡아 돌아오게 되었다. 양이 중도에서 목을 놓아 울자 번과는 주인이 들을까 겁나 양의 혀를 뽑고 죽여서는 잡아먹었다. 그리고 1년 후 번과는 혀가 점점 안으로 말려 들어가 결국 사직서를 제출하였다. 현령 정여경鄭餘慶은 그가 거짓말하는 것은 아닌가 싶어 입을 벌리게 하고 검사하였다. 혓바닥이 겨우 콩알만큼밖엔 남아 있지 않은 것을 확인하고는 그 까닭을 묻자 번과가 종이를 가져와 글로 써서 답하였다. 현령이 『법화경』을 사경해 양의 명복을 빌어 주라고 가르쳐 주자 번과는 그 말대로 발심하고는 사경하며 재계하기를 게을리 하지 않았다. 그리고 1년 후 혀가 점점 자라나 다시 예전처럼 회복되었다. 또 관리에게 찾아가 사실을 밝히는 글을 올리자 현령이 그를 이정里正으로 삼았다.

唐京師人潘果。年弱冠。任富平縣都水小史。及歸家。與少年數人。遊野外。見一羊食草。果與少年。捉之歸。羊中路鳴喚。果懼主聞。拔其舌殺食之。後一年。果舌漸消縮。陳牒解吏職。縣令鄭餘慶。疑其詐。使開口驗之。見舌根。僅如豆許不盡。問其故。取紙書以荅之。縣令教寫法華經。爲羊追福。果如言發心書寫。齋戒不怠。後一年。舌漸得生。平復如故。又詣官陳牒。縣令用爲里正。

당의 소상백少常伯 최의기崔義起의 장인 소문갱蕭文鏗은 평소 『법화경』을 지송하며 그 횟수가 천 번을 채웠고, 훈채葷菜를 영원히 끊었다. 최의기의 아내 소씨가 용삭龍朔 3년(663) 5월에 죽어 21일 동안 재를 지내는데 시녀 소옥素玉이 갑자기 죽은 부인 목소리로 다음과 같이 말하였다.

"살았을 때 삼보를 믿지 않아 저는 지금 말할 수 없는 고통을 겪고 있습니다. 여러분이 나를 위해 경을 염송하고 재를 지내 준 덕분에 잠시 풀려나 돌아오게 된 것입니다. 20일째 되는 날 다시 찾아와 소옥을 데려가 제가 죗값 치르는 것을 보게 하겠습니다."

약속한 날이 되자 소옥은 정말 죽었고, 3일 만에 다시 살아나 말하였다.

"큰 성의 관청이 나타났고, 부인이 별원別院으로 들어가자 순식간에 벌건 솥과 쇠로 된 침상이 함께 들이닥쳐 온갖 고초를 골고루 받았습니다. 그런데 갑자기 연화대에 앉은 소문갱이 나타나 소옥에게 말하였습니다.

'내 딸은 살아서 성냄과 질투가 많았으며, 내 말을 믿지 않고 인과를 믿지 않았기에 지금 이런 고통을 받는 것이다. 나는 구할 방도가 없으니 네가 돌아가거든 집안사람들에게 공덕을 닦게 하라. 그러면 해탈할 수 있을지도 모르겠다.'

또한 범승梵僧을 만났는데 공중에서 내려와 소옥에게 『법화경』 염송을 가르쳐 주고는 말하였습니다.

'너는 이 경을 기억했다가 염부제 사람들에게 염송한 것을 전해 주거라. 분명 믿는 사람이 있을 것이다.'"

인덕麐德 원년(664) 정월에 설 장군薛將軍 댁에서 재를 열고, 소옥을 초대해 명부에서 들은 경을 염송해 보게 하였다. 그 자리에 있던 어떤 범승이 그것을 듣고는 합장하고 찬탄하였다.

"서쪽 나라의 경본과 다르지 않습니다."

이에 대중이 비로소 놀라며 탄복하였다.

唐少常伯崔義起妻父蕭文鏗。素持法華。滿數千遍。永斷葷茹。妻蕭氏。以龍朔三年五月亡。三七日修齋。婢素玉忽作夫人語。謂生時不信三寶。今受苦不可言。繇汝輩爲我誦經修齋。得暫放歸。至第二十日。更來將素玉去。看我受罪。及期玉果死。三日而甦曰。見大城宮府。夫人入別院。須臾火鑊鐵牀倂至。備受楚毒。忽見鏗坐蓮華臺。語素玉曰。我女生多嗔妬。不信我言。不信因果。今受此苦。我無能救。汝歸可語家人。令修功德。庶得解脫。又見梵僧。從空中下。教玉誦法華經。謂曰汝當記持此經。爲閻浮提人傳誦。當有信者。麐德元年正月。薛將軍宅。設齋迎玉。試誦冥經。有梵僧聞之。合掌嘆曰。如西國本不異。衆始驚服。

당 황黃씨의 두 딸은 진릉晋陵 사람이다. 어려서 사람들이 『법화경』 염송하는 것을 듣고는 한참을 귀 기울이다 "나는 그 뜻을 안다." 하였고, 정말 실상實相의 뜻을 깊이 담론할 수 있었다. 그 후 경사京師 안국사安國寺로 들어가 비구니가 되었으니, 첫째는 이름이 지법持法이었고, 둘째는 이름이 혜인慧忍이었다. 함께 법화삼매法華三昧를 닦고 있을 때, 홀연히 공고空姑라는 비구니가 나타났는데 그 말씨와 모양새가 매우 기이하였다. 그는 예참하는 곳으로 내려와 함께 행도行道하였고, 매일 한밤중이면 몸에서 불덩어리 같은 빛을 뿜었다. 이와 같이 3년을 하다 사라졌다. 혹자는 보현보살의 화현이 아닌가 하였다. 흥원興元 3년(786)에 양숙梁肅이 기록하였다.

唐黃氏二女。晋陵人。幼聞人誦法華經。傾聽久之曰。吾解此義矣。遂能深談實相之旨。後入京師安國寺爲尼。長名持法。次名慧忍。同修法華三昧。忽有尼號空姑。詞貌甚異。降禮懺所。相與行道。每至中夜。身光赫然。如是三年而去。或疑爲普賢化現云。興元三年。梁肅記。

오대五代 성도成都의 대자사大慈寺에 항상 『법화경』을 지송하는 승려가 있었다. 하루는 청성산靑城山으로 들어가 약을 채취하며 개울을 따라 험난한 곳을 지나는데 홀연히 사방에서 안개와 구름이 일어나 어디로 가야할지 알 수가 없었다. 그리고 얼마 있자 구름이 흩어지더니 개울 너머로 매우 높고 화려한 집 한 채가 보였다. 스님이 문에 다다르자 하인이 들어가 보고하더니 다시 나와 말하였다.

"선생님께서 스님에게 익힌 경을 염송해 주십사 청합니다."

스님이 낭랑한 목소리로 「보탑품寶塔品」까지 염송하자 양 눈썹이 어깨까지 드리운 선생이 야인의 복장에 명아주 지팡이를 짚고서 향을 사르며 읍하고 묵묵히 들었다. 염송이 끝나자 차조기 밥에 구기자와 국화를 차려 주었는데 향기롭기가 감로와 같았다. 또 황금 1환鍰을 베풀며 하인에게 전송하게 하였다. 중도에 스님이 그분의 성함이 어떻게 되시는지 묻자 하인이 말하였다.

"이분이 손사막孫思邈 선생이십니다."

스님은 그때서야 아차 하고 탄식하였고 하인은 홀연히 사라졌다. 스님은 3일 동안 다시 찾아보았지만 끝내 지난번의 그곳을 찾을 수 없었다. 돌아와 살펴보니 선물로 받았던 물품은 바로 금전이었고, 그 한 끼 음식 덕분에 몸이 가볍고 병이 없었다. 『당사唐史』에서 손사막은 150세라 하였는데, 경을 염송해 주십사 청한 때까지는 다시 300년이나 거리가 있다.

五代成都大慈寺。有僧恒誦法華經。一日入靑城山採藥。沿溪越險。忽雲霧四起。不知所適。有頃雲散。見一閣跨溪。甚崇麗。僧至門。僕人入報。出曰。先生請師。誦所業經。僧朗聲誦至寶塔品。先生野服藜杖。兩眉垂肩。焚香揖聽。良久。誦已。設秫飯杞菊。馨若甘露。䞋金一鋌。僕送至中途。僧問何姓名。僕曰此孫思邈先生也。僧方嗟嘆。僕忽不見。復尋索三日。竟迷舊處。歸視所䞋。乃金錢也。繇玆一饍。身輕無疾。唐史云。邈百五十歲。至請誦經時。距前又三百年矣。

오월吳越 항주杭州 용흥사龍興寺의 석가주釋可周는 부傅씨이다. 출가하여 예장豫章을 떠돌며 『법화자은소法華慈恩疏』를 깊이 연구하였고, 용흥사로 찾아가 『법화경』 강좌를 개설하자 스님들과 속인들이 항상 수백 명을 헤아렸다. 전당錢塘 무숙왕武肅王의 명으로 스님이 천보당天寶堂에서 밤에 명부의 사령들을 위해 경을 강설하자 여러 귀신들이 모습을 드러내 호위하는 모습이 여러 차례 목격되었다. 한번은 무당이 동관사銅官祠에서 제사를 지냈는데 오랫동안 청해도 신이 내려오지 않은 일이 있었다. 그 후 무당에게 실려 "내가 대신大神들을 따라 천보당으로 법을 들으러 갔다 이제 돌아왔다."고 하였다. 무숙왕이 이를 기이하게 여겨 스님에게 원하는 만큼 금과 발우를 가져가게 하고 통명通明이란 호를 하사하였다. 『법화서초法華序鈔』 한 권을 저술하였다.

吳越杭州龍興寺釋可周。傅氏。出家遊豫章。窮究法華慈恩䟽。詣龍興寺。開演法華。緇白恒數百人。錢武肅王。命師於天寶堂。夜爲冥司講經。往往見諸鬼神。現形扈衛。嘗有巫者祭銅官。祠神久請不下。後附巫語云。吾從大神。天寶堂聽法方回。武肅異之。賚師金如意併鉢。賜號通明。著法華序鈔一卷。

주周 제주齊州 개원사開元寺의 석의초釋義楚는 일곱 살에 집을 버리고 『법화경』에 예배하였는데 한 글자마다 각각 예배하였다. 이렇게 예배하며 한 부를 모두 끝내고는 『석씨육첩釋氏六帖』을 찬집하였다. 「법왕리견부法王利見部」에서 시작해 「사자수류부師子獸類部」까지 아름다운 장편이 완성되자 현덕顯德 원년(954) 칙령으로 사관史館에 부속시켰다. 처음 스님이 찬집을 시작했을 때 양쪽 눈이 실명하였는데 의사가 치료할 수가 없었다. 이에 그윽한 마음으로 잘못을 참회하였고, 이와 같이 정성을 다하기를 끊임없이 하자 다음 해에는 시력이 돌아왔다. 이에 사람들이 감응을 징험한 것이라 하였다.

周齊州開元寺釋義楚。七歲捨家。禮法華經。字字各拜。拜且徹部。纂釋氏六帖。始法王利見部。終師于[1)]獸類部。蔚爲巨編。顯德元年。敕付史舘。初師著纂。兩目表[2)]明。醫工莫療。遂冥心懺過。如是虔虔無間。再歲還明。人謂爲徵感焉。

1) ㉾ '于'는 '子'인 듯하다. 『宋高僧傳』 권7 〈宋齊州開元寺義楚傳〉(T50, 751b)과 이 책의 저본이라 할 수 있는 청淸의 주극부周克復가 편집한 『法華經持驗紀』 권하(X78, 82a)에도 모두 '師子獸類部'로 되어 있다. 2) ㉾ '表'는 '喪'인 듯하다. 『宋高僧傳』 권7(T50, 751b)에는 '雙目喪明'으로 되어 있고, 『法華經持驗紀』 권하(X78, 82a)에는 '兩目喪明'으로 되어 있다. 앞뒤 문맥으로 보아도 '喪' 자라야 옳다.

송宋 동액산東掖山 능인사能仁寺의 석본여釋本如는 어려서 법지法智에게 의지하였다. 상부祥符 4년(1011) 동산東山에 이르러 여러 경전을 강의하였으며, 또 백 명의 승려를 모아 법화참法華懺을 1년간 닦았다. 한번은 산 서남쪽에 호랑이 한 마리가 나타나 드러눕자 주장자로 때리며 "여기는 네가 머물 곳이 아니다."라고 하였다. 그러자 호랑이는 머리를 숙이고 떠났다. 그 후 호랑이가 드러누웠던 곳에 암자를 짓고 그곳에서 살았다. 예전부터 다섯 가지 신통을 갖춘 신선이 그곳에 살고 있었는데, 스님이 좌선할 때마다 문득 평상을 잇대고 공중을 날아다녔다. 스님은 여산廬山의 가풍을 사모하여 순공郇公 장득상章得象을 비롯한 여러 현사들과 백련사白蓮社를 결성하였다. 경력慶曆 연중(1041~1048)에 신조神照라는 법호와 자줏빛 방포方袍를 하사하고, 백련白蓮이라는 사액寺額을 내렸다. 그 후에 설법한 다음 대중과 이별하였다. 가정嘉定 4년(1211)에 이장하였는데 이때는 이미 200년 가까이 지났을 때였다. 그런데도 함을 열자 인자한 얼굴이 엄연하였고 수염과 머리카락이 길게 자랐으며 사리가 감실에 가득했다.

宋東掖山能仁寺釋本如。幼依法智。祥符四年。至東山講諸經。又集百僧。修法華懺一年。嘗於山西南。見一虎臥。以杖擊之曰。此非汝住處。虎俛首去。後於虎臥處。結菴皈其中。先有五通神居此。師每禪坐。輒連床舁行空中。師慕廬山之風。與郇公章得象諸賢。結白蓮社。慶曆中賜號神照。及紫方袍。賜寺額曰白蓮。後說法訣別。嘉靖[1]四年遷葬。時已二百年矣。發函。慈顔儼然。鬚髮垂長。舍利滿龕。

1) ㉠ '嘉靖'은 '嘉定'인 듯하다. '가정嘉靖'은 명明 세종世宗의 연호로서 가정嘉靖 4년은 1525년이 된다. 따라서 뒤에 "200년 가까이 지났다."는 기사와 맞지 않는다. 또한 이 책의 저본인『法華經持驗紀』권하(X78, 83a)에도 '嘉定四年'으로 되어 있다.

송의 석유엄釋有嚴은 임해臨海 호胡씨이다. 열네 살에 동산으로 가서 신조神照에게 의지해 천태교관天台敎觀을 익혔다. 소성紹聖 연중(1094~1098)에 적성赤城 동쪽 봉우리 풀명자나무 아래에다 초가를 짓고는 스스로 사암樝菴이라 하고 그곳에서 법화삼매法華三昧를 행하였다. 가뭄이 들어 제사를 지내는 자리에서 한번 지송하자 기이하게도 메아리처럼 감응하였다. 어머니가 눈병이 나자 스님은 관음대사觀音大士를 마주하고서 해의 정기가 가득한 마니주를 손에 든 모습을 상상하였다. 그러자 어머니는 곧 스님이 해를 받쳐 들고 앞에 서 있는 꿈을 꾸었고, 꿈에서 깨자 눈이 밝아졌다. 하루는 선정에 들었을 때 천신이 나타나 "스님께서는 정토에 태어날 업을 이미 성취하셨습니다."라고 하였다. 또 연못에 큰 연꽃이 피어 있고 하늘나라 음악이 사방에서 연주되는 꿈을 꾸었다. 이에 서방정토에 돌아가기로 마음먹고는 스스로를 전송하는 경을 한 번 염송하였다. 대중에게 알린 후 7일째 되는 날 결가부좌한 채로 천화하자 탑 꼭대기에 달빛 같은 광명이 나타나 3일 만에 사라졌다.

宋釋有嚴。臨海胡氏。十四往東山。依神照。習天台教觀。紹聖中隱居赤城東峯。結茆樝木之下。因自號曰樝菴。行法華三昧。水旱禳禬。一爲持誦。奇應如響。母病目。師對觀音大士。想日精摩尼手。母卽夢師擎日當前。覺而目明。一日定中。見天神告曰。師淨業成矣。又夢池中生大蓮。天樂四列。乃作西歸自餞一篇。示衆後七日跏趺而化。塔上有光如月。三日方隱。

송의 석처함釋處咸은 천태天台 왕王씨이다. 구족계를 받은 후 '불법은 광대하니 만일 힘써 배우지 않는다면 어떻게 도를 볼 수 있겠는가?'라고 생각하고는 곧 천봉天封으로 들어가 대장경을 열람하였다. 3년 만에 열람을 끝내고 신조神照 스님을 찾아가 알현하고는 교지敎旨를 깊이 깨달았다. 그 후 백련사白蓮寺의 주인이 되어 천태교학을 전수하고, 법화삼매를 닦았다. 원우元祐 원년(1086) 7월에 대중을 소집하여 옷과 발우를 나눠 주고는 "나는 23일에 정토로 돌아갈 것이다."라고 하였다. 시자에게 새벽종이 울리면 알리라고 일러두고, 그 시각이 되자 결가부좌한 채로 입적하였다. 양차楊次 공이 그를 찬양하였다.

유서를 봉한 채로 결가부좌하시고선

백련사에 머물지 않고 하얀 연꽃에 태어나셨네.

宋釋處咸。天台王氏。受具後。念佛法廣大。若不力學。何能見道。即入天封。閱藏經三年而畢。往謁神照。深悟教旨。後主白蓮寺。傳台教修法華三昧。元祐元年七月。召衆出依盂。散之曰。吾二十三日。當還淨土。戒侍者。晨鍾鳴。當告知。至時趺坐而寂。楊次公爲之贊曰。遺書封了加趺坐。不住白蓮生白蓮。

송의 석사조釋思照는 전당錢塘 양陽씨이다. 신오神悟 스님을 참례하여 계합한 바가 있었다. 그리고 나선 피를 뽑아 『법화경』을 일곱 축이나 사경하였으며, 작은 암자를 짓고 덕운德雲이란 이름을 붙였다. 오로지 염불삼매念佛三昧를 닦기 무려 30년을 하였다. 선화宣和 원년(1119) 봄 어느 날 저녁, 금빛 몸을 나타낸 부처님을 뵙고 곧 결인結印한 채로 앉아서 천화하였다. 스님은 『법화경』을 천 부나 염송하였고, 정토칠경淨土七經의 한 글자마다 한 번 예배하였다. 또 『법화경』에는 열 차례가 넘게 예배하였으니, 그 고행은 따를 자가 없다.

宋釋思照。錢塘陽氏。叅神悟有契。既而刺血書法華七軸。築小庵曰德雲。專修念佛三昧。凡三十年。宣和元年春一夕。見佛現金色身。即結印坐化。師誦蓮華經千部。淨土七經。一字一禮。又禮法華十過。苦行無兩。

송의 석종아釋從雅는 전당錢塘 사람이다. 처음에는 해월海月로부터 지관止觀을 배워 통달하였다. 그리고 결국 남산南山 천왕원天王院으로 들어가 『법화경』을 2만여 부나 염송하고 여러 경전을 염송하였다. 부처님께 예배하기를 100만 배에 이르렀고, 『법화경』 한 글자마다 일 배씩 하기를 세 차례나 하였으며, 마음으로 정토에 왕생하기를 기약하며 일평생 앉을 때마다 서쪽을 등지지 않았다. 그의 정성이 이와 같아 헌사憲使 양걸楊傑이 『안락국삼십찬安樂國三十讚』을 제작하여 스님에게 보냈다. 그 첫 번째 수에서 말하였다.

정토는 사바세계에 두루하건만
왜 향기로운 곳으로 꼭 서쪽만 가리킬까.
이 하나를 따라 들어갈 수만 있다면
곳곳이 바로 보리의 도량이로다.

스님께서 정주사淨住寺에 구품삼매九品三昧를 그리고 돌에다 이 찬문을 새기자 많은 사람들이 감화를 입었다. 그 후 병 없이 앉아서 서거하였고, 기이한 향기와 천상의 음악이 감응하자 모두들 서방의 성현들께서 맞이하러 오신 징조라 하였다.

宋釋從雅。錢塘人。始從海月。學通止觀。遂入南山天王院。誦法華經。二萬餘部。誦諸經及禮佛。至百萬拜。禮法華經一字一拜者三過。心期淨土。一生坐不背西。其精誠如此。憲使楊傑。爲製安樂國三十讚贈師。其一云。淨土周沙界。何芳獨指西。但能從一入。處處是菩提。師於淨住寺。啚九品三昧。鐫讚於石。人多感化。後無疾坐逝。感異香天樂。咸謂西聖來迎之兆。

송의 석함형釋含瑩은 천태교관天台敎觀을 이어받았다. 일찍이 은으로 『묘법연화경』을 사경한 적이 있었고, 이 일로 불보살을 만나자 곧 금으로 글씨를 썼다. 이에 세칭 법문法門 최고의 보배라 하였다. 건염建炎 연중(1127~1130)에 도적 떼 금나라가 쳐들어와 절을 몽땅 태워 버렸다. 그때 내려앉은 기왓장과 돌무더기 속에서 이 경을 발견하였는데 한 글자도 손상되지 않았다.

宋釋含瑩。稟天台敎觀。嘗以銀書妙蓮經。遇佛菩薩。則用金字。世稱爲法門至寶。建炎中金寇至。院宇焚蕩。於瓦礫中。尋獲此經。不損一字。

송의 석조남釋祖南은 남악南嶽의 운봉雲峯에 거주하며 피를 뽑아 『아미타경』 500권, 『금강경』 100권, 『법화경』 10부를 27년에 걸쳐 사경하였다. 이 모두를 피로 사경하였기에 말년에는 피가 마르고 뼈가 드러났지만 염불하는 소리가 끊이지 않았다. 그러던 어느 날 방장실에 앉은 채로 천화하자 미간에서 사리가 솟아올랐으며, 채취하면 또 생기고 하였다.

宋釋祖南。居南嶽之雲峯。刺血書阿彌陀經五百卷。金剛經一百卷。法華經十部。終二十七年。皆用血書。末年血乾骨立。念佛聲不絕。一日在方丈坐化。眉間迸出舍利。隨取隨生。

송의 유사정喩思淨은 전당錢塘 사람이며 자호를 정토자淨土子라 하였다. 일찍이 영瑛 법사를 모시고 『법화경』을 강의한 뒤로는 항상 지송하며 온 마음으로 염불하였다. 여가가 있을 때면 불상을 그렸는데, 그릴 때면 반드시 깨끗한 방에서 생각을 고요히 하고 아미타불의 광명을 본 다음에야 붓을 댔다. 소흥紹興 정사년(1137)에 단정히 앉아 7일 동안 일심으로 염불한 다음 조용히 천화하였다.

宋喩思淨。錢塘人。自號淨土子。早侍瑛法師。講法華後。常持誦。專心念佛。暇則畫佛像。凡畫必於淨室寂想。見彌陀光明。乃下筆。紹興丁巳歲。端坐七日。一心念佛。漠然化去。

송의 징사徵士 좌신左伸은 임해臨海 사람이며 신조神照로부터 보살계를 받았다. 서방정토 세 성인의 상像을 조성해 아침저녁으로 정성을 다해 섬졌으며, 『법화경』 3,400부, 『반야경』 2만 권을 염송하였다. 소성紹聖 2년(1095) 가을, 사문들에게 『법화경』 첫머리의 제목을 합장하게 하고는 한 번 더 보살계를 받았다. 그리고 얼마 후 세 위인이 강 언덕에 서서 배에 타라며 좌신을 부르는 꿈을 꾸었다. 곧 스님들을 청해 『아미타경』을 염송하게 하고는 갑자기 "나는 이미 부처님의 광명을 보았다." 하더니 단정히 앉아 천화하였다.

宋徵士左伸。臨海人。從神照。授菩薩戒。鑄西方三聖像。旦夜虔事。誦法華三千四百部。般若二萬卷。紹聖二年秋。命沙門唱法華首題。增受菩薩戒。尋夢三偉人立江皐。召伸登舟。即請僧誦彌陀經。遽曰我已見佛光。端坐化去。

송 인화仁和의 범엄范儼은 항상 채식을 하였고 세상 인연에 담박하였다. "나는 본래 잠시 머무는 나그네일 뿐이다." 하고는 매일 『법화경』을 염송하였고, 또 직접 한 부를 사경하여 매우 아름답게 장식하였다. 대관大觀 연중(1107~1110)에 홀연히 여섯 어금니를 가진 흰 코끼리를 탄 보현보살이 나타나 금색 광명을 놓으며 범엄에게 말하였다.

"그대가 일찍이 『법화경』을 염송하고 아미타불을 염하여 정토에 왕생하게 되었기에 이렇게 알려 주러 찾아왔다."

하룻밤 지나 여러 성인들이 손을 내미는 모습을 관하고는 자리에 앉아 합장하고 서거하였다.

宋仁和范儼。常時蔬食。世緣淡然。云我自是旅泊耳。日誦法華。復手書經一部。備極莊嚴。大觀中忽見普賢乘六牙白象。放金色光。謂儼曰。汝嘗誦法華念阿彌陀佛。得生淨土。故來相報。越一夕。觀衆聖授手。就座合掌而逝。

송 변경汴京의 장경張慶은 상부祥符 연중(1008~1016)에 사옥司獄이 되었다. 항상 자비심과 진실함으로 스스로를 지키며 매일 직접 죄수들의 시중을 들고 옥사를 청소하였다. 무더운 달일수록 더욱 열심히 하며 음식과 탕약과 와구臥具를 반드시 매우 정결히 하였다. 그리고 매일같이 그의 수하들에게 경계시켰다.

"사람이 불행하여 법의 그물에 걸린 것이다. 우리가 그들의 불쌍함을 몰라 준다면 죄인들이 어디 가서 하소연한단 말인가."

평생 『법화경』을 지송하였고, 중죄를 지은 죄수가 사형 당할 때마다 반드시 깨끗이 재계하고서 경을 염송하였으며, 1개월이 지나야 그쳤다. 그리고 죄수들에게 "죄가 있으면 스스로 인정해야만 한다. 선량한 이를 무고하여 자신의 죄를 더해서는 안 된다."고 가르치곤 하였다. 그의 아내 원袁씨가 나이 마흔여덟에 역질에 걸려 죽었다가 사흘 만에 다시 살아나 말하였다.

"나는 처음에 어떤 더러운 곳에 이르렀지만 생각만큼은 맑고 깨끗할 수 있었다. 그때 홀연히 하얀 옷을 입은 대사大士[12]께서 나타나시어 '그대는 이곳에 와서는 안 된다'고 하셨다. 또 '아직도 후손이 없구나. 그대의 남편은 음덕陰德이 많으니 흥하는 자손이 있으리라' 하시고는 손으로 끌어당겨 다시 살아나게 되었다."

과연 다음 해 아들을 낳았고, 삼반차직三班借職[13]의 관직을 누렸다. 장경은 나이 여든둘에 병 없이 죽었으며, 6대 모두 관리로 임명되어 다들 세족世族이라 하였다.

宋汴京張慶。祥符中爲司獄。常以慈愼自持。日躬侍掃滌。暑月尤勤。飮食

12 하얀 옷을 입은 대사大士 : 관세음보살을 말한다.
13 삼반차직三班借職 : 무관직에 해당한다.

湯藥臥具。必加精潔。每戒其徒曰。人不幸羅於法。我輩若不知所恤。則罪者何所赴訴。生平持誦法華經。每遇重囚就戮。必爲齋素誦經。一月乃止。嘗敎獄囚。有罪當自認。毋誣良善。以重己孽。妻袁氏。年四十八。染疫死。三日甦曰。我始至一穢所。思得淸凉。忽見白衣大士。謂曰汝不當至此。且尙未有嗣。汝夫多陰德。子孫當有興者。乃以手挈之出得甦。明年生子。亨官三班借職。慶年八十二。無疾終。六孫皆顯官。號世族。

송의 무위군사無爲軍使 이우李遇는 평소 『법화경』을 염송하였다. 어느 날 갑자기 어두운 밤길에서 그를 모독하는 여러 귀신들을 만나게 되었다. 그러자 곧바로 베옷을 입고 짚신을 신은 한 노인이 나타나 매서운 목소리로 꾸짖었다.

"이 사람은 항상 『법화경』을 염송한 사람이니 함부로 건드려선 안 된다."

그러자 귀신들이 뿔뿔이 흩어졌고, 노인 역시 사라졌다.

宋無爲軍使李遇。素誦法華。忽昏夜途值羣鬼侮之。俄見一老叟。布袍草屨。厲聲叱云。此人常誦法華。不得相犯。鬼遂散。老人亦不見。

송의 대제待制 조열지晁說之[14]는 자가 이도以道이다. 언젠가 호남湖南에 갔다가 명지明智를 방문해 삼천경관三千境觀의 말씀을 듣고는 매우 기뻐하며 배우기를 원하였다. 만년에는 매일 『묘법연화경』 염송을 과업으로 삼고 그치지 않았으며, 자호를 '유수洧水에 사는 노법화(洧上老法華)'라 하였다.

14 대제待制 조열지晁說之 : 대제待制는 관직명이다. 조열지는 휘종徽宗 황제 때 중서대제中書待制를 지냈다.

宋晁待制說之。字以道。嘗往湖南。訪明智。聞三千境觀之說。欣然願學。晚年日課蓮經不輟。自號洧上老法華。

송의 장병張秉은 기주冀州 지사를 지냈다. 한번은 큰 도적이 백성의 재산을 겁탈하고 또 그 딸을 욕보였다. 장병은 분노가 극에 달해 도적을 문에다 횃대를 걸고 못을 박아 3일 동안 매달아 초절임이 되어 죽게 하였다. 그 후 학질에 걸렸고, 어느 날 정오가 될 무렵 열이 극도로 오를 때였다. 홀연히 중사中使가 찾아와 임금의 명을 전했다. 장병이 온 힘을 다해 고삐를 재촉하여 한 침전에 이르자, 선대 황제 진종眞宗의 매서운 목소리가 주렴 너머로 들렸다.

"장병은 왜 법에 따르지 않고 살인을 저질렀느냐? 직접 본인과 대질하여 판결하라."

침전 서남쪽 모퉁이로 끌려가 감옥 빗장을 열자 잡혀 있는 죄수들이 천태만상이었다. 그때서야 그곳이 인간 세상이 아님을 비로소 깨달았다. 그때 한 쇠창살 감옥에 갇힌 죄인이 피와 살이 흐물흐물한 모습으로 울부짖으며 호소하였다.

"당신이 법에 따르지 않고 나를 죽여 사지를 흩어 버린 까닭에 영원히 새 생명을 받을 수 없게 되었으니 어쩔 것이오?"

장병이 그때서야 기주의 도적을 알아보고 꾸짖었다.

"네가 저지른 범죄를 고려할 때 어찌 한 번의 사형에 그치리오. 네 몸을 만 번이나 가루로 만든다 해도 여인의 수치를 갚기에 부족하다. 감히 더군다나 억울함을 호소한단 말인가."

곁에 한 서리胥吏가 있었는데 이승에서 장병을 모시던 옛 아전이었다. 그가 말했다.

"다섯 가지 형벌은 본래 법전에 따라야 하는 것이니, 그의 항소에 유감을 가져서는 안 됩니다."

장병이 “어찌해야 하는가?” 하자 서리가 말했다.

“그를 이승으로 보내 새 생명으로 태어나게 해야만 공께서 돌아가실 수 있습니다.”

장병이 두려워하며 그를 이승으로 돌려보낼 방도를 묻자 서리가 말하였다.

“『법화경』만 한 것이 없습니다. 단 지성으로 하겠다고 약속하십시오.”

장병이 결국 돌아가는 날 스님들을 불러 경을 100부 염송하겠다고 약속하였으나 죄수는 풀려나지 못했다. 숫자를 늘려 천 부에 이르렀지만 역시 마찬가지였다. 장병은 더욱 두려웠다. 그러자 서리가 말했다.

“꼭 많아야 하는 것이 아닙니다. 염송은 오래도록 하는 것을 귀하게 여길 뿐입니다. 매일 스님을 한 분 청해 한 부 염송하기를 종신토록 하겠다고 약속하면 그를 이승으로 보낼 수 있을 것입니다.”

장병이 그의 말대로 약속하자 과연 사라졌다. 그는 3일 후 정신이 돌아왔고, 매일 스님을 초청해 한 부 염송하기를 죽을 때까지 그만두지 않았다. 『상산야록湘山野錄』에 나온다.

宋張秉。知冀州。一巨盜刼民財。又亂其女。秉忿極。設架釘於門。三日醢之。後感痁疾。一日方午劇發。忽見中使來宣。秉乃力疾促轡。至一寢殿。聞先帝眞宗。厲聲簾中曰。張秉何得非法殺人。自與本人對辨。引至殿西南隅。啓獄扉囚繫萬狀。始悟非人世也。一鐵校罪人。血肉淋漓。泣訴曰。汝用非法殺我。肢體零散。永無受托奈何。秉方認冀盜詬曰。汝所犯。豈止一死。雖糜萬軀。亦不足塞女恥。敢更訴乎。旁有一胥。乃秉從事。河陽日故吏也。曰五刑自有常典。亦不得憾其訴。秉曰奈何。吏曰但遣之托生。公可却還。秉懼。詢遣之之術。吏曰無如法華經。但至誠許之。秉遂許歸日召僧誦經百部。囚不捨。增及千部亦然。秉愈怖。吏曰不必多。但誦貴長久。日請一僧誦一部。許終其身。乃可遣也。秉如言許之。果不見。三日後神方還。

乃日召僧誦一部。至沒不廢。出湘山野錄。

송 수주遂州의 강 학사姜學士는 약관의 나이에 갑자기 죽었다. 명부의 왕이 꾸짖으며 말했다.

"그대는 전생에 선을 지었기에 금생의 수명이 82세이고, 정축년丁丑年엔 진사進士에 등용되어 공경公卿의 직위를 역임할 수 있었다. 합당하지 않게 소를 죽여 고기를 먹었기에 수명이 감소하고 복록이 끊어졌구나. 해주海州에 7일 밤낮으로 벼락이 치고 비가 내리더니 하늘에서 돌로 된 북이 내려왔고, 거기에 기문이 있었단 말을 너는 들어보지 못했느냐? 그 기문에 '여섯 축생이 모두 전생의 업이로다. 그 가운데 소가 가장 고달프니, 그대는 비명횡사한 자들을 보라. 모두 소고기를 먹은 사람들이다'라고 하였다."

왕의 말이 끝나자 곁에 있던 한 아전이 말하였다.

"당신은 혼이 돌아가면 잘못을 고치겠다고 빨리 부탁하시오. 그렇지 않으면 지옥으로 들어가는 것으로 판결되어 다시는 나올 기약이 없습니다."

강 학사가 방도를 가르쳐 달라고 부탁하자 아전이 말했다.

"음부陰府에서는 『법화경』과 『금강경』과 『태상감응편太上感應篇』을 사경하고 수지하는 사람을 가장 존경합니다. 그대가 만약 발심한다면 방면될 수 있습니다."

강 학사는 그 말에 따라 혼이 돌아가면 잘못을 고치고 사경하며 양친을 봉양하겠다고 간청하였다. 그는 명부 왕의 윤허로 드디어 다시 태어나게 되었고, 그 뒤로는 양친에게 효도하고 음계와 살계를 받들어 지켰으며 사경하고 주문을 지송하였다. 또 항상 그 일을 기술하여 사람들에게 권계하고 매일같이 대중을 감화시켰다. 후에 그는 과거에 급제하여 직위가 학사學士에 이르렀다.

宋遂州姜學士。弱冠暴亡。冥王責曰。汝前生爲善。今世該八十二歲。丁丑擧進士。位歷公卿。不合殺牛食肉。以致算減祿絶。汝豈不聞海州七日夜雷雨天降石皷之記乎。記曰。六畜皆前業。惟牛最苦辛。君看橫死者。盡是食牛人。言畢旁一吏謂曰。汝宜急求還魂改過。否則判入地獄。無出期矣。姜求指示。吏曰陰府最敬人書寫。受持法華經及金剛經。太上感應篇。汝若發心。可得脫免。姜依言。乞還魂改過書經養親。冥王允之。遂得再生。自後孝親。奉婬殺戒。書經持呪。常述其事勸人。感化日衆。後登第。仕至學士。

송 해남南海의 반면潘冕은 거짓으로 미친 척하여 어떤 사람인지 추측할 수 없었다. 사람들이 그를 반앙潘盎이라 불렀는데, 속어로 심풍心風을 앙盎이라 하였다. 반앙은 매일 경사京師 사람과 『법화경』의 게송을 설하였고, 매일 몰래 왕래하였다. 어느 이방인은 반앙을 일광불日光佛이라 하였다. 조당趙棠이라는 사람은 처음 막부의 관리로 있었는데 직위를 버리고 반앙을 따라 노닐며 그의 도를 모두 체득하였다. 그리고 반앙이 은거하자 조당 역시 앉아서 천화하였다. 그를 다비하자 사리가 여러 되 나왔다. 소식蘇軾은 조당과 하루 종일 노닐고 사리 마흔여덟 알을 얻고는 「조선생사리기趙先生舍利記」를 지은 적이 있다.

宋南海潘冕者。佯狂不測。人謂之潘盎。盖俚謂心風爲盎也。盎每與京師人。說法華偈頌。往來日密。一異人云。盎即日光佛。有趙棠。初爲幕官。棄任從盎遊。盡得其道。盎即隱去。棠亦坐化。焚之。舍利數升。蘇軾與棠子昶遊。得四十八粒。嘗作趙先生舍利記。

송의 주朱씨 여일如一은 어려서 사명四明의 설薛씨 집으로 시집갔다. 나이 스물 남짓에 청정하게 홀로 살면서 도인 차림새에 하얀 옷을 입었고, 나무 아래에서 조용히 『묘법연화경』 일곱 축을 수놓아 10년 만에 완성하였다. 「화성유품化城喩品」에 이르자 바늘 끝에서 좁쌀만 한 사리가 계속 나와 연이어 수십 알을 획득하였다. 그녀는 한 구절 한 글자마다 소리 높여 읽고 예배하기를 세 차례나 하였다. 또 미타정토 세 성인의 상을 수놓았는데 극히 기묘하였고, 여러 대승경전들을 물동이의 물을 쏟듯 수월하게 염송하였다. 나무에 그림을 새겨 사람들에게 염불하도록 권하였으며 교화한 사람 수가 20만 명을 채웠다. 소희紹熙 4년(1193)에 가벼운 질환을 보여 의사가 단사丹砂를 올리자 "나의 왕생은 결정되었다. 단사를 뭐 하러 쓰겠는가?" 하고는 곧바로 오른쪽 옆구리를 땅에 붙이고 서거하였다. 귤주橘州의 담曇 선사가 전기를 지었다.

宋朱氏如一。幼歸四明薜氏。年二十餘。卽淸淨自居。道裝素服。蕭然林下。繡妙法華經七軸。十年而成。至化城喩。針鋒綴舍利如粟。連獲數十粒。一句一字。凡唱禮者三。及繡彌陀三聖像。極爲奇妙。諸大乘經。誦若建瓴。甞鋟木爲啚。勸人念佛。所化之數。盈二十萬。紹熙四年。示微疾。醫進丹砂。曰吾往生決矣。丹砂何爲。翛然右脅而逝。橘州曇禪師作傳。

송 덕흥현德興縣 동董씨의 어머니 이李씨는 「보문품普門品」을 30여 년 염송하였다. 그 후 명부에 들어갔는데 관음보살이 나타나 손을 내밀어 끌어주자 광명이 대낮과 같았다. 그리고 "그대의 수명은 이미 다했으나 선근의 인연이 있기에 이렇게 찾아와 도와주는 것이다."라고 하였고, 깜짝 놀라는 사이 다시 살아났다.

宋德興縣董母李氏。誦普門品。三十餘年。後入冥。見觀音。垂手引之。光明如晝。云爾數已盡。緣有善根。故來相援。豁然而甦。

송 경력慶曆 연간(1041~1048)에 구양수歐陽脩 문충공文忠公이 영주潁州 지사를 지낼 때 노미盧媚라는 관기가 있었는데 자태가 단정하고 수려하였다. 언젠가 입에서 연꽃 향기가 풍겨 좌석을 뛰어넘어 온 자리를 가득 채우자 사람의 전생 일을 알아보던 촉 땅의 스님이 있다가 말하였다.

"이 여인은 전생에 비구니였는데 『법화경』을 30년이나 염송하다가 한 생각 실수로 여기에 떨어진 것입니다."

문충공이 관기에게 물었다.

"『법화경』을 읽어본 적이 있는가?"

"제가 이 처지에 그럴 여가가 어디 있습니까?"

문충공이 경을 가져와 보여주라고 명하자 한번 쭉 훑어보고는 곧바로 염송하는 것이 마치 평소에 익혔던 사람 같았다. 그러나 다른 경으로 바꾸자 곧 그렇게 할 수 없었다. 문충공은 이에 선근 종자를 닦는다는 말이 허망하지 않음을 비로소 믿었다.

宋慶曆間。歐陽文忠公脩。知潁州。有官妓盧媚。姿貌端秀。口中嘗作蓮花香。散越滿座。有蜀僧。頗知人生前事。云此女前身。嘗爲尼。誦法華經三十年。一念之誤。遂至於此。公問妓曰。曾讀法華經否。曰某失身於此。所不暇也。公命取經示之。一覽輒誦。如素習者。易以他經。則不能也。公於是始信修種之言不妄。

명明 석성천釋性天의 호는 낭연朗然이고 오송吳淞 사람이며 보타사普陀寺로 출가하였다. 태창泰昌 경신년(1620)에 운간雲間 주동연周東淵이 남해南海로 찾아와 대사大士[15]에게 참례하고, 스님에게 『법화경』을 염송하여 어머니를 천도해 주십사 청하였다. 스님이 그를 위해 위천韋天[16] 앞에서 염송

15 대사大士 : 보타사에 현신한다는 관세음보살을 말한다.

16 위천韋天 : 사대천왕 중 남방의 증장천增長天에 속한 여덟 장군의 하나이다.

하고 회향하였다. 주동연에게는 매우 힘이 좋은 소가 한 마리 있었는데 바로 이때 갑자기 죽었다. 그리고 얼마 지나지 않아 그의 아내 몸에 붙어 아들을 부르며 말하였다.

“지난날 지은 구업이 막중하여 소가 되었는데 이제 『법화경』을 염송한 공덕으로 소의 고통에서 벗어나게 되었다.”

그는 예배하고 참회해 곧바로 환생할 수 있도록 해 달라고 낭연 스님에게 재차 부탁하였다. 스님은 그 인연으로 예배하고 참회하며 염구餤口(餓鬼)에게 음식을 베풀었다. 그날 밤 주동연에게 꿈인 듯 생시인 듯 어머니가 나타나 고마워하며 말하였다.

“예배하고 참회해 준 덕분에 이미 동쪽 이웃집에 태어났단다.”

다음날 아침 스님에게 꿈 이야기를 하고 동쪽 이웃집을 찾아가 보았더니 정鄭씨가 아들을 하나 낳았다. 서로를 쳐다보며 경악하고는 몇 시에 태어났는지 물어보자 “당신 집에서 참회도량이 끝나자마자 태어났다.”고 하였다. 스님은 일찍이 피를 뽑아 『법화경』을 사경한 적이 있었다. 6만여 단어를 다 쓰고 나자 필체가 물결이 번득이듯 기운찬 것이 마치 오랫동안 익힌 것 같았고, 그가 머무는 깨끗한 방 진흙 벽에 온통 잎과 줄기까지 선명한 연꽃 모양이 나타났다. 보타사에 예배하러 온 사람치고 합장 찬탄하며 따라 기뻐하지 않는 이가 없었다.

明釋性天。號朗然。吳淞人。出家普陀。泰昌庚申。雲間周東淵。徃南海。禮大士。請師誦法華薦母。師爲誦于韋天前回向。周有牛甚力。自是忽斃。未幾附婦體。呼其子曰。向以口業重。故爲牛。今得法華經功德。已脫牛苦。再求朗師禮懺。便可託生。師因爲禮懺。施餤口食。是夜周恍惚見母。謝曰。賴禮懺力。已託生東鄰矣。翊晨向師述夢。適東隣鄭氏誕一子。相顧驚愕。問何時。曰爾家道場纔完耳。師曾刺血書法華經。書畢六萬餘言。瀾翻如夙習。所居淨室。泥壁皆具蓮華葉梗諸相。禮普陀者。莫不隨喜。合爪讃歎。

명 북경北京 형부가刑部街의 취봉사鷲峯寺는 옛날 전단향으로 조성한 불상에 공양을 올리는 곳이다. 신묘神廟 말년의 일이다. 주지승 제주濟舟는 평생 질직하고 진실하게 부처님을 받들고 공경했으나 주계酒戒만큼은 엄격하게 지키지 못했다. 하루는 양쪽 소매가 없는 옷을 입은 어떤 사람이 찾아와 말하였다.

"저는 지부地府의 무상無常이라고 합니다. 이 늙은이는 전생에 착한 일을 하나도 한 것이 없어 지옥에 머물며 벗어나지 못하고 있습니다. 그러나 매월 초하루와 보름이면 절에 찾아와 부처님께 예배하고 과일을 가져다 노스님께 공양하고는 하였습니다. 이 인연으로 『법화경』 한 부를 크게 풍송해 주십사 원합니다. 그러면 곧 환생할 수 있습니다."

제주 스님이 믿기지 않아 말했다.

"당신이 이미 귀신이라면 부처님 도량에 들어오기도 어려울 텐데 어찌 우러르며 예배할 수 있겠는가?"

귀신이 말했다.

"도성황都城隍이 도량 안에 있긴 하지만 감히 불전으로 들어갈 수는 없습니다."

제주 스님은 그때 그날 5경에 어떤 사람이 좋은 일을 하려고 성황의 위패를 불전 옆에 세워 둔 것이 생각났다. 그의 말은 허튼소리가 아니었다. 그의 말에 따라 7월 15일에 부처님 앞에서 무릎을 꿇고 『법화경』을 풍송하게 되었다. 제5권에 이르러 날씨는 덥고 갈증은 심해 차를 찾았지만 없었다. 그때 탁자 위에 술병이 하나 보였다. 흔들어 보니 남은 것이 있어 결국 시원한 술을 한 모금 마시고 다시 부처님 전에 무릎을 꿇고 경을 끝까지 염송하였다. 다음날 무상이 다시 찾아와 말하였다.

"이 늙은이가 스님께서 염송해 주신 경을 받들었습니다. 4권까지 완전히 마쳤을 때, 음사陰司에 온통 금빛 광명이 비치는 것이 분명 지옥을 벗어나 환생할 징조였습니다. 그런데 홀연히 한바탕 술기운이 명부로 몰아

치더니 5권부터 7권까지 계속 그러더군요. 그래서 힘을 얻지 못했습니다."

제주 스님은 이 이야기를 듣고 모골이 송연하였다. 그래서 지성으로 염송하겠다는 원을 세우고 그를 위해 재차 염송하였다. 이 일로 주계酒戒를 엄격히 지키며 감히 범하는 일이 끝내 없었다. 당唐 공이 당시 그 일을 새기게 하여 그 절에다 엄격하고 청정한 도량을 표방하는 비석을 세웠다.

또 옛날에 어떤 고승은 무릎을 꿇고 『법화경』을 30년이나 염송하였는데 홀연히 푸른 옷을 입은 한 동자가 나타나 말하였다.

"스님께서 『법화경』을 매우 오래 염송하긴 하였지만 손을 씻을 때마다 물에 담그기만 했습니다. 법답게 깨끗이 씻지 않고 더러운 손으로 법보法寶를 만졌으니 장차 죗값을 받을 것입니다."

스님이 두려워하며 "어떻게 죗값을 치르게 되는가?" 하고 묻자, 동자는 "아마 똥통의 구더기로 떨어질 것입니다."라고 말하고는 곧 사라졌다.

스님은 크게 두려워하며 그 후로는 법답게 깨끗이 씻었다. 세척하는 법을 살펴보면 먼저 고운 흙이나 재를 사용하고, 그런 다음 조두澡豆를 사용해 고루 문지른다. 손을 씻을 때는 정수주淨手呪가 있고, 몸을 씻을 때는 정신주淨身呪가 있으니, 각각 일곱 번 염송해야 한다. 만약 주문을 염송하지 않으면 사대해의 바닷물을 몽땅 사용해 씻더라도 깨끗해질 수 없다. 정수주는 '옴 주가라야 사바하(唵主迦剌耶莎訶)'이고, 세신주洗身呪는 '옴 하낭밀률데 사바하(唵賀囊密栗帝莎訶)'이다.

明北京刑部街之鷲峯寺。供養古旃檀佛像之所也。神廟末年。住持僧濟舟。生平質實。奉佛欽肅。但於酒戒未嚴。一日有人。着兩截衣者。來告曰。我地府無常也。某老嫗。以生前無一善。滯地獄不得脫。每月朔望。曾到寺禮佛携果物。供養老師。以此因緣。望爲渠諷法華經一部。即得託生。舟疑而未信曰。汝既是鬼。難得到佛地。盍瞻禮焉。鬼云有都城隍在內。不敢入。舟因思是日五更。有人欲作善事。立城隍位於殿側。其言殆不誣也。隨於七月十五日。在佛前。跪諷法華經。至第五卷。天暑渴甚。覓茶不得。見卓上一酒壺。搖之尚有存者。遂吸冷酒一口。仍跪佛前完經。次日無常。復來云。老嫗承師誦經。完四卷滿。陰司皆射金光。正將離獄托生。忽一陣酒氣。衝入冥府。自五卷至七卷皆然故。仍不得力。舟聞之。毛骨竦立。發至誠願。爲之補誦。由此嚴持酒戒。永不敢犯。唐公時嘗刻其事於本寺嚴淨道場之碑陰。又昔有高僧。跪誦法華三十年。忽見一靑衣童子謂曰。師誦法華甚久。但每度洗手。蘸水而已。不如法淨洗。穢觸法寶。且當受罪。僧悚然曰。得何罪報。童子曰。嘗墮糞蛆。言訖不見。僧大恐。後乃淨洗如法。按洗滌法。先用土灰。後用澡豆擦抹。洗手有淨手呪。洗身有淨身呪。各念七遍。不念呪。雖洗盡四大海水。亦不得淨。淨手呪云。唵主迦剌耶莎訶。洗身呪云。唵賀曩密栗帝莎訶。

명 가정嘉靖 연간(1522~1566)의 일이다. 보은사報恩寺의 주지승 영녕永寧은 호가 서림西林이며, 말 한 마리를 키웠다. 매일 자신의 절에서 예부禮部까지 말을 타고 다녔는데, 말에 오르면서 『법화경』을 묵묵히 염송하기 시작해 예부의 문에 도착하여 말에서 내릴 때면 정확히 한 권을 마치곤 하였다. 거의 늘 그랬다. 그 절과 문을 마주한 집에 한 임산부가 있었는데 밤에 이 말이 방으로 들어오는 꿈을 꾸고는 한 사내아이를 낳았다. 날이 밝아 절로 찾아가 물었더니 말이 바로 그 시각에 죽었다. 그 집에서는 그 뒤 아들을 서림 스님의 제자가 되게 하였다. 그는 극히 우둔하여 글을 가르쳐 주어도 한 글자도 쉽게 이해하지 못했다. 그러나 말로 전해 준 『법화경』 한 권만은 바로 능숙하게 염송하였으니, 말이 경을 듣고 제도된 것이 분명하다. 『금릉쇄사金陵瑣事』에 나온다.

또 호숫가에 사는 어떤 스님이 『법화경』을 염송하였는데 두꺼비 한 마리가 경 읽는 소리를 듣고 갑자기 고개를 쳐들더니 주먹을 모으고 몸을 숙이는 시늉을 하였다. 그리고 잠시 뒤에는 마치 좌선하는 것처럼 보이기에 흔들어 보았더니 이미 호흡이 끊어진 뒤였다. 당唐의 수아修雅 법사는 말하였다.

> 부처님의 마음이여 조사의 골수요
> 나의 마음이여 경의 종지로다.
> 눈을 모으고 고요한 마음으로 자세히 들으라.
> 제호醍醐는 한 방울만 들어가도 뱃속을 태워 버린다.

이 두꺼비야말로 제호에 취해 깊이 잠든 자가 아니겠는가? 『달관어록達觀語錄』을 보라.

明嘉靖間。報恩寺住持僧永寧。號西林。蓄一馬。每自寺騎赴禮部。上馬時。默誦法華經。至禮部門下馬。恰完一卷。率以爲常。本寺對門。有孕婦。夜夢此馬入室。遂生一男。天明向寺訪之。馬死正其時也。其家後即以子。爲西林徒極愚蠢。授之書。一字不易識。唯口傳法華一卷。便能熟誦。信爲馬聞經得度矣。出金陵瑣事。又當湖有僧。誦法華經。一蝦蟇聞經聲。忽作昂首拳跽狀者。移時少頃若禪坐。撼之已息斷矣。唐修雅法師曰。佛之意兮祖之髓。吾之心兮經之旨。合目冥心子細聽。醍醐滴入焦腸裏。若是虫。豈非醉醍醐而熟睡者耶。見達觀語錄。

명 용득부龍得孚는 사명군승四明郡丞을 지냈는데 청렴하고 강직하며 도를 좋아하였다. 당시 보타사普陀寺에 두 명의 주지가 있었다. 한 사람은 대지大智로서 계율이 엄정하여 도인과 속인들이 귀의하고 우러렀으며, 한 사람은 진표眞表로서 비록 총림을 통솔하긴 했지만 성정이 사납고 계율을 지키지 않았다. 만력萬曆 임오년(1582)에 승은 감사監司의 명령을 받들어

진표 스님이 작은 잘못을 저지른 사미에게 지나친 매질을 가한 사건을 직접 국문하게 되었다. 산에 도착하여 처분을 내리기를 『묘법연화경』 한 부를 가져다 태우라 명령하고, 대중 스님들 모두 그 위를 뛰어넘으며 다시는 범하지 않겠노라 맹세하게 하였다. 그런 다음 후전後殿에 이르러 예배하였는데 양쪽 넓적다리에 통증이 느껴지더니 힘이 빠져 흐물흐물 움직일 수가 없었다. 온몸에 이상한 열이 올라 곧바로 녹초가 되어 버렸는데 혼몽한 가운데 꿈인 듯 생시인 듯 임금의 뜻을 전하는 소리가 들렸다.

"도道를 받든다면서 도道를 태워 버렸으니 더 엄한 벌을 주어야 마땅하다. 그러나 진실로 백성을 사랑한 까닭이었으니, 벌로 삼석우색관三石牛嗇官을 만들어야겠다."

승은 '이건 분명 명부의 관직 이름일 것이다' 생각하였고, 이렇게 죽게 되었다. 또 악취惡趣에 들어가 말하였다.

"저는 경을 태우는 죄가 이렇게 큰 줄 몰랐습니다. 지금부터는 평생토록 재계를 지키겠습니다. 그리고 곧장 관직을 사임하고 도문道門에 들어가 스스로 죗값을 치르겠습니다."

대지大智 스님 역시 그를 위해 기도하며 불쌍히 여겼고, 경을 염송하며 예배하고 참회하였다. 그러다 선정에 들자 철벽으로 에워싸인 한 성이 나타났다. 성에는 벌거숭이 시체가 첩첩이 쌓여 있었고 승 역시 그 가운데 있었는데 유독 그만 벌거숭이가 아니었다. 스님이 다가가 온 마음을 다해 참회하며 그를 쓰다듬자 홀연히 공중에서 흰색 광명이 한 줄기 내려왔다. 그리고 어떤 사람이 그를 부축해 그곳에서 꺼내자 다시 살아났다. 승이 보니 사문들이 구름처럼 몰려들어 그에게 물었다.

"왜 경을 태워 이런 대계大戒를 범했는가?"

승이 말하였다.

"저의 잘못을 시인합니다. 하나를 백으로 보상하겠습니다. 그리고 그에 앞서 재물을 내어 모든 스님들께 공양을 받들어 올리겠습니다."

여러 사문들은 그때서야 사라졌다. 그날 저녁 승의 집안 하인이 캄캄한 어둠 속에서 양쪽으로 머리를 묶은 두 명의 옥녀玉女를 보았다. 그들이 손에 깃발과 일산을 들고 평상을 스치며 지나갔는데 휙 하는 바람소리가 나면서 깃발의 자루 밑이 하인의 얼굴에 스쳤다. 하인은 깜짝 놀라며 벌떡 일어나 크게 고함을 쳤고, 승의 병은 이미 나아 있었다. 그때 그는 먹지도 못하고 눈도 깜빡이지 않으며 열흘을 누워 있었다. 도의부屠儀部의 융隆이 목격하고 기록하였다.

明龍得孚。爲四明郡丞。廉直好道。時普陀。有兩住持。一曰大智。戒律精嚴。道俗歸仰。一曰眞表。雖領叢林。性悍破戒。萬曆任午。丞奉監司命。委鞫眞表。以小過撻沙彌事。到山處分。命取蓮華經一部火之。令衆僧悉跨其上。誓無再犯。已至後殿禮拜。覺兩髀病。輭不可動。體發奇熱。疾遂委頓。昏憒中恍惚聞傳旨云。奉道燬道。尤當重譴。姑以愛民故。罰作三石牛嗇官。丞念此必冥官之號。如是死矣。且入惡趣。某不知燬經之罪。其大乃爾。自今而後。願齋戒終身。急免官入道自贖。大智師亦爲祈哀。誦經禮懺。定中見一鐵圍城。城中裸尸纍纍。丞亦在中。獨不裸。師至心懺摩。忽見空中。下白光一道。若有人掖出之而甦。丞見沙門雲擁。問何故燬經。犯此大戒。丞曰知罪矣。願以百償一。先捐俸齋萬僧。衆沙門乃隱。其夕丞家僮。於昏黑中。見兩玉女。雙髽髻。手携幢蓋。拂牀而過。砉然有聲幢脚拂僮面。僮驚起大呼。丞病良已。是時不食不瞬十日矣。屠儀部隆。目擊爲之記。

명의 갈완葛琬은 자가 석평石平이고 곤산崑山 사람이며 성심을 다해 도를 배웠다. 빗장을 걸어 닫고 천축의 경전들을 수집하고 연구하면서 오랜 세월 지칠 줄 몰랐고, 『법화경』에 더욱 마음을 쏟아 일과로 삼았다. 그는 '흐르는 세월은 번개처럼 빨리 지나가고 오묘한 법은 듣기 어려우니, 부처님의 은혜에 보답하려면 경전을 홍포하는 것이 핵심이다'라고 생각하고는 진晋과 송宋대부터 원元과 명明에 이르기까지 선현 고덕들의 고사를 수집해『감통록感通錄』네 권을 편집하였고, 권말에 각각에 대해 논을 달았다. 그러나 여러 해를 끌며 마치지를 못하다가 신묘년 가을에 기운이 쇠하고 피로가 닥치더니 병을 끌어안고 세월을 보내게 되었다. 그러다 임진년 겨울, 신인神人이 편집한 책을 가져다 조각하는 기이한 꿈을 저녁마다 자주 꾸게 되었다. 이에 온 힘을 다해 장인을 모았고, 책이 완성을 알리게 되자 병이 곧 치유되었다.

明葛琬。字石平。崑山人。投誠學道。掩戶蒐訂竺墳。長年不倦。尤歸心法華用爲日課。念流光電逝。妙法難聞。欲報佛恩。弘經爲要。因取先賢古德事。自晋宋迄元明。輯感通錄四卷。卷末各系以論。荏苒數載未竟。辛卯秋。以衰疲抱疴匝歲。至壬辰冬。連夕頻感異夢見神人趣鐫是編。乃竭力鳩工。書告成。病尋愈。

부목負木 : 계찬彐贊

지전持殿 : 종오宗悟

도감都監 : 석행碩行

연판鍊板 : 김정홍金正弘, 은회隱懷, 단학丹學, 여한呂閑

취반炊飯 : 대종大宗

별좌別座 : 취인翠仁

조연助緣 : 은함隱含, 진웅振雄

교대校對 : 준각雋覺

화사化士 : 인희印熙

강희康熙 25년 병인丙寅(1686) 4월 전라도 낙안군 금화산金華山 징광사澄光寺 개간

負木彐贊。持殿宗悟。都監碩行。鍊板金正弘。隱懷。丹學。呂閑。炊飯大宗。別座翠仁。助緣隱含。振雄。校對雋覺。化士印熙。康熙二十五年丙寅。四月。全羅道樂安郡金華山澄光寺開刊。

사경지험기四經持驗紀 권4*

백암 성총 모음
栢庵性聰集

* ㉧ 제목 및 편찬자 이름은 보입한 것이다.

관세음지험기觀世音持驗紀

진晋 시녕산始寧山 사문 축법의竺法義는 여러 경전을 정밀히 연구하였고, 학업하는 제자가 항상 100여 명을 헤아렸다. 함안咸安 2년(372) 심장병이 생겼는데 치료를 해도 효험이 없어 달이 갈수록 상태가 심각해졌다. 축법의는 병중에 항상 지극한 마음으로 관세음보살을 생각했다. 그러자 갑자기 꿈에 한 사람이 나타나 배를 갈라 창자와 위를 꺼내더니 깨끗이 씻어 다시 집어넣었다. 꿈에서 깨자 병이 나았다. 송宋 상서령尙書令 부량傅亮이 그 사실을 기록하였는데 항상 이렇게 말하고는 하였다.

"나는 돌아가신 부친과 법의法義 공이 함께 노니는 자리에서 매번 관세음보살의 신기한 기적에 대해 말씀하시는 것을 들었는데, 그 이야기를 들은 사람치고 숙연히 믿고 우러르지 않는 자가 없었다."

晋始寧山沙門竺法義。精硏衆典。弟子受業。常百餘人。咸安二年。感心氣疾。療治不效。積月困殆。義病中。常至心存念觀世音。忽夢一人。爲之破腹出腸胃。洗淨還納之。寤而病愈。宋尙書令傅亮。爲紀其事。常云吾先君與義公遊處。每聞說觀音神異。聽者無不肅然信仰。

진 사문 축법순竺法純은 산음山陰 현의사顯義寺 주지이다. 원흥元興 연중(402~404)에 한창 사찰의 전각을 새로 지으면서 다른 읍으로 가 목재를 사 오게 되었다. 배가 태호太湖를 지나오는데 해질 무렵 폭풍이 몰아치더니 파도가 산처럼 일어났다. 법순이 탄 배는 작았고, 물이 들어와 순식간에 위험한 지경에 처하였다. 이에 한뜻으로 『관세음경』을 염송하며 신령한 도움을 기도하자 갑자기 큰 배가 잠깐 사이에 물살을 타고 내려와 앞에 닿았다. 그렇게 함께 뱃머리를 잡아당기고 끌어올려 사람들이 모두 건너고 나서 돌아보았더니 작은 배는 이미 침몰한 뒤였다. 큰 배는 물결 따라 거침없이 나아가 잠깐 사이에 언덕에 도달하였다. 그땐 이미 밤에 접어들어 여행객들의 발길이 끊어졌을 시각인데 이 배가 어떻게 있었을까? 분명 이는 보살의 신비한 힘이 미친 것이리라.

晉沙門竺法純。住持山陰顯義寺。元興中鼎新寺殿。至他邑買材木。舟經太湖。日暮暴風。波浪如山。純船小水入。危在瞬息。乃一意誦觀世音經。以祈靈佑。俄有大船。泛流至前。因共扳舷而上。衆甫度盡。回視向小舟。已覆沒矣。大舟隨波皷蕩。頃刻達岸。時已入夜。行旅久絕。何得此舟。信是菩薩神力所致。

진의 석개달釋開達이 융안隆安 2년(398)에 겪은 일이다. 그해 큰 기근이 들어 강족羌族 오랑캐가 매일같이 사람을 죽여 음식으로 삼자 해를 입는 사람이 그 수를 헤아릴 수 없었다. 석개달은 그때 마침 둔덕에 올라 감초甘草를 캐다가 강족에게 잡혀 한 목책 속에 갇히게 되었고, 먼저 목책에 갇혀 있던 10여 명은 모두 잡아먹혔다. 석개달은 잡히던 순간부터 속으로 『관음경』 염송하기를 게을리하지 않았다. 다음날이면 죽임을 당할 것이 분명했다. 그런데 새벽에 갑자기 호랑이 한 마리가 강족에게 들이닥쳤고, 노기를 떨치며 포효하자 강족이 모두 놀라 사방으로 달아났다. 그리고 호랑이는 이빨로 물어뜯어 목책 한 곳에 사람이 통과해 빠져나올 수 있도록 구멍을 만들어 놓고는 바로 사라졌다. 석개달은 처음 호랑이가 목책을 물어뜯는 것을 보았을 때 분명 자신을 해칠 것이라 여겼다. 그러나 목책이 뚫렸는데도 들어오지 않자 마음속으로 의아하게 여겼다. 결국 그 구멍으로 도망쳐 나와 밤에는 걷고 낮에는 숨어 드디어 벗어날 수 있었다.

晉釋開達。隆安二年。歲大饑。羌胡日殺人而食。害者不可勝計。達時適登蘢採甘草。爲羌所執。置一柵中。先在柵十餘人。皆爲所噉。達自被執。便默誦觀音經不懈。明日當見殺。及晨忽有一虎。突逼羣羌。奮怒號吼。羌咸駭怖遍走。虎乃嚙柵木成一缺。可容人過。便去。達初見虎嚙柵。謂必見害。旣柵穿不入。心疑其異。遂從缺中逃出。夜行晝伏。竟得脫免。

진 상산常山의 석도태釋道泰가 의희義熙 연중(405~418)에 겪은 일이다. 한번은 꿈에 사람이 나타나 "그대의 수명은 마흔둘에 끝난다."고 하였다. 석도태는 깨어나 두려워하였고, 그해가 되자 병이 들었다. 그는 스스로 분명히 죽을 것이라고 판단하고 옷과 발우 등 살림살이를 모두 나눠 주며 복을 지었다. 그러자 한 벗이 말하였다.

"내가 듣기로 62억 보살에게 공양하는 것과 관세음보살을 한 번 부르는 것은 복이 같아 조금도 차이가 없다고 들었네. 그대는 왜 지극한 마음으로 귀의하지 않는가? 반드시 수명을 늘릴 수 있을 것이네."

석도태는 깨달은 바가 있어 드디어 정성을 다해 염송하였고, 4일 밤낮을 오로지하며 끊어짐이 없었다. 그러자 홀연히 앉아 있는 곳 휘장 아래로 빛이 보였는데 문밖에서 들어오고 있었다. 쳐다보니 관세음보살이 멀리 서 있고 발등 사이에 금빛이 찬란했다. 석도태는 재빨리 휘장을 걷고 머리 조아려 예배하였는데, 예배를 올리고 나자 다시 보이지 않았다. 놀라움과 기쁨에 땀이 비 오듯 흘렀고 곧바로 몸이 가벼워지는 걸 느꼈다. 그는 앓던 병이 단박에 치유되었고 과연 수명이 연장되었다.

晋常山釋道泰。義熙中嘗夢人告曰。爾壽終四十二矣。泰悟而懼。至是年遇病。自分必盡。悉以衣鉢之資。分施作福。一友謂曰。吾聞供養六十二億菩薩。與一稱觀世音。福同無異。君何不至心歸依。必可增壽。泰感悟。遂虔誦四日夜。專精不絕。忽所坐帷下有光明。從戶外而入。見觀音遙立。足趺間。金色朗然。泰亟褰帷叩禮。已不復見。驚喜流汗。便覺體輕。所患頓愈。

果獲延年。

진의 사문 홍만洪滿이 처음 속가에서 지낼 때 일이다. 당시 유행하던 전염병에 걸려 양쪽 다리가 오그라들자 스스로 이미 폐인이 되었다 생각하고는 오로지 아침저녁으로 관세음보살만 염송하며 제도해 주기를 바랐다. 그러자 깨끗한 물을 담은 병을 지닌 한 스님이 홀연히 나타나 앞에 섰다. 홍만이 물었다.

"스님께선 어디서 오셨습니까?"

그러자 그 스님이 대답했다.

"네가 늘 간절히 그리워하기에 찾아온 것이다. 네 다리의 병은 고칠 수 있으니 내가 치료해 주리라."

홍만은 말씀대로 고쳐 달라고 청하였다. 그리고 무릎에서 마치 몇 마디의 못을 뽑아내는 듯한 통증을 느꼈을 뿐인데 병이 나았다.

晋沙門洪滿。初在俗時。因染時疾。雙脚攣躄。自念已成廢人。唯旦夕誦念觀音求度。忽見一僧。執淨瓶前立。滿問曰。師從何來。僧答曰。以汝常相懇。故來耳。汝足患可脫。吾爲療之。滿如言求治。但覺膝上如拔去數寸釘。遂愈。

진의 축장서竺長舒는 본래 천축天竺 사람이며 『관음경』을 오로지 염송하는 것으로 업을 삼았다. 후에 오吳 땅에 거주하였는데 사는 읍이 화재를 만났고, 나란히 선 이웃집 기둥과 건물이 서로 붙어 있어 모두 불에 탔다. 장서의 집은 바람이 불어오는 아래쪽에 있었고 불길 또한 맹렬했다. 그러나 장서가 일념으로 관세음보살을 염하자 갑자기 바람이 돌더니 불이 꺼졌다. 그래서 온 마을 사람들이 기이하다며 놀랐다. 이때 어떤 못된 소년이 기이한 영험임을 의심하고는 바람이 거센 밤을 기다렸다가 장작더미에 불을 붙여 그 집을 태워 버리려 하였다. 그러나 불을 붙인 장작더미를 네 차례나 던졌지만 모두 꺼져 버렸다. 소년은 그제야 그 신비한 힘에 마음으로 절복하고, 다음날 아침 머리를 조아리고 잘못을 사과하였다. 그러자 장서가 말하였다.

"내가 무슨 신비한 힘이 있겠는가. 항상 『관음경』을 염송하며 게을리하지 않은 덕분에 재난이 있을 때마다 곧 벗어났던 것뿐이라네."

晋竺長舒。本天竺人。專誦觀音經爲業。後居吳中。邑遭回祿。比隣棟宇。相接皆焚。長舒家正屬下風。火勢猛烈。長舒一心念觀世音。倏忽風回火滅。合邑驚異。時有惡少年。訝其靈異。俟風急夜。束薪放火。欲燒燬之。凡四投皆滅。少年始心折其神力。至明叩頭謝過。舒云我何神力。恒誦觀音經不懈。每有難輒免耳。

진 낭야瑯琊의 왕민王珉은 아들이 없었는데, 아내가 관세음보살에게 후사를 잇게 해 달라고 간절히 기도한 적이 있었다. 왕민이 길을 가다가 한 호승胡僧을 만나 그를 매우 공경하자 그 스님이 말하였다.

"내가 죽으면 반드시 그대의 아들이 되리라."

오래지 않아 그 스님은 죽었고, 왕민의 아내는 정말 임신을 하였다. 또한 태어나 젖먹이 시절에 말을 하였고, 서역의 범음梵音을 이해하였으며, 총명하고 영특하기가 보통 사람을 뛰어넘고 그릇과 도량이 범상치 않았다. 그가 곧 진의 상서尙書 왕홍명王洪明이다. 그의 어릴 때 이름은 아련阿練이며, 전생에 있었던 일을 서술하였는데 역력하고 분명하였다.

晋瑯琊王珉無子。妻嘗懇禱觀世音。以求嗣後。珉路行。逢一胡僧甚敬之。僧曰我死當爲汝子。未幾僧亡。珉妻果有孕。及生甫能言。即解西域梵音。聰穎過人。哭[1]度不凡。即晋尙書王洪明也。小名阿練。叙前生時事。歷歷分明。

1) ㉮ '哭'은 '器'인 듯하다. 문맥에 맞지 않으며, 주극부가 편집한 『觀音經持驗紀』(X78, 93c)에도 이 구절이 '器度不凡'으로 되어 있다.

진의 두전竇傳은 하내河內 사람이다. 영화永和 연중(345~356)에 병주幷州 자사 고창高昌과 기주冀州 자사 여호呂護가 각각 군대를 거느리고 있었으며, 사이가 좋지 못했다. 두전은 고창에게 임용되었고, 여호가 기병대를 파견해 습격하는 바람에 동료 일곱 명과 함께 붙잡혔다. 모두 한 감옥에 갇혀 형틀에 자물쇠가 채워졌고, 아주 단단히 묶였으며, 판결 나는 날 그들을 죽일 예정이었다. 사문 지도산支道山이 당시 여호의 군영에 있었는데, 그는 예전에 두전과 서로 알던 사이였다. 두전이 잡혀 있다는 소식을 듣고 그를 살피러 찾아오자 두전이 지도산에게 말하였다.

"지금 목숨이 경각에 놓였습니다. 저를 구해 주실 수 있겠습니까?"

지도산이 말하였다.

"만약 지극한 마음으로 관세음보살을 염한다면 반드시 감응이 있을 것입니다."

두전은 드디어 온 마음을 다해 속으로 염하였다. 무려 사흘 밤낮을 그렇게 하자 형틀에 채운 자물쇠가 갑자기 저절로 풀렸다. 두전은 '동료들이 형틀에 묶여 있는데 어찌 혼자 도망칠 수 있겠는가?' 생각하고는, 다시 "보살의 신력으로 널리 구제하사 모두 벗어나게 하소서." 하고 간절히 청하였다. 그 말이 끝나자 다른 사람들의 형틀도 모두 차례차례 풀렸다. 드디어 밤을 틈타 문을 열고 탈출했는데 알아차리는 순경巡警이 없었다. 성을 벗어나 10여 리를 가자 날이 밝아 어떤 숲에 함께 숨었다. 잠깐 사이에 추격자들이 사방으로 쏟아져 나와 샅샅이 수색하였다. 그러나 두전 등이 숨은 곳 1무畝[1] 정도까지는 끝내 다가오는 사람이 없어 결국 재난을 벗어

1 무畝 : 6척 사방을 보步, 100보를 무畝라 한다.

날 수 있었다. 그들 모두 고향으로 돌아와 함께 법을 공경하고 믿으며 받들었다. 지도산이 그 후 강을 건너 찾아오자 감사함을 표하고 그 일을 자세히 말하였다.

晋竇傳。河內人。永和中幷州刺史高昌。冀州刺史呂護。各擁部曲不睦。傳爲昌所任用。護遣騎襲擊。被執同伴七人。共繫一獄。鎖械甚嚴。剋日將殺之。沙門支道山。時在護營中。先與傳相識。聞其被禁。往候之。傳謂山曰。今命在頃刻。能相救乎。山曰若能至心念觀世音。必有感應。傳遂專心默念。凡三晝夜。鎖械忽自解。傳念同伴桎梏。何忍獨去。復懇菩薩神力普濟。當令俱免。言畢。餘人皆以次解脫。遂乘夜啓戶而出。巡警莫有覺者。踰城行十餘里。天明共隱一林中。須臾追者四出。搜覔殆遍。惟傳等所隱畝許地。竟無至者。遂得免難。衆還鄕里。咸敬信奉法。道山後過江。爲謝敷具說其事。

진秦의 서의徐義는 고륙高陸 사람이며 어려서부터 법을 믿었다. 부견苻堅의 상서尙書로 있을 때 부견의 말단 병사가 봉기를 일으켰다. 적들은 서의를 붙잡아 해를 가하려 하였고, 그의 양쪽 발을 땅에 묻고 머리카락을 나무에 묶어 두었다. 서의는 한밤중에 관세음보살을 오로지 생각하다가 잠깐 잠이 들었다. 그러자 꿈에 한 사람이 나타나 "지금 일이 이리 다급한데 잠을 잘 겨를이 있는가?"라고 하였다. 서의가 깜짝 놀라 깨어 보니 지키고 있던 자들이 모두 피로에 지쳐 잠들어 있었다. 이에 시험 삼아 한번 몸을 크게 움직여 보자 손과 머리카락이 홀연히 풀렸고 다리 역시 풀 수 있었다. 재빨리 100여 보를 도망쳐서는 풀 더미 속에 몸을 숨기자 추격자들이 달려와 하늘의 별처럼 횃불을 펼치고 찾았다. 하지만 끝내 발견하는 자가 없었다. 날이 밝아 적들이 뿔뿔이 흩어지자 업사鄴寺에 투신해 화를 면하게 되었다.

秦徐義。高陸人。少信法。爲符堅尙書。堅末兵革蜂起。賊獲義將加害。乃埋其兩足。編髮於樹。義夜中。專念觀世音。有頃夢一人謂曰。今事亟矣。尙暇眠耶。義驚覺。見守防者。並疲而寢。乃試自奮動。手髮忽解。是[1]亦得脫。亟遁去。行百餘步。隱叢草中。追者馳至。火炬星陳。竟無見者。天明賊散。皈投鄴寺乃免。

1) ㉮ '是'는 '足'인 듯하다. 문맥에 맞지 않으며, 주극부가 편집한 『觀音經持驗紀』(X78, 94c)에도 이 구절이 '足亦得脫'로 되어 있다.

진秦의 필람畢覽은 동평東平 사람이며 평소에 관세음보살을 섬겼다. 후에 모용수慕容垂를 따라 북쪽으로 정벌을 나서 오랑캐들을 섬멸하다가 홀로 말을 타고 숨을 곳을 찾아 도망치게 되었다. 오랑캐의 추격대가 코앞까지 다가오자 필람은 지극정성으로 보살의 명호를 염하여 결국 손아귀에서 벗어날 수 있었다. 그러다 깊은 산으로 들어가 길을 잃고 헤매게 되자 또다시 온 마음으로 보살에게 귀의하였다. 그러자 한밤중에 법복을 입고 지팡이를 짚은 한 스님이 나타나 길을 가르쳐 주어 집으로 돌아올 수 있었다.

秦畢覽。東平人。素崇事觀音。後隨慕容垂。北征沒虜。單騎奔竄。虜追將及。覽至誠持念菩薩名號。卒得脫免。因入深山。迷惑失道。又專心皈向。中夜見一僧法服持錫。示以途徑。乃得還家。

송宋 문제文帝가 드실 음식으로 닭을 삶자 갑자기 여러 사람들이 관세음보살을 부르는 소리가 솥에서 들렸는데 그 소리가 너무도 처량하였다. 감재監宰가 이를 보고하자 황제가 사신을 파견해 검사해 보았더니 과연 사실이었다. 이에 "불도佛道의 신비한 힘이 이와 같을 수 있다는 것을 내 몰랐구나." 하며 탄식하고는 "지금부터는 닭을 사용하지 말라."라고 칙령을 내렸다.

宋文帝御膳。烹雞子。忽聞鼎中。羣呼觀世音菩薩。悽愴之甚。監宰以聞。帝遣驗之果然。嘆曰吾不知佛道神力。乃能若是。敕自今不得用雞子。

송의 사문 축혜경竺惠慶은 광릉廣陵 사람이고 경행經行하며 지혜를 닦았다. 원가元嘉 12년(435) 형양荊楊에 홍수가 났을 때 혜경은 여산廬山으로 들어가려고 하였다. 배가 강에 이르자 폭풍이 갑자기 일어났다. 동료 여행객들이 탄 배는 이미 포구에 정박했으나 혜경이 탄 배만은 강 한가운데서 표류하게 되었다. 바람은 심하고 물결이 용솟음쳐 꼭 뒤집어엎을 기세이자 혜경은 마음을 바르게 하고 정성스럽게 『관세음경』을 염송하였다. 강가에 있던 사람들이 멀리서 그 배를 바라보고 있었는데, 마치 수십 명이 언덕으로 끌어당기는 것처럼 폭풍을 안고 강물을 거슬러 배 전체가 건너왔다.

宋沙門竺惠慶。廣陵人。經行修明。元嘉十二年。荊楊大水。惠慶將入廬山。船至江而暴風忽起。同旅已得依浦。唯惠慶船。飄颺江心。風急浪涌。勢必淪覆。惠慶正心。誠誦觀世音經。洲際之人。望見其舫。迎飈截流。如有數十人牽挽及岸。全舟獲濟。

송 장간사長干寺 석담영釋曇穎은 회계會稽 사람이다. 어려서 출가하여 계행을 엄격하게 지켰고 경전 10만여 단어를 염송하였는데, 밝고 유쾌한 목소리로 크게 노래하는 것이 타고난 절창이었다. 그는 항상 종기를 앓았는데 아무리 치료해도 없어지지 않았다. 그래서 방에 관음상을 모시고 아침저녁 예배하며 이 질병을 치유해 달라고 기원하였다. 그러자 하루는 홀연히 뱀이 나타나더니 지붕에서 쥐 한 마리를 땅에 떨어뜨렸는데 끈적끈적

한 액체가 온몸에 가득했다. 이미 죽은 모습이었지만 담영이 살펴보았더니 쥐는 살아 있었다. 담영은 곧 대나무를 가져다 끈적이는 액체를 긁어내었고, "뱀이 삼킨 쥐는 창병을 치료할 수 있다."는 말을 들은 기억에 결국 그 액체를 종기에 발랐다. 쥐는 얼마 후 살아났고 이틀 밤을 자고 나자 종기가 말끔히 사라지고 없었다. 그때서야 뱀이 쥐를 주었던 것이 정성어린 기도의 결과라는 것을 깨달았다. 후에 그는 명성이 멀리까지 전해져 임금의 공양을 받았다.

宋長干寺釋曇頴。會稽人。少出家。嚴持戒行。誦經十餘萬言。宣唱明朗。天然獨絕。常患癬疾。積治不除。室供觀音像。晨夕禮拜。求愈此疾。一日忽見。有蛇在屋。一鼠墜地。涎沫遍身。狀如已死。頴候鼠活。即取竹刮除涎沫。因聞蛇所呑鼠。能療瘡疾。遂以涎傳癬。鼠尋活。信宿之間。瘡痍頓盡。方悟蛇之與鼠。乃是誠祈所致。後名傳遐邇。國君供養。

송의 복만수伏萬壽는 평창平昌 사람이다. 원가元嘉 19년(442) 광릉廣陵에 있으면서 위부참군衛府叅軍이 되었는데 휴가를 청해 주州로 돌아오게 되었다. 4경에 강을 건너기 시작할 때는 긴 파도에 물살도 잔잔했는데 중간쯤 오자 바람이 화살처럼 불어 닥쳤다. 이때 칠흑같이 캄캄하기까지 해 어느 방향으로 가야 할지를 몰랐다. 만수는 법을 받들어 오직 일심으로 관세음보살에게 목숨을 맡기고 입으로 염불을 끊임없이 했다. 그러자 곧바로 배에 탔던 사람들이 동시에 북쪽 언덕에 있는 불빛을 보게 되었는데, 그 모습이 흡사 마을에서 나오는 불빛 같았다. 배를 돌려 그곳을 향해 나아가 아침이 오기 전에 닿을 수 있었다. 그러나 그 언덕에 사는 사람들에게 물어보자 다들 불을 피운 집이 전혀 없다고 대답하였다. 그때서야 부처님의 힘이었다는 것을 알아차렸다.

宋伏萬壽。平昌人。元嘉十九年。在廣陵爲衛府叅軍。乞假還州。四更初涉江。長波安流。至中而風起如箭。時尙昏黑。不知所向。萬壽奉法。唯一心皈命觀世音。念不絶口。倏爾與舡中人。同覩北岸有光。狀如村火。廻舡趍之。未旦而至。問彼岸人。皆云更盡無燃火者。方知佛力焉。

송의 차車씨 어머니의 일이다. 그의 아들이 여릉왕廬陵王 청범靑汎의 난을 만나 포로로 잡혀 적의 군영에 갇히게 되었다. 어머니는 집에서 평소 부처님을 받들었다. 이 일로 부처님 전에 등잔 일곱 개를 밝히고, 밤이면 온 마음을 다해 관세음보살을 염하며 아들이 재난에서 벗어나게 되기를 기원하였다. 이와 같이 하며 해를 넘겼는데 그의 아들이 틈을 타 남쪽으로 도망치게 되었다. 낮이면 숨고 밤이면 걸으며 혼자 몸으로 어디로 가야 할지 헤맬 때마다 일곱 가닥 불빛이 앞에 나타나곤 하였다. 그러나 마을이 있나 싶어 도움을 요청하려고 달려가 보면 끝내 다다를 수가 없었다. 이와 같이 이레 밤을 걷자 자기도 모르는 사이에 집에 도착하였다. 그의 어머니를 보니 여전히 부처님 전에 엎드려 회향하고 있었는데 일곱 개의 등잔이 활활 타오르고 있었다. 그때서야 앞에 있었던 일들을 깨닫고, 그것이 부처님의 힘이었다는 것을 알았다. 모자는 다시 만나 목숨을 마칠 때까지 귀의하였다.

宋車母者。其子遭廬陵王靑汎之難。爲虜所得。陷賊營中。母在家。素奉佛。因燃燈七盞於佛前。夜專心念觀世音。願子得脫。如是經年。其子乘隙南奔。晝伏夜行。隻身迷向。每見火光七道在前。疑爲村落。欲趍投之。終不可至。如是七日夜。不覺到家。見其母。猶伏佛前回向。七燈煌煌。始悟前因。知是佛力。母子重逢。皈依畢命。

오吳나라 사람 육휘陸暉는 감옥에 묶여 죽을 것이 분명했다. 이에 집안

사람들에게 관음상을 조성하고 죽음을 면하게 해 주십사 기도하게 하였다. 형을 집행하면서 칼을 세 번이나 바꿨지만 그 칼들이 모두 부러져 버렸다. 관리가 그에게 물었더니, 그가 "아마도 이는 관세음보살의 자비로운 힘 덕분인 듯싶습니다." 하기에 그의 집에 가서 법상法像을 살펴보았더니 목에 칼자국이 세 군데 있었다. 그래서 상소를 올리고 그를 용서하였다.

吳人陸暉。繫獄分死。乃令家人。造觀音像。祈禱免死。臨刑連易三刀。其刀皆折。官問之。荅云恐是觀音慈力。及看法像項上。有三刀痕。因奏宥之。

사준史儁은 문장과 학식이 보통 사람을 뛰어넘었으나 도교道敎를 받들며 불교를 업신여겼다. 항상 사람들에게 "부처는 오랑캐들의 신이니 받들기에 부족하다."라고 말하고, 존상尊像을 볼 때마다 곧 경솔하게 꾸짖고는 하였다. 그 후 양쪽 발이 병으로 굳어 버려 의자를 내려올 수 없게 되었고, 의사도 기도도 모두 효험이 없었다. 그의 벗 조문趙文이란 사람이 말하였다.

"이 병은 자비의 큰 힘이 아니면 나을 수 없네. 마음을 일으켜 관음상을 조성하고 그분께 한번 기도해 보게. 반드시 감응할 것일세."

사준은 병이 위급했던 까닭에 친구의 말대로 관음상을 주조하였다. 상이 완성되자 홀연히 관세음보살이 그의 방으로 내려오는 꿈을 꾸게 되었고, 과연 차도가 있었다. 이 일로 말미암아 사준은 잘못을 뉘우치고 법을 믿었다.

史儁文學過人。奉道慢佛。常語人云。佛是胡神。不足事也。每見尊像。輒輕誚之。後雙足病攣。不能下榻。醫禱俱無效驗。友人趙文謂曰。此病非慈悲大力。不能救。試發心造觀音像。祈之必應。儁以病急。如言鑄像像成。忽夢觀音降其室。果得差。儁由此悔過信法。

위魏의 사문 도집道集은 수양서산壽陽西山을 가다 도적에게 붙잡혔다. 나무에 그를 묶고 죽이려 하자 도집은 관세음보살을 염하면서 죽기를 각오하고 그만두지 않았다. 칼을 꺼내 여러 차례 내려쳤는데 손상되는 곳이 전혀 없자 도적들은 공포에 떨며 달아났다. 도집은 그래서 벗어날 수 있었다. 또 사문 법선法禪은 산길을 가다 도적을 만나게 되자 오로지 관세음보살만 염하였다. 도적이 활을 당겨 그를 쏘았으나 화살이 그를 상하게 할 수 없었다. 도적은 결국 활을 땅에 던지고 정성을 다해 귀의하였다.

魏沙門道集。行壽陽西山。爲賊所獲。縛之於樹。將殺之。集念觀世音。守死不輟。及引刀屢斫。皆無傷損。賊怖走。集因得脫。又沙門法禪。山行逢賊。惟念觀音。賊挽弓射之。箭不能傷。遂投弓於地。皈誠焉。

수隋 개황開皇 초(581)의 일이다. 그 이름을 알 수 없는 어떤 양주揚州 스님은 『열반경』을 달달 염송하며 스스로 자신의 학업을 우쭐해하였고, 기주岐州 동산東山의 사미는 『관세음경』을 염송하였다. 두 사람 모두 갑자기 죽어 명부에 이르자, 왕은 사미를 금좌金座에 모시고 매우 공경하면서 『열반경』을 염송한 스님은 은좌銀座에 모시고 예의도 간단히 생략하였다. 『열반경』을 염송한 스님이 불평하며 사미가 머무는 곳을 물었다. 이미 다시 살아난 뒤에 스님은 남쪽에서 기주로 찾아가 사미를 방문하고 그 일에 대해 묻게 되었다. 그러자 사미가 말하였다.

"매번 『관음경』을 펼칠 때마다 반드시 깨끗한 옷을 입고 좋은 향을 사르며 주문과 서원을 마친 뒤에야 염송하기를 감히 태만히 하지 않았습니다."

그러자 스님이 사과하며 말했다.

"내 죄가 깊구나. 나는 『열반경』을 염송하면서 위의를 단정히 하지 않았고 몸과 마음을 깨끗이 하지도 않았다. 이것이 바로 명왕이 예의를 차림에 있어 더하고 덜했던 까닭이었구나."

隋開皇初。有揚州僧。逸其名。誦通涅槃。自矜其業。岐州東山沙彌。誦觀世音經。二人俱暴死。至冥府。王處沙彌金座。甚敬之。處涅槃僧銀座。禮稍弛。僧不平。問沙彌住處。旣甦。從南至岐。訪得沙彌。詢其事。沙彌云。每啓觀音經。必衣淨衣。燒名香。咒願畢乃誦。從不敢怠。僧謝曰。吾罪深矣。所誦涅槃。威儀不整。身心未淨。此冥王禮貌崇減所由分也。

당唐 석자각釋自覺은 진주眞州에 살며 관세음보살을 인연해 아미타불을 뵙게 해 달라고 항상 발원하였다. 이에 49자 높이의 관음상을 주조하였고, 완성되자 지극한 마음으로 축원하였다. 그러자 야밤 3경에 홀연히 두 가닥 금빛 광명이 보이더니 부처님께서 나타나 그 빛 속에서 아래로 내려오셨고, 관세음보살과 대세지보살이 좌우에서 따라왔다. 부처님께서는 손을 내밀어 자각의 정수리를 쓰다듬으며 말씀하셨다.

"서원을 지키며 바꾸지 말라. 만물을 이롭게 하는 걸 우선으로 하면 보배로운 연못이 태어날 곳이 되리니, 누구든 소원을 이루지 못하겠느냐?"

11년 후 7월 보름 저녁, 천왕天王 같은 모습의 한 사람이 구름 사이로 몸을 나타내 자각에게 말하였다.

"안양安養(極樂)으로 갈 때가 되었습니다."

드디어 관음상 앞에서 결가부좌하고 천화하였다.

唐釋自覺。住眞州。常發願。願因觀音得見阿彌陀佛。於是鑄觀音像。高四十九尺。旣成。至心祝願。夜三更。忽有金光二道。見佛自光中而下。觀音勢至。左右隨之。佛垂手摩覺頂曰。守願勿易。利物爲先。寶池生處。孰不如願。後十一年七月望夕。見一人形如天王。現身雲間。謂覺曰。安養之期至矣。遂於觀音像前。趺坐而化。

당 성선사聖善寺 승려 도헌道憲은 개원開元 연중(713~741)에 강주江州 대운사大雲寺 주지로 있으면서 법려法侶들의 칭송을 받았다. 당시 자사刺史 원 모元某가 관세음보살상 일곱 축을 그리고 싶어 하였고, 도헌이 여러 차례 해 본 일이라 여겨 그에게 위임하였다. 도헌은 화공들에게 재계한 다음 그림을 그리게 하고, 모든 채색에 있어 아교 대신 전부 유두향乳頭香을 사용하게 하여 최고로 아름답게 장엄하자 원 모가 매우 기쁘게 여겼다. 일이 끝나자 예녕預寧으로 찾아가 나무를 베어 문수당文殊堂을 지었고, 조성이 끝나 돌아오는 길에 어쩌다 강물에 떨어지고 말았다. 강의 물살이 급해 동행하던 이들이 건지려 했으나 건지지 못하였다. 도헌은 물에 떨어졌을 때 곧 관세음보살을 생각했다. 그러자 강바닥에서 기이한 빛이 보이더니 그림으로 그렸던 일곱 보살이 모두 앞에 나타나 도헌에게 말하였다.

"그대는 그저 나무아미타불만 염하라. 그러면 이 액난이 곧 풀릴 것이다."

그리고 곧바로 물 위로 솟아올랐는데 옷과 신발이 젖어 있지 않았다. 지금 대운사에 일곱 보살상이 현존하고 있고, 아울러 그림이 물에 떨어졌던 사건의 기이한 영험도 기록되어 있다.

唐聖善寺僧道憲。開元中住持江州大雲寺。法侶稱之。時刺史元某。欲畫觀世音七軸。以憲練行。委之。憲令畫工齋戒運筆。諸綵色。悉以乳頭香代膠。備極莊嚴。元深嘉之。事畢。往預寧斫木排。造文殊堂。排成將還。忽然墮水。江流湍急。同行欲拯不及。憲墮水之際。便思念觀世音。見水底有異光。所畫七菩薩俱在前。謂憲曰。爾但念南無阿彌陀佛。此厄即解。頃出水上。衣履不濕。今大雲寺。七菩薩像現在。兼畫落水事。以誌其異。

당의 석지익釋智益은 장사長沙 사람이고 성은 오吳씨이다. 일찍이 남쪽 오랑캐를 정벌하는 군졸로 있으면서 고기잡이를 좋아하는 성품이라 하얀 거북 한 마리를 잡아 삶아 먹게 되었다. 그러자 온몸에 종기가 돋더니 온통 문드러져 눈썹과 수염이며 손가락, 발가락이 남김없이 떨어져 버렸다. 절규하며 아직은 죽지 않은 목숨이라 안남시安南市에서 걸식하고 있을 때였다. 한 스님이 그 모습을 보고 불쌍히 여기며 말하였다.

"네가 마음을 돌이켜 관음대비주觀音大悲呪를 염하겠다면 내가 말로 가르쳐 주리라. 만약 열심히 한다면 반드시 좋은 결과가 있을 것이다."

군졸은 그분의 말에 따라 배우고 일심으로 염송하였다. 그때부터 종기와 상처가 서서히 아물기 시작하더니 손가락 발가락이 모두 생겨났다. 완전히 치유되자 결국 머리를 깎고 승려가 되었으며, 복파伏波 장군의 고택에 정사를 건립해 주지를 지냈다.

唐釋智益。長沙人。姓吳。甞爲征蠻卒。性好漁獵。因得一白龜。烹而食之。遂遍身患瘡。悉皆潰爛。眉鬚手足指。墮落無餘。號呼未即死。行乞於安南市中。有一僧見而哀之謂曰。汝可回心。念觀音大悲呪。吾當口授。若能精進。必獲善報。卒依言受之。一心念誦。自是瘡痍漸復。手指皆生。既平愈。遂削髮爲僧。於伏波將軍故宅。建立精舍住持焉。

당의 잠문본岑文本은 자가 경인景仁이고 극양棘陽 사람이며, 어려서부터 불교를 믿고 「보문품普門品」을 염송하였다. 한번은 배를 타고 오강吳江으로 가다가 중류에서 배가 뒤집혀 사람들이 모두 익사하게 되었다. 문본 역시 물에 빠졌는데 갑자기 어떤 사람이 "「보문품」을 염송할 수 있으니 물에 빠지는 액난을 면해 주리라."라고 하는 말이 들렸다. 이와 같이 세 번 들리더니 드디어 수면으로 떠올라 잠깐 사이에 언덕에 닿았다. 하루는 집에서 재齋를 열자 한 스님이 뒤에 떠나며 말하였다.

"천하가 바야흐로 어지러워지고 있지만 그대는 좋은 인연 덕분에 다행히 재난을 당하지 않을 것이다. 그리고 결국 태평성대를 만나 부유하고 귀한 사람이 되리라."

말이 끝나자 그는 사라졌다. 재를 거두는 자리에서는 또 그릇 속에서 사리 두 알을 얻었다. 후에 그는 당 왕조에 출사하여 중서령中書令을 지냈다.

唐岑文本。字景仁。棘陽人。少信佛誦普門品。嘗乘舟往吳江。中流舟覆。人俱溺死。文本亦沒水中。俄聞有人云。能誦普門品。水難應免。如是者三。遂浮水面。須臾抵岸。一日於家設齋。一僧後去。謂曰天下方亂。君以善緣。幸不及難。終逢太平致富貴。言訖不見。及徹齋。復於椀得舍利二粒。後仕唐爲中書令。

당 무덕武德 연중(618~626)의 일이다. 예천醴泉 사람 서선재徐善才는 항상 재계를 지키며 『관세음경』 염송을 천 번 넘게 하였다. 일찍이 경성京城으로 가서 연흥사延興寺를 짓는 공덕을 쌓고 돌아오는 길에 오랑캐 도적을 만나게 되었다. 그들은 붙잡은 한인漢人들을 모두 큰 절벽으로 끌고 가 죽이려고 하였다. 선재는 죽음을 면할 수 없다는 것을 알고 오로지 『관음경』만 빠르게 염송하였다. 죽임을 당할 때 그는 전혀 느끼지 못했고, 밤이 되어서야 자신이 깊은 계곡 나뭇가지 위에 있다는 것을 알았다. 절벽의 높이는 300여 척이나 되었다. 그러나 손으로 정수리를 만져 보자 미미한 통증만 느껴질 뿐 상처가 없었다. 천천히 나무에서 내려와 돌고 돌아 남쪽으로 약 수십 리를 걷자 날이 밝았고, 도적들과는 이미 멀리 떨어져 있었다. 그렇게 길을 찾아 집으로 돌아올 수 있었다. 완琬 법사가 이 일을 이야기한 적이 있다.

唐武德中。醴泉人徐善才。常齋戒誦觀世音經。逾數千遍。曾往京城延興寺。修營功德。皈時道逢胡賊。將所掠漢人。併向洪崖殺之。善才知不免。

唯疾念觀音經。當殺時。了不自覺。至夜方知身在深澗樹枝上。去崖三百餘尺。以手摩頂。覺微痛而無傷。漸下樹。循循南行。約數十里。天曉去賊已遠。得路還家。琬法師嘗說其事。

당 정관貞觀 연중(627~649)의 일이다. 하남河南의 동웅董雄은 대리승大理丞으로 있다가 이선동李仙童 사건에 연좌되었다. 임금은 진노하여 시어侍御 위종韋悰에게 당장 국문하게 하였고, 대리大理 이경현李敬玄과 사직司直 왕흔王忻 등 수십 명과 함께 옥에 갇히게 되었다. 동웅은 오로지 「보문품」을 염송하였는데 하루 30번을 염송하고 밤에도 쉬지 않았다. 그러자 형틀에 채운 자물쇠가 홀연히 저절로 풀렸고, 깜짝 놀라 감옥을 지키는 사람에게 알렸다. 그 밤에 감찰어사監察御史 장수일張守一이 숙직하다가 직접 살펴보고는 매우 괴이하게 여기며 다시 자물쇠를 채우고 단단히 봉한 뒤에 떠났다. 동웅이 다시 경을 염송하자 5경에 자물쇠가 다시 풀려 소리를 내며 땅에 떨어졌는데, 봉하면서 붙여 놓았던 글씨는 그대로였다. 관청 안팎에서 이 이야기를 들은 사람들이 모두 기이하게 여겼고, 사건도 무난히 해결되어 같은 방에 갇혔던 죄수들이 모두 방면되었다.

唐貞觀中。河南董雄爲大理丞。坐李仙童事。上震怒。使侍御韋悰。鞠問甚急。大理李敬玄。司直王忻等。數十人同繫獄。雄專念普門品。日誦三十遍。夜亦不息。枷鎖忽自解。驚告守者。其夜監察御史張守一。直宿親視。甚怪之。更鎖嚴封而去。雄仍誦經。五更鎖復解。落地有聲。而封題如故。臺中內外聞者奇之。事平。同室囚俱獲免。

당 인덕麟德 연중(664~665)의 일이다. 경사京師 영흥방永興坊의 허엄許儼은 고기잡이를 업으로 삼았다. 그러다 후에 병을 앓았는데 캄캄한 것이 죽은 듯하고, 몸이 불덩이처럼 붉었으며, 고통은 숯으로 지지는 것보다

더했다. 그가 스스로 말했다.

"화차가 달려들어 몸을 태우는 것만 보이는구나. 명부의 관리들이 물고기를 잡은 업의 무거움을 꾸짖고 현생으로 돌려보내 죗값을 받게 하는 것이다."

며칠을 경과하며 살아났다 죽었다 하자 친척들이 공덕을 짓도록 권하였다. 그래서 관음상 두 구를 조성하여 공양하고 참회하였으며, 더불어 온 가족에게 담박한 음식만 먹도록 명하였다. 그러자 오래지 않아 병이 차도가 있었다.

唐麟德中。京師永興坊許儼。取魚爲業。後患疾。冥然若死。身赤如火。痛踰炭灸。自云但見火車來燒身。冥官責其取魚業重。遣現生受罪。已經數日。乍生乍死。親戚勸作功德。遂造觀音像兩軀。供養懺悔。仍令合家茹素。未幾病遂差。

당의 성규成珪는 천보天寶 초(742)에 장사위長沙尉로 있었고, 그의 부대가 하남河南으로 교목橋木을 운송하게 되었다. 막 양주揚州에 도착했을 때 바람을 만나 강물에 유실된 것이 매우 많았다. 주사州司는 그가 몰래 팔아먹은 것이라고 여겼고, 성규는 지독한 고문을 견디지 못해 맘대로 사용했다고 거짓으로 인정하였다. 주사는 이 사건을 담부潭府로 넘겼다. 당시 반경천班景倩이 담부에 있었는데 그는 엄격히 사찰하는 관리였다. 그가 교리校理 양근楊覲을 양주로 파견해 성규를 잡아오게 하였다. 양근은 뇌물을 요구하며 법에도 없는 가혹한 형벌을 가하였다. 형틀에 자물쇠를 채우고 선실에 집어넣고는 사방에서 못질을 하고 음식을 넣어 줄 작은 구멍만 열어 두었다. 성규는 '담부에 도착하면 죽을 게 분명하다'라고 생각하고는 양주를 출발하는 날부터 곧 "고난을 구제하시는 관세음보살이여!" 하고 화살처럼 빠르게 마음속으로 염송하였다. 늘 하루에 한 끼만 먹었고, 혹은 먹지 않고서 물만 마시며 청정히 재계하였다. 그렇게 10여 일이 지나 저주滁州에 이르렀을 때였다. 마음과 입으로 간절하고 지극하게 염송하는데 형틀에 채운 자물쇠가 저절로 열렸다. 이에 살펴보니 밤은 깊고 배 안의 사람들은 모두 잠들어 있었다. 그는 못을 뽑고 제거해 선창을 나와서는 양근을 불렀다.

"네가 나를 어찌하겠느냐?"

양근이 깜짝 놀라 일어나서 물었다.

"어떻게 여기까지 왔느냐?"

성규는 "내 차라리 강의 물고기 뱃속에 장사지내질지언정 어찌 너희들 손에 달게 죽으랴." 하고는 곧 물속으로 뛰어들었다. 처음 강바닥에 닿자마자 떠오르는 나무토막을 만나 그것을 끌어안고 수면에 뜰 수 있었으며, 물결에 의지해 노탄蘆灘까지 떠밀려 왔다. 날이 밝아 마을에 투신하자 거주하는 백성들이 그를 저주滁州로 송치하였다. 그곳 관료들은 모두 놀라고 감탄하였으며, 여정에 필요한 경비를 대신 마련하고는 성규에게 도성으로 들어가서 어사대御史臺에서 일의 잘못됨을 피력하라고 권하였다. 양근은 성규를 잃어버리고 나서 일시에 모든 것이 무너지고 흩어져 버렸으며, 이 일로 역시 출가하였다.

唐成珪。天寶初。爲長沙尉。部送河南橋木。始至揚州。遭風水遺失甚衆。州司謂其盜賣。拷掠難堪。妄承破用。州司轉帖潭府。時班景倩爲潭府。嚴察之吏也。遣校楊覲。至揚執珪。覲欲婪賄。非刑逼勒。以鏁枷附於船梁。四面釘塞。唯開小孔通食。珪意若至潭府必死。發揚州日。便矢心念。救苦觀世音菩薩。恒一日一食。或不食。但飮水清齋。經十餘日。至滁口。心口念誦懇至。枷鏁忽然自開。乃伺夜深。舟人盡臥。拔除所釘。出艙呼覲曰。汝如我何。覲驚起問。何得至此。珪曰我寧葬江魚腹中。豈甘死汝輩手耶。即跳入水。初至江底。遇一浮木抱之。得浮水面。憑浪送入蘆灘。天明投村落中。居民送至滁州。官寮悉爲驚嘆。代具行李途費。勸珪入京。於御史臺申枉。覲旣失珪。一時潰散。因此亦出家焉。

당의 왕기王琦는 태원太原 사람이며 형양滎陽에 거주하였고, 어린 시절부터 냄새나고 핏물이 비치는 음식은 먹지 않았다. 대력大曆 초(766)에는 구주 사호衢州司戶가 되었다. 『관음경』 지송하기를 좋아하는 성품이라 어릴 적부터 어른이 될 때까지 자주 중병을 앓았어도 경을 풍송하면 낫지 않는 적이 없었다. 또 염송할 때마다 짐승과 기이한 형상을 한 귀신들이 나타나 괴롭히려 하였지만 왕기의 마음이 반듯했기 때문에 침범할 수 없어 스스로 소멸하고는 하였다.

唐王琦。太原人。居滎陽。自童孺不茹葷血。大曆初。爲衢州司戶。性喜持誦觀音經。由少及長。數患重病。諷經無不差愈。又誦時。每有異類奇授[1]之鬼。來相觸惱。以琦心正。不能干犯。自致消滅。

1) 역 '授'는 '形'인 듯하다. 주극부가 편집한 『觀音經持驗紀』(X78, 98c)에도 이 구절이 '異類奇形之鬼'로 되어 있다.

당 형양衡陽의 한 선비는 나이가 많도록 자식이 없어 자손을 기원하며 안 가 본 곳이 없었다. 그러다 홀연히 『백의관음경白衣觀音經』을 가진 한 노스님을 만났고, 그가 그것을 주며 말하였다.

"부처님께서 '이 경을 수지하는 사람이 있으면 마음으로 원하는 바에 따라 무량한 복을 얻을 것이다'라고 하셨습니다. 만약 자식을 원한다면 곧 지혜로운 아들을 낳을 것이며, 하얀 태의胎衣에 겹겹이 싸여 태어나는 이적이 있을 것입니다."

이에 부부는 정성을 다해 한 장藏을 수년에 걸쳐 원만히 염송하였다. 그러자 세 아들을 낳았는데 과연 하얀 태의에 겹겹이 싸여 태어나는 이적이 있었다. 형양 태수가 직접 그 일을 목격하고는 거듭 인쇄하여 보시하면서 그 역시 자손을 기원하였다. 그러자 그해를 넘기지 않고 아들 하나를 낳았다.

唐衡陽一士人。年高無子。祈嗣靡所不至。忽遇老僧。持白衣觀音經。授之曰。佛說此經。有能授持。隨心所願。獲福無量。若欲求子。即生慧智之男。有白衣重包之異。於是夫婦竭誠。誦滿一藏數年。遂生三子。果有白衣重包。衡陽太守。親覩其事。重爲印施。亦以祈嗣。不逾年。生一子。

당의 맹지검孟知儉은 병주幷州 사람이다. 어린 나이에 병으로 갑자기 죽었는데 평상시처럼 관아가 보여 자신이 죽었다는 사실을 몰랐다. 그곳에서 옛날에 알던 사람을 만났는데 그는 관리가 되어 있었다. 그가 "어쩌다 왔느냐?"며 모든 사정을 알려 주었기에 그때서야 자신이 간 곳이 명부라는 걸 알았다. 관리가 장부를 검토하면서 말했다.

"그대는 평생 복을 지은 과보가 없으니 어떻게 돌아갈 수 있겠는가?"

지검이 말하였다.

"저는 일생 『심경心經』과 『관음경』을 많이 염송하였습니다. 비록 그 횟수를 기록하지는 않았지만 약 3만, 4만 번은 될 겁니다."

관리가 과연 장부를 검토해 그 사실을 발견하고는 명부의 왕에게 아뢰어 풀려나 돌아오게 되었다. 관리가 "그대의 앞길을 알고 싶은가?" 하고 물으면서 장부를 그에게 보여주었는데, 위쪽에 "지검知儉에게 합당한 운세는 출세하여 조주 참군曹州參軍이 되고, 등주 사창鄧州司倉으로 옮겨 갈 것이다."라고 적혀 있었다. 그러고는 곧 덮어 버리며 보지 못하게 하였다. 그리고 그를 데리고 어느 컴컴한 동굴로 들어가자 드디어 살아났다. 그의 운이라는 게 어떤 일인지 알지 못했는데 얼마 후 양식을 운송할 자를 모집한다는 칙령이 내려졌다. 그 일에 선발되어 조주 참군의 직위가 주어졌다가 등주 사창으로 옮겨 갔다. 또 진주 판사晋州判司로 뽑혔는데 그곳에 도착하지 못하고 죽었다.

唐孟知儉。并州人。少時病忽亡。見衙府如常時。不知其死。逢故人爲吏謂曰。因何得來。具告知。始知所至爲冥途。吏爲檢籍曰。君平生無福果。何以得還。知儉曰。我一生誦多心經。及觀音經。雖不紀數。約三四萬遍。吏果檢獲之。爲白冥王。放還。吏問。欲知爾前程乎。遂以簿示之。上載知儉合運出身。爲曹州叅軍。轉鄧州司倉。卽掩却不許看。引入一黑坑。遂活不知運是何事。尋有敇募運糧。因選授曹州叅軍。轉鄧州司倉去任。又選晋州判司。未至而卒。

당의 이흔李昕은 천수천안주千手千眼呪를 훌륭히 지송하였다. 어떤 사람이 학질이 걸려 이흔이 그를 위해 주문을 외워 준 적이 있다. 그러자 그 귀신이 모습을 드러내고 그에게 "내 본래 당신에게 큰 곤욕을 치르게 할 작정이었다. 그러나 이씨네 열넷째 아들이 무서워 감히 다시는 찾아오지 못하겠구나."라고 하였으니, 열넷째는 바로 이흔이다. 이흔의 집은 동군東郡에 있었고, 그가 하남河南을 여행할 때였다. 그의 여동생이 질병에 걸려 죽었다가 며칠 만에 다시 살아나 말하였다.

"처음에 여러 사람들에게 붙잡혀 무덤 사이로 끌려 들어가자 그 가운데 한 사람이 말했습니다.

'이 사람은 이씨네 열넷째 아들의 여동생이다. 그가 지금 하남에서 돌아오는 길인데 곧 집에 도착할 것이다. 그는 훌륭한 사람이다. 만일 우리가 그의 여동생을 잡아갔다는 소식을 들으면 분명 신주神呪로 우리를 꼼짝 못하게 할 것이다. 차라리 일찌감치 돌려보내는 것만 못하다.'"

여동생이 살아나자 이흔 역시 집에 도착하였다.

唐李昕。善持千手千眼呪。有人患瘧。昕呪之。其鬼見形謂人曰。我本欲大困辱君。爲懼李十四朗。不敢復來矣。十四郎即昕也。昕家在東郡。客遊河南。其妹染疾死。數日回生云。初被數人。引入墓間。中一人云。此李十四郎妹。今從河南還。將至家。彼善人也。如聞吾等取其妹。必以神呪窘我等。不如早送還之。女活。昕亦到舍。

당의 도림령桃林令 한광조韓光祚가 가솔을 거느리고 임지로 가다가 화산묘華山廟를 지나는 길에 수레에서 내려 참배하게 되었다. 그러나 묘에 들어서자 애첩이 갑자기 죽어 버렸다. 무당을 시켜 신에게 간청하게 하자 무당이 말하였다.

"삼랑三郎이 당신의 첩을 데려가려 합니다. 간청해 일단 화를 면했지만 현縣에 도착하면 결국 그녀를 잡아갈 것입니다."

광조는 임지에 도착하자마자 대장장이를 불러 첩을 위해 금으로 관세음보살상을 주조하게 하였고, 이 액난을 면하게 되기를 바랐다. 5일 후 첩이 다시 갑자기 죽었다가 한나절 만에 다시 살아나 말하였다.

"화산부군華山府君으로 가자 마차와 기병을 갖추고는 맞이하려고 문을 나서고 있었습니다. 그때 금빛이 번쩍이는 한 스님이 나타나 그 앞을 막아서자 마차와 기병들이 감히 그분을 넘어서지 못하고 모두 흩어져 달아났습니다."

광조는 이 일로 더욱 믿음을 가지게 되었다.

唐桃林令韓光祚。携家之官。途經華山廟。下車謁焉。入廟而愛妾暴死。令巫請於神。巫言三郎。欲取汝妾。旣請且免。至縣終當取之。光祚到任。乃召金工。爲妾鑄金爲觀世音像。求免此難。五日妾復暴卒。半日方甦云。適華山府君。備車騎來迎出門。有一僧金色遮其前。車騎畏不敢過。因之散去。光祚由是益信。

송宋의 경사京師 사람 적즙翟楫이 호주湖州 사안진四安鎭에 거주할 때 일이다. 나이 50에 자식이 없어 관음상을 그려 정성을 다해 기도하자 그의 아내가 임신을 하게 되었다. 꿈에 흰옷을 입은 부인이 나타나 한 아이를 그릇에 담아 주었는데 자태가 매우 아름답고 빼어났다. 그러나 그 아이를 안으려 하자 소 한 마리가 그 사이를 가로막아 결국 아이를 얻을 수 없었다. 그리고 사내아이를 낳았는데 한 달을 채 키우지 못했다. 다시 더욱 정성을 다해 기도하자 그의 꿈에 어떤 사람이 이렇게 말하는 소리가 들렸다.

"그대는 소고기를 먹으면서 어찌 이러는가?"

적즙은 송연하여 결국 온 집안사람들이 다시는 먹지 않겠노라 맹세하였다. 그리고 예전의 그 부인이 아이를 보내 주는 꿈을 꾸었다. 과연 아들을 낳았고 후에 존귀한 사람이 되었다. 극부克復[2]가 살펴보니, 대사大士가 아이를 보내는데 결국 소 한 마리가 장애가 되었었다. 어찌 대사의 신비한 힘이 소 한 마리를 당하지 못하겠는가. 진실로 그 사람의 선한 복덕의 힘이 악업의 힘을 대적하지 못한 것일 뿐이다. 잘못을 끝까지 뉘우치고 결국 아들을 얻었으니, 곧 대사가 자비한 영험을 드러냄이 더욱 기이하다 하겠다. 그렇다면 마음을 씻고 잘못을 고치는 것이 바로 구원하는 땅을 받아들이는 것이라 하겠다.

宋京師人翟楫。居湖州四安鎭。五十無子。繪觀音像虔禱。其妻方娠。夢白衣婦人。以盤送一兒。姿甚韶秀。欲抱取之。一牛横隔其中。竟不可得。既生男。彌月不育。又禱加虔。有聞其夢者。告楫曰。子嗜牛肉。豈爲是歟。楫悚然。遂誓擧家不復食。仍夢前婦人。送兒至果生男。後貴顯。克復按大士送兒。竟爲一牛作梗。豈大士神力。不及一牛。實其人之善福力。不敵惡業

2 극부克復 :『觀音經持驗紀』를 편찬한 주극부周克復의 자칭이다.

力耳。究竟悔禍而卒得子。則大士之慈悲靈顯。更奇矣。然則洗心改過。乃承受救度之地也。

송 율수溧水의 유집兪集이 선화宣和 연중(1119~1125)에 흥화위興化尉로 부임하게 되었다. 가족들을 거느리고 뱃길로 가는데 회수淮水에는 조개가 많아 배에 탄 사람들이 매일같이 그것을 사서 먹었다. 유집은 그것을 보고 곧바로 조개를 사서 강에다 풀어 주었다. 한번은 매우 무거운 한 광주리의 조개를 많은 사람들이 삶아 먹으려 하는 것을 보게 되었다. 유집이 배나 되는 가격으로 배상하려 했지만 뜻대로 되지 않아 그 조개들은 결국 모두 솥으로 들어가고 말았다. 그러자 갑자기 솥에서 큰소리가 나더니 불꽃이 솟아올랐다. 배에 탄 사람들이 공포에 떨며 솥을 열어 살펴보자 큰 조개 하나가 입을 벌리고 있었다. 그 껍질 사이에서 관세음보살상이 나타났고, 그 곁에는 대나무 두 그루가 있었다. 그 상호는 단정하고 엄숙했으며, 옷이며 관冠과 영락 또 대나무의 잎과 가지와 줄기가 모두 미세한 구슬을 엮어 만든 것이었다. 유집은 배에 탄 사람들에게 모두 부처님을 염송하며 죄를 뉘우치게 하였고, 조개껍질을 취하여 집으로 돌아와 받들어 모셨다.

宋溧水兪集。宣和中。赴任興化尉。挈家舟行。淮上多蚌蛤。舟人日買食之。集見輒買放諸江。偶見一筐甚重。衆欲烹食。集倍價償之不可。遂置諸釜中。忽大聲從釜。起光焰上騰。舟人恐。啓視之。一大蚌裂開。殼間現觀世音像。傍有竹兩竿。相好端嚴。衣冠瓔珞。及竹葉枝幹。皆細珠綴成。集令舟中皆誦佛悔罪。取殼皈家。供奉焉。

송 순희淳熙 말년(1189)에 건창建昌의 주졸走卒 양량楊亮이 병이 들었는데 부절符節을 든 두 관리가 나타나 추포하더니 양량과 함께 밖으로 나갔다.

잠깐 사이에 관부官府에 도착하자 왕이 물었다.

"살아 있을 때 어떤 공덕을 지었느냐?"

"이 몸이 주졸의 군역을 받들어 차사差使를 만날 때마다 가도록 정해진 거리를 감히 어기지 않았습니다."

왕이 말하였다.

"그 일을 물은 것이 아니다. 그런 것 말고 어떤 음덕이 있느냐?"

양량은 그곳이 명부의 관아라는 걸 비로소 깨닫고 말하였다.

"그저 『관세음경』을 염송할 수 있을 정도입니다."

다시 물었다.

"경전은 염송했고, 그럼 과거에 어떤 좋은 일을 했느냐?"

"소인에게 어찌 자랑할 만한 착한 일이 하나라도 있겠습니까. 그저 본분을 지킬 줄 알고 사람을 해치지 않았을 뿐입니다."

왕은 장부를 검사해 보도록 명령하였고, 진술이 사실로 드러나자 드디어 다시 살아나게 하였다.

宋淳熙末。建昌走卒楊亮病。見兩吏持符追已。亮與之俱出。俄到官府。王問生時有何功德。對曰身供趍走之役。每遇差使。不敢違程限。王曰不問此事。別有何陰隲。亮始悟爲冥司。曰但念得觀世音經。又問旣誦經。曾行若何善事。對曰小人郍得一善可稱。但知守本分不害人耳。王命檢籍如所言。遂得再生。

송 건녕建寧 사람 뇌성간賴省幹의 점술사는 천하에 이름이 알려진 자였다. 평소 요술을 부렸고, 사람을 죽여 귀신에게 제사를 지냈는데 항상 절浙 지역에서 열 살 남짓의 소녀들을 찾아내 그들을 양육하여 공물로 바치는 데 사용하였다. 그의 어머니가 불서佛書를 염송하기 좋아하여 소녀는 그녀를 따라 습관처럼 『심경心經』을 염송하였다. 차례에 따라 이 소녀가 제사에 바쳐지게 되었다. 그들은 소녀를 깨끗이 씻고 아름답게 장식한 다음 빈방에 넣었다. 그리고 문을 자물쇠로 잠그고 떠나가 버렸다. 소녀는 분명 죽을 것이라 판단하고는 일심으로 경을 염송하였다. 한밤중이 되자 어떤 물건이 하늘에서 창을 통해 내려왔는데 그 빛이 번쩍번쩍하였다. 너무 무서워 급히 게제주揭諦呪를 염하자 소녀의 입에서 홀연히 빛이 나왔다. 그 물건은 뒷걸음질 치더니 앞으로 나오려다가 다시 물러났다. 한참 있자 입에서 나온 빛이 점점 커지더니 이 물건을 쏘았다. 그러자 쨍그랑거리는 소리가 나면서 땅에 널브러졌다. 그 방은 길 가까이 있었다. 마침 밤 순찰을 돌던 병사가 그곳을 지나다가 "사람 죽여요."라는 여인의 큰 비명 소리를 듣게 되었다. 병사는 소속 부대에 보고하였고, 많은 사람들을 인솔해 벽을 부수고 소녀를 구출하였다. 그때 거대한 흰 구렁이 한 마리가 죽어 있는 것을 보았다. 이에 뇌성간과 집안사람들을 체포하고 국문해 죄를 자백받고는 얼굴에 죄명을 새겨 해외로 유배시켰다. 그 집안을 기재하면 지금 첨안詹安의 무거택撫居宅이다.

宋建寧人賴省幹之卜。天下知名。素挾妖術。殺人祭鬼。常於浙中。覔十餘歲童女。養以供用。其母喜誦佛書。女隨之習念心經。嗣此女當輪祭。沐浴裝飾。納空室中。鎖其戶而去。女自分必死。一心誦經。夜半覺有物自天窓下。光燁燁然。怖甚急念揭諦呪。女口中忽有光出。此物逡巡欲進復却。良久口中光漸大。出射此物。鏗然有聲仆地。其室近街。値夜巡卒過。女大叫殺人。卒報所屬。率衆破壁取女。見一大白蟒死矣。捕賴及家人。鞫問伏辜。黥配海外。籍其家。今爲詹安撫居宅。

송 장효순張孝純에게 손자가 있었는데 다섯 살이 되자 걷지를 못했다. 누군가 그에게 일러 주었다.

"얼마 전에 경기 지역에 사는 한 농부가 넓적다리와 발에 병이 들어 오래도록 앓았는데, 그저 매일같이 관세음보살의 명호를 지송하며 그치지 않자 드디어 관세음보살이 화현하는 감응을 입게 되었답니다. 그때 이런 사구게를 남겼답니다.

큰 지혜는 마음에서 일어나나니
마음에서 찾을 것 없으면
일체의 뜻을 성취하여
예도 없고 지금도 없으리라.

농부가 이 게송을 꼬박 100일 동안 염송하자 고질병이 단번에 나았답니다."

효순은 드디어 그의 손자와 유모에게 재계하면서 이 게송을 지송하게 하였고, 3개월이 지나자 씩씩한 걸음걸이가 평상시처럼 돌아왔다. 넓적다리와 발이 아픈 아이가 이 게송을 염송하면 모두 효험이 있었다.

宋張孝純有孫。五歲不能行。或告之曰。頃淮甸間。一農夫病。腿足甚久。但日持觀世音名號不輟。遂感觀音示現。因留四句偈曰。大智發于心。于心無所尋。成就一切義。無古亦無今。農夫誦偈滿百日。痼病頓愈。孝純遂教其孫及乳母。齋戒持誦。三月而步武如常。兒患腿足者。誦之皆驗。

송의 도관원외랑都官員外郞 여굉呂宏과 아내 오吳씨 부부는 각기 재계를 청정히 지키며 부처님의 가르침을 밝게 깨달은 자들이다. 오씨는 관세음보살을 정성을 다해 모시면서 영험한 감응이 있었다. 매일 깨끗한 방에 병과 항아리 수십 개를 줄지어 늘어놓고 물을 가득 담고는 손에 버들가지를 들고 주문을 염송하였는데, 그러면 곧 관세음보살이 나타나 방광放光하고 그 빛이 병과 항아리로 들어갔다. 병으로 고생하던 사람들이 그 물을 마시고 많이들 치유되었고, 주문을 외운 그 물은 여러 해를 두어도 상하지 않았으며 큰 추위에도 얼지 않았다. 그래서 세상 사람들이 그를 관음현군觀音縣君이라 불렀다. 그에게 두 시녀가 있었는데 그들 역시 정토의 업을 닦았다. 그중 한 사람은 고통스러울 정도로 엄격하게 계율을 받들었다. 간혹 한 달 내내 음식을 먹지 않고 오씨가 주문을 외운 관음정수觀音淨水 한 잔만 마시곤 하였는데, 그러면 홀연히 부처님과 보살들이 목전에 나타나고는 하였다. 그렇게 3년 만에 왕생하였다.

宋都官員外郎呂宏。妻吳氏。夫婦各齊戒淸修。曉悟佛理。吳虔事觀音有靈感。每於淨室。列置甁缶數十。以水注滿。手持楊枝誦呪。輒見觀音。放光入甁缶中。病苦者飮水多愈。所呪水。積歲不壞。大寒不凍。世號觀音縣君。有二侍女。亦修淨業。其一奉戒嚴苦。或終月不食。但日飮吳所呪觀音淨水一盞。已而忽見佛及菩薩在目前。三年得往生焉。

송의 정鄭씨는 전당錢塘 사람이다. 그는 『관음경』 염송을 일과로 삼았고 염불을 쉬지 않았다. 후에 병석에 있다가 목욕하기를 원하더니, 목욕이 끝나자 서쪽을 향해 앉아 집안사람들에게 물었다.

"경쇠 소리가 들리는가? 정토의 여러 성인들께서 이렇게 오셨구나."

그러고 나서 합장한 채 기쁨에 넘치며 말하였다.

"부처님과 보살님들이 오셨다. 관세음보살은 손에 금대를 들었고, 여래께서 나를 맞아 자리에 오르게 하시는구나."

그러더니 곧바로 입적하였다.

宋鄭氏。錢塘人。日課觀音經。念佛不輟。後病中索浴。浴畢西向坐。問家人云。聞磬聲乎。淨土諸聖且至。已而合掌喜躍曰。佛菩薩來。觀音手執金臺。如來接我登座。遂奄然而寂。

원元 평강平江의 승려 혜공惠恭은 위장이 뒤집어지는 병을 앓아 음식을 먹을 수 없었다. 밤에 고양이 한 마리가 뱃속으로 뛰어드는 꿈을 꾸었는데, 이때부터 병이 나날이 심해지고 생선을 먹고 싶다는 생각이 났다. 혜공은 이것이 업보라는 것을 스스로 알고, 드디어 관세음보살의 명호를 100만 번 염송하고 매일 대비주大悲呪를 108번 지송하겠다는 뜻을 일으켰다. 그 후 다시 꿈에 어느 산중에 갔다가 한 도인을 만났는데 그가 "내가 너에게 약을 주리라."라고 하였다. 그리고 갑자기 푸른 옷을 입은 동자가 조롱 속에 담긴 닭 한 마리를 가지고 앞으로 왔다. 그러자 고양이가 스님의 입에서 뛰어나오더니 곧장 닭을 잡으려고 조롱 속으로 들어갔다. 깜짝 놀라 깨어나자 병이 순식간에 치유되었다.

元平江僧惠恭。病翻胃。不能飲食。夜夢一猫入腹。從此病日甚。思食魚。恭自知是業報。遂發意誦觀音菩薩百萬聲。日持大悲呪百八遍。後復夢至山中遇道人曰。吾與汝藥。俄有青衣童子。籠一雞至前。猫自僧口躍出。經入籠搞雞。驚覺而病頓愈。

원의 남경南京 대녕방大寧坊의 왕옥王玉은 나이 마흔이 넘도록 자식이 없었다. 지원至元 2년 을축년(1265)에 벗인 마馬 공의 술집 신단 앞에서 『백의관음경白衣觀音經』을 보고 "이 경은 어디서 난 건가?" 하고 물었다. 그러자 마 공이 말했다.

"경신년(1260) 봄에 대군大軍이 남인南人을 잡아 남쪽에서 돌아왔을 때 우리 집에 머물렀지. 그때 흘리고 간 것이네."

왕옥이 그것을 가지고 돌아와 온 마음을 다해 지송하기를 게을리하지 않았다. 그러자 정묘년(1267) 4월 14일 밤에 그의 장모 유劉씨의 꿈에 흰 옷을 입고 머리에 금관을 쓴 사람이 어린아이를 하나 데리고 와서 말하였다.

"내가 그대에게 성인의 종을 주려고 왔다."

유씨가 받아 안고 황홀해하다가 잠에서 깨었다. 다음날 사시에 아내 장張씨가 아들 하나를 낳았는데, 신비한 기운이 빼어나고 과연 하얀 태의에 싸여 태어나는 기이함이 있었다. 그래서 아들의 이름을 성승노聖僧奴라고 하였다. 부부는 드디어 500권을 간행 배포하여 아이를 보내준 은혜에 보답하겠다고 원을 세웠다.

만력萬曆 경인년(1590)에 원료범袁了凡 공이 자손을 기원하는 진실한 전詮들을 판각하면서 이 경도 실었다. 그리고 말하였다.

"경의 주문은 원래 대장경에서 나왔으니 이름은 수심다라니隨心陀羅尼이다. 이를 수지하는 자는 기원하는 일체를 모두 만족한다. 만일 자식을 원해 이 경을 지송한다면 하얀 태의에 겹겹이 싸여 태어나는 영험이 왕왕 있었으며, 신령한 감응이 매우 많아 모두 기재할 수 없다."

元南京大寧坊王玉。年踰四十無子。至元二年乙丑。於友人馬公酌家神前。見白衣觀音經。問此經何來。馬云庚申春大軍南還。擄帶南人。止宿本家。遺下而去。玉取回。專心持誦不怠。丁卯歲四月十四夜。岳母劉氏。夢白衣人。頭戴金冠。携一童子來曰。吾與汝送聖奴來。劉氏接抱。恍然而寤。明日巳時。妻張氏生一男。神氣聳秀。果有白衣之異。卽名子曰聖僧奴。夫婦遂發願刊施五百卷。以酬抱送之恩。萬曆庚寅。袁公了凡。刻祈嗣眞詮。載此經云。經呪原出大藏。名隨心陀羅尼。受持者。一切祈求。悉令滿足。若求子。持誦此經。往往獲白衣重包之驗。靈應甚多。不具載。

원의 도陶씨네 열여섯째는 상숙常熟 서촌徐村 사람이다. 나이 스물여섯에 혼자가 되었고 자식도 없었다. 그는 정토에 왕생하기를 원하며 항상 「관음보문품觀音普門品」을 지송하였다. 그러다 홀연히 흰옷을 입은 사람이 손에 든 하얀 연꽃 한 송이를 주어 그것을 먹는 꿈을 꾸었다. 잠에서 깬 후 마음과 정신이 자못 기이하였다. 이어 자그마한 전각 하나를 단장해 서쪽을 향해『아미타경』을 염송하고 염불하였다. 그렇게 3년을 하자 부처님께서 광명을 나타내셨고, 경함經函 위에 구슬 크기만 한 불덩어리가 보였다. 도씨가 경을 태우면 어쩌나 싶어 손으로 내려쳤는데 사리였다. 그렇게 사리 한 알을 얻었다. 죽을 때 화불化佛이 찾아와 영접하였고, 대중과 이별한 후 서거하였다.

元陶氏十六娘。常熟徐村人。年二十六。寡居無子。願生淨土。恒持念觀音普門品。忽夢白衣人。手挈白蓮花一朵。與食之。覺後心神頗異。飾裝一小閣。西向誦彌陀經念佛。甫三年。見佛現光明。經函上有火團。如彈子大。氏恐燒經。手撲之。乃得舍利一顆。終時化佛來迎。別衆而去。

명明 태종太宗 영락永樂 15년(1417) 가을 9월 12일 황제가 불경을 반포하여 대보은사大報恩寺에 이르렀다. 그날 밤 절의 탑에서 보배 구슬 같은 사리의 광명이 보였으며, 13일에는 오색의 털 같은 빛이 나타났다. 대신들이 운집하여 받든 날에는 천불과 관세음보살과 나한羅漢의 오묘한 모습이 모두 모였다. 이어 반포한 불전佛典이 회안淮安에 이르러 나눠 주자 또 오색의 둥근 광명이 목격되었으며, 고운 빛깔의 구름이 하늘에 가득하고 구름 사이로 보살·나한·하늘나라 꽃·보배 탑·용·봉황·사자·코끼리가 나타났으며, 또 붉은 새와 새하얀 학들이 원을 그리며 선회하였다. 이에 군신들이 표表를 올려 칭찬하고 축하하자 황제가 크게 기뻐하였다.

明太宗[1)]永樂十五年秋九月十二日。欽頒佛經。至大報恩寺。是夜寺塔。見舍利光如寶珠。十三日。現五色毫光。卿雲捧日。千佛觀音菩薩羅漢。妙相畢集。續頒佛曲。[2)] 至淮安給散。又覩五色圓光彩雲滿天。雲中現菩薩羅漢。天花寶塔。龍鳳獅象。又有紅鳥白鶴。盤旋飛繞。羣臣上表稱賀。上大嘉悅。

1) ㉮ '太宗'은 '成祖'라야 옳다. 영락永樂은 성조의 연호이며, 이 책의 저본인 주극부가 편집한 『觀音經持驗紀』(X78, 102a)에도 '成祖'로 되어 있다. 오류이다. 2) ㉮ '曲'은 '典'인 듯하다. 문맥에도 맞지 않고, 주극부가 편집한 『觀音經持驗紀』(X78, 102a)에도 이 구절이 '佛典'으로 되어 있다.

명 온주溫州의 의승醫僧 법정法程은 자가 무왕無枉이다. 어려서 장님이 되었는데, 온갖 방법으로 치료해 보아도 낫지 않자 그저 밤낮으로 관세음보살의 명호만 염송하였다. 그렇게 하기를 15년에 꿈에 보살이 나타나 그를 부르며 앞으로 오라는 소리가 들렸다. 그런데 어떤 물건이 그의 발을 붙잡기라도 한 듯 움직일 수가 없었다. 그러자 보살이 탄식하며 말하였다.

"그대는 전생에 뜸을 뜨는 사람이었다. 실수로 사람의 눈을 손상시켰으니 금생에 그 과보를 받아야만 한다. 내 너의 성심을 불쌍히 여겨 의식만큼은 풍족하게 해 주리라."

그리고는 품 안을 더듬더니 보배 구슬을 한 움큼 집어 그에게 주었다. 깨어난 뒤로 그의 의술이 크게 알려져 옷과 발우가 매우 풍족해졌으며, 그 후 오랜 수명을 누렸다.

明溫州醫僧法程。字無枉。少瞽。百端治之不愈。但晝夜誦觀世音名號。如是十五年。夢中聞菩薩呼之使前。若有物縶其足不可動。菩薩嘆曰。汝前世爲灸師。誤損人眼。今生當受此報。吾憐汝誠心。當使衣食豊足。遂探懷中。掬寶珠滿手與之。旣寤。醫道大行。衣鉢甚富。後享高壽。

명의 유곡현劉谷賢은 황주黃州 사람이며 호분좌위군虎賁左衛軍 소속이다. 일찍이 태감太監 정화鄭和를 따라 해외의 수많은 나라에 사신을 다녀왔다. 배가 대해양大海洋을 지날 때였다. 유곡현이 갑자기 발이 미끄러져 물에 떨어졌는데 그때 바람을 안은 돛이 쏜살 같아 그를 구할 수가 없었다.

정화는 사람들에게 돛대 위로 올라가 살펴보라 명하였다. 그러자 멀리 한 사람이 파도 속에서 떴다 가라앉았다 하는 것이 감감하게 보였다. 그러나 거리가 수십 리는 되어 모두들 다시 살아날 도리가 없겠다고 여겼다. 그런데 잠깐 사이에 유곡현이 배를 따라와 배에 탄 사람들이 크게 기뻐하며 도구를 사용해 그를 끌어올렸는데, 그때 한 길(丈) 남짓의 큰 물고기를 보았고 갑자기 사라졌다. 사람들이 모두 기이하게 여기자 유곡현이 말하였다.

"이 물고기가 나를 이곳까지 싣고 왔습니다. 물에 가라앉으려 할 때마다 여러 차례에 걸쳐 이 물고기가 곧바로 지느러미로 부축해 일으켜 주었습니다. 그래서 물이 입으로 들어가지 않았습니다."

배에 탄 사람들이 물었다.

"그대는 평소 어떤 좋은 일을 했기에 이런 과보를 받게 된 것인가?"

그러자 유곡현이 말하였다.

"그저 『관음경』만을 염송했을 뿐입니다."

明劉谷賢。黃州人。隷虎賁左衛軍。嘗從太監鄭和。使海外諸番國。舟經大海洋。劉忽失脚墮水。時風帆迅駛。不可救援。和令人升桅竿望之。遙見一人隱隱出沒波濤中。相去數十里。咸謂無復生理。須臾劉追及舟。舟中人大喜。速以物引上。見大魚長丈餘。悠然而去。人皆異之。劉曰此魚載我至此。將沒者數次。魚輒以鬐鬣負起。故水不入口。舟中人問。爾平生有何善果。致得此報。劉云但念觀音經耳。

명 복주福州 남대사南臺寺에서 소조塑造 관음상觀音像을 새로 조성하면서 그 예전의 것을 헐어 버리려고 하였다. 그러자 소조하던 장인 임 옹林翁이 그것을 얻어서 집으로 돌아와 섬겼다. 그리고 수개월 후 배를 몰고 바다로 들어갔는데 배가 파손되어 빠지게 되었다. 그는 급히 관세음보살을 부르며 말하였다.

"제가 예전에 보살님을 구했는데 보살께서 어찌 저를 구하지 않으시겠습니까?"

말이 끝나자마자 몸이 곧 저절로 떴고, 판자 하나를 만나 그것에 올라탔다. 하늘에 닿을 만큼 높은 파도 속에서 약 100여 리를 조류를 따라 작은 포구로 흘러 들어갔다. 그곳에서 잃어버렸던 물건 한 상자를 찾아 그것을 밑천 삼아 돌아올 수 있었다. 이에 사람들이 관세음보살이 도운 것이라고 여겼다.

明福州南臺寺。塑觀音像。將毁其舊。塑工林翁求歸事之。後數月。操舟入海。舟壞而溺。急呼觀音曰。我嘗救菩薩。菩薩寧不救我。語訖身便自浮。得一板乘之。驚濤自天。約行百餘里。隨流入小浦中。獲遺物一笥。頗有所資而皈。人以爲觀音之助。

명 심견천沈見泉의 조상이 여리黎里 나중사羅重寺를 유람하다가 후전後殿이 무너져 관세음보살 머리에 삿갓을 씌워 놓은 것을 보았다. 이에 탄식하며 말하였다.

"보살께서는 자비로 사람들에게 지혜를 주실 수 있습니다. 제가 이 전각을 중수하기를 발원하오니, 원하옵건대 저의 자손 가운데 한둘이 책을 읽을 수 있다면 족하겠습니다."

돌아가 그의 부인과 상의하자 부인이 말하였다.

"지금 쌀 수백 석이 있으니 속히 은전으로 바꾸십시오. 혼자 힘으로도 이 공덕을 완수할 수 있습니다."

며칠 지나지 않아 기둥이며 건물이 법다운 모습을 갖춰 새로 지은 것처럼 환해졌다. 그의 손자 요중堯中과 증손 몽두夢斗가 차례로 과거에 급제하였다.

明沈見泉祖。遊黎里羅重寺。見後殿毁塌。觀音首頂若笠。嘆曰菩薩慈悲。能與人智慧。某願重修此殿。求吾子孫有一二讀書者足矣。飯謀之婦。婦曰今有米數百石。速易銀。獨力完此功德可也。不日棟宇法相。煥然鼎新。其孫堯中。曾孫夢斗。相繼登第。

명의 왕응길王應吉은 평소에 정성을 다해 관세음보살을 섬겼다. 만력萬曆 임인년(1602)에 사신을 받들어 동쪽으로 길을 나서게 되었다. 그러나 그는 곧 가던 길에서 마을로 돌아왔고, 목에 가래가 걸리고 화끈거리는 질병을 앓아 물이나 미음도 삼킬 수 없었다. 7일째 되던 날 꿈속에서였다. 그가 어깨에 메는 가마를 타고 대하호大河滸를 순방하는데 갑자기 앞에 가던 사람이 발을 삐끗하여 왕응길이 거꾸러지며 물속에 빠져 버렸다. 그러자 물고기와 갑각류 등 갖가지 종류가 앞에 나타났다. 그때 그는 '이런 종류를 내가 예전에 먹었기 때문에 지금 재난을 만난 것이다'라고 생각하였다. 그러자 꿈인 듯 생시인 듯 어떤 사람이 왕응길을 부축해 언덕으로 올라왔다. 그곳엔 붉은 해가 허공에 떠 있고 관음대사觀音大士가 바위에 기대앉아 있었다. 왕응길이 손으로 옷을 만져 보았더니 젖지 않았다. 이에 머리를 조아려 감사드리자 대사가 말하였다.

"너희 집안이 대대로 나를 받들었기에 구해 주러 온 것이다. 다만 살생한 업이 너무 많아 이런 병에 걸리게 된 것이니, 만약 살생을 금한다면 곧 치유될 것이다."

왕응길이 말하였다.

"널리 제도하시는 자비의 힘을 받들어 이 몸은 마음을 삼가겠습니다. 어찌 감히 명을 따르지 않겠습니까?"

갑자기 깨어나 보니 몸에서 땀이 비 오듯 흐르고 있었다. 이때부터 살생을 경계하겠다고 마음으로 맹세하였고, 스스로 『영계살충언靈戒殺衷言』을 지어 그때의 일을 기록하였다.

明王應吉。素虔奉觀世音。萬曆壬寅。奉使東行。便道還里。患痰火疾。水漿不能咽者。七日夢乘肩輿。循大河滸。忽前人失足。王顚墮水中。鱗甲之類。種種見前。因念此類。我嘗啖之。今爲難矣。恍惚若有人。挾王起崖上。則赤日當空。觀音大士。倚巖而坐。王以手捫衣不濕。因叩謝。大士謂曰。汝家世奉我。故來相救。但殺業頗多。致有是病。若戒殺即愈。王曰承慈力普度。此夙心也。敢不遵命。倏然而覺。身汗如雨。自後遂盟心戒殺。自作紀靈戒殺衷言。誌其事。

명 만력萬曆 연간(1573~1620)의 일이다. 평호平湖 육오대陸五臺 상서尙書의 하인이 사람과 싸우다 그만 실수로 사람을 죽이고 말았다. 두려움에 떨며 공에게 살려 달라고 간청하자 공이 말하였다.

"살인은 국법에 저촉되는 것이다. 내 어찌 인정에 이끌려 너의 죄를 면해 줄 수 있겠느냐. 너는 감옥에 있으면서 3년 동안 관세음보살의 명호를 온 마음을 다해 염송해야 마땅하다. 그러면 내가 너를 구해 주리라."

그는 명을 받들어 때때로 지송하기를 게을리하지 않았다. 그리고 겨우 1년 만에 사면되어 석방되었다.

明萬曆間。平湖陸五臺尙書。有僕與人爭毆。悞傷人死。懼而求救于公。公曰殺人者。抵國法也。我豈能徇情。爲汝求免。汝在獄中。宜專心誦觀音菩薩名號三年。我來救汝。其人奉命。時時持念不怠。纔一年。遇赦而出。

명 오군吳郡의 서명보徐明甫는 초楚의 관청에 머물다가 결국 집안을 이주하였다. 그는 학문을 좋아하고 행실이 돈독하였다. 자식들에게 책을 읽도록 가르치고, 평소 관음대사觀音大士 한 축軸을 받들며 온 정성을 다해 예경하였다. 그의 아들 이름은 광鑛인데 열 살 남짓에 갑자기 재앙 같은 질병에 걸리고 말았다. 부부는 대사 앞에서 아침저녁으로 머리를 조아리며 기도하였다. 그러자 7일째 밤 꿈에 보살이 나타나 말하였다.

"걱정하지 말라. 너의 아들은 내일 아침 일어날 수 있으리라."

갑자기 탁자가 진동하는 소리가 들렸고, 놀라서 깨어나 살펴보니 공물을 올렸던 대사의 안석 앞의 과자며 온갖 그릇들이 모두 땅에 떨어져 있었다. 그러나 검사해 보니 손상된 것이 하나도 없었다. 그리고 아들이 가는 목소리로 "보살께서 저를 구하셨습니다. 보살께서 저를 구하셨습니다." 하며 중얼거렸다. 아들을 부르며 왜 그러냐고 물어보았지만 대답이 없었다. 날이 밝아 그 까닭을 묻자 아들이 말하였다.

"어제 한밤중에 한참 어지러워 혼절하던 순간, 대사께서 나타나 침상으로 다가오셨습니다. 그리고 저를 부르더니 '내 너를 구하리라' 하고는 물을 한 병 주면서 마시라고 하셨는데 얼음처럼 차가워 뼈가 아릴 정도였습니다. 그러자 곧 온몸에 땀이 나더니 상쾌해졌습니다."

며칠 지나지 않아 병이 과연 치유되었다. 그 후 그의 아들은 만력萬曆 병진년(1616)에 진사進士가 되었다.

明吳郡徐明甫。赴舘於楚。遂徙家焉。好學篤行。教子讀書。素供觀音大士一軸。禮敬甚虔。子名鑛。十餘歲忽遘危疾。夫妻於大士前。晨夕叩禱。至七日夜。夢菩薩告曰。無憂。汝子明旦可起也。忽聞有聲震桌上。驚而寤起視。所供大士几前。菓碟諸器。俱墜地。撿之無一損者。子口中喃喃微聲喚曰。菩薩救我。菩薩救我。問之不應。天明詢其故。子曰昨夜半。正憒絕間。見大士至臥榻間呼男曰。吾救汝。乃以水一甌。命飲之。氷凉徹骨。遂擧體得汗而爽耳。不數日。病果愈。後子成萬曆丙辰進士。

명 상숙엄상常熟嚴尙 보징寶徵은 자가 도철道徹이며 문정공文靖公의 둘째 아들이다. 나이 30에 아들이 없었고, 길흉을 점치는 사람도 후사를 잇기 어렵겠다고 추측하였다. 그는 두 명의 첩을 두었는데 둘 다 미모가 빼어나지 못했고, 용모와 성품도 질박하고 어눌해 사람들이 다투어 비웃었다. 우연히 사돈집을 지나다 한 시녀侍女를 보았는데 시집갈 나이가 찼는데도 머리를 기르지 않고 있었다. 그 까닭을 묻자 주인이 말하였다.

"벙어리라 끝내 사람 구실 못할 겁니다."

도철이 측은해 하며 말하였다.

"아우가 머리를 기르게 한다면 내가 그녀와 혼인하리다."

사돈집에서 믿으려 하지 않자 도철은 곧 약속하였고, 다음 해 과연 그녀를 받아들였다. 문정공이 이 소식을 듣고 기뻐하며 말하였다.

"내 아들이 하는 일은 하늘의 도에 꼭 맞구나. 분명 후사가 있으리라."

그리고 세 첩 모두 자식을 나았다. 도철은 평소 백의다라니白衣陀羅尼를 염송하였으며, 또 불살생계를 엄격히 지켰다. 자식을 얻을 때마다 겹겹의 태의에 싸여 태어나는 기이함이 많았고, 후에 가문이 번창해 높은 관직에 오르는 것이 끊이지 않았으니 진실로 후덕함이 도운 것이다.

明常熟嚴尙寶徵。字道徹。文靖公仲子。年三十無子。日者推爲艱嗣。置兩妾俱不選色。容質朴陋。人爭笑之。偶過姻家。見一侍女。年及笄。未蓄髮。問其主。云以瘖故終成廢人。道徹惻然曰。第令畜髮。吾將娶之。其姻家未敢信。道徹即爲申約。踰年果納焉。文靖聞之喜云。吾兒所行。允合天道。必有後繼。三妾皆生子。道徹素誦白衣陀羅尼。且堅持不殺戒。凡擧子。多重胞之異。後子姓繁昌。靑雲接踵。誠厚德所培也。

명의 효자 팽유원彭有源은 자가 신우信宇며 호광湖廣 익양益陽 사람이다. 그는 어릴 때부터 정성을 다해 대사大士의 『삼관경三官經』 등을 염송하며 부모의 장수를 기원하였다. 언젠가 아버지의 병이 위독해지자 팔의 살을 베어 치료하였고, 10년을 넘게 살다 아버지가 돌아가셨다. 이어 어머니 오吳씨를 모시면서 가난한 집안 살림에도 불구하고 힘껏 맛있는 음식들을 마련하였다. 숭정崇禎 병자년(1636) 가을에 어머니는 병이 위독해 일어나지 못하였고, 또 종기가 손바닥을 뚫어 그 고통이 참을 수 없는 지경이었다. 팽유원은 밤낮으로 걱정하다 밤에 꿈을 꾸었는데, 대사가 "어머니의 수명이 거의 다했지만 사람의 간을 먹으면 나을 수도 있다."고 가르쳐 주었다. 새벽에 일어나 어머니를 살펴보니 어머니가 정말 양의 간을 먹고 싶어 하였다. 팽유원이 "이것은 보살께서 나를 일깨워 주신 것이다." 하고는 눈물을 흘리며 무릎을 꿇고 "간을 꺼내 어머니를 구하게 해 주십시오." 하고 기도하였다. 밤이 되자 스님과 여러 성인들이 나타나고 번기와 당기가 앞에 펼쳐졌다. 팽유원이 깜짝 놀라 깨어 보니 땀이 비 오듯 흐르고 있었다. 이에 몸을 씻고 머리 숙여 예배하고는 손을 들어 심장을 만져 보았다. 그리고 폐와 간이 이쯤에 있지 짐작하고는 칼로 스스로 찔렀다. 한 번 가르자 피가 줄줄 흘렀고, 두 번 가르자 막膜이 벌어졌으며, 서너 번 가르자 뼈에 부딪치는 소리가 났다. 이렇게 여섯 번 칼질을 하자 심장이 나왔다. 드디어 심장을 따라 폐가 나왔고, 폐를 따라 간이 나왔다. 이때 그 통증으로 초죽음이 되어 혼절하였고, 잠시 후 겨우 다시 살아나 그때서야 아내를 불렀다. 아내가 오자 그는 속히 간을 삶아 어머니에게 올리게 하였다. 어머니는 그것도 모르고 좋아하며 젓가락질을 하였고, 병이 곧 씻은 듯이 나았다. 이 일이 알려져 원근에서 찬탄하며 그의 폐를 살펴보았는데 섬뜩하게도 밖으로 나와 있었고 상처의 입구가 봉합되지를 않았다. 이에 많은 사람들이 신에게 기도하자 대사가 꿈에 나타나 말하였다.

"이 효자의 폐를 다시 넣어 주는 건 어렵지 않다. 그러나 말세라 인仁과 효孝를 실천하는 사람이 드물기에 100일 동안 밖에 꺼내 두어 세상 사람 모두 보게 하고 싶구나."

효렴왕孝廉王 문남文南이 그 사실을 전하였다.

明彭孝子有源。字信宇。湖廣益陽人。幼即虔誦大士三官諸經。以祈親壽。

父嘗病篤。刲臂肉療之。踰十年父卒。奉母吳氏家貧。勉具甘旨。崇禎丙子秋。母疾篤不能起。又疽穿手掌。痛不能忍。源日夕憂思。夜夢大士。諭以母壽將盡。得人肝服之。猶可愈。晨起視母。母正思羊肝。源曰是菩薩啓我也。乃垂涕跪禱。願剖肝救母。至夜見大師諸聖。旛幢而前。源驚醒汗下如雨。乃澡身頂禮。擧手捫心。約得肺肝所在。持刀自刺。一剖而血迸。二剖而膜開。三四剖砉然有聲。迨六剖而心出。遂緣心得肺。緣肺得肝。時痛幾殞絶矣。頃之稍甦。始呼妻至。令速煮肝進母。母不知欣爲下筯。病即霍然而愈。事聞遠近贊嘆。顧其肺。稜稜出在外。瘡口未合。衆爲禱於神。大士示夢曰。是孝子肺。收之無難。末世鮮仁孝者。欲出之百日。令世人遍觀之耳。孝廉王文南。傳其事。

명의 형과刑科 이청李清은 자가 심수心水이고 광릉廣陵 사람이다. 처음에 아들 하나가 있었는데 천연두로 죽자 강안姜安 사람인 어머니가 추모하며 애도하기를 그치지 않았다. 그녀는 매일 『백의관음경』을 염송하며 후사가 있게 해 달라고 기도하였다. 오래지 않아 심수心水가 소흥紹興 지역을 돌며 감사를 하는데 꿈에 한 부인이 아기를 안고 방으로 들어왔다. 얼굴을 보니 마마 자국이 있었고 거의 나아 딱지가 떨어질 것처럼 보였다. 그리고 부인이 심수에게 "구름과 같고 달과 같다."고 말하였다. 그는 꿈에서 깨어나 기이하게 여겼다. 새벽에 일어나자 마침 아무개가 관음상을 수놓아 선물하였는데 꿈에서처럼 아기를 안고 있었다. 그리고 위에 시를 한 수 적어 놓았는데 첫머리에 "채색 구름 향기롭게 맴도는 곳에 바다는 하늘까지 파도가 치고(彩雲香繞海天潮)"라는 구절이 있고, 마지막에는 "돌아오니 붉은 계수나무가 달빛 속에 나부끼네.(還來丹桂月中飄)"라는 구절이 있어 '구름'과 '달'이라 했던 두 글자가 꼭 들어맞았다. 이때 부인이 아이를 잉태했고 과연 자식을 낳았다.

明刑科李淸。字心水。廣陵人。初有一子痘殤。母姜安人。追悼不已。日誦白衣觀音經。爲子祈嗣。未幾心水査盤紹興。夢一婦人。抱兒入室。面帶痘瘢。似將愈而落者。語心水云。如雲如月。覺而異之。晨起。適某生以繡觀音贈。抱兒如夢。上題一詩。起有彩雲香繞海天潮。末有還來丹桂月中飄之句。恰應雲月二字。時夫人。甫孕。果生子。

명 숭정崇禎 신사년(1641)의 일이다. 당도현當塗縣 관우官圩에 산동山東의 한 앉은뱅이가 찾아와 손으로 발을 대신하며 시정에서 걸식하였는데 많은 사람들이 그를 혐오하였다. 앉은뱅이는 비록 병들긴 했지만 기개가 있어 욕을 먹으면 곧 불평하고는 하였다. 그는 당교암塘橋菴에 수곡水谷이라는 수행승이 있다는 말을 듣고 그를 찾아가 걸식하기 너무 힘들다며 고통을 호소하였다. 그러자 수곡이 말하였다.

"그대는 발심하여 출가할 수 있겠는가? 자비의 큰 힘에 의지한다면 혹 시주가 있을지도 모른다."

앉은뱅이는 그를 따라 드디어 머리를 깎고 재계를 받았다. 비록 걸식했지만 냄새나고 핏물이 비치는 음식은 먹지 않았으며, 모욕을 당하더라도 조용히 참으며 받아들였다. 수곡은 또 그에게 관세음보살의 명호를 염송하고 아울러 준제주準提呪를 지송하도록 가르쳤다. 수지한 지 2년이 넘어 무자년(1648) 가을에 홀연히 꿈에 한 노파가 나타나 그를 부르더니, "너는 일어나라, 너는 일어나라."라고 하였다. 앉은뱅이가 "저는 바로 앉은뱅이입니다. 어떻게 일어날 수 있겠습니까?"라고 하자, 노파가 그의 양다리를 손으로 쭉 찢었다. 그러자 펴지는 게 느껴지면서 다시 말리지 않았다. 새벽에 일어나 보니 뻣뻣하게 굳었던 다리의 병이 드디어 나아 그 자리에서 머리를 당당히 들고 걸으며 만덕을 감추는 한 명의 스님이 되어 있었다. 그는 반애半崖라는 호를 가지게 되었고, 드디어 공양하는 자도 생겼다.

明崇禎辛巳。當塗縣官圩。有山東一癱子至。以手代足。乞食於市。人多厭之。癱者雖病而負氣。被詈罵。輒不平。聞塘橋菴。有修行僧曰水谷。往訴以乞食艱難之苦。谷曰汝能發心出家。仗慈悲大力。或有施主。癱者從之。遂剃髮受齋戒。雖行乞。不茹葷血。雖被辱罵。安忍而受。谷又教之念觀世音名號。兼持準提呪。受持踰二年。戊子秋。忽夜夢一老嫗呼之曰。汝起汝起。癱者云。我是癱子。何能起。老嫗以手扯其兩足。覺直而不拳。晨起癱病遂愈。居然一昂藏之僧矣。取號曰半岸。遂有供養之者。

명 홍무洪武 연간(1368~1398)의 일이다. 길안吉安 여릉현廬陵縣의 용자휘龍子翬는 부인 소蕭씨와 부부의 정을 돈독히 하며 자식을 간절히 원하였다. 기묘년(1399) 10월에 그의 여동생 숙유淑柔가 『백의오인심경白衣五印心經』을 얻어 부인과 함께 읽었다. 그러다 권말에 기록된 후사를 기원했던 사적과 여러 가지 영험을 읽게 되었다. 소씨는 두려워하더니 공경하고 믿게 되었으며, 재계를 지키며 경을 염송하겠다고 발원하였다. 아울러 『백의경白衣經』을 천 권 보시하겠다고 약속하였다. 다음 해 8월 16일 용모가 맑고 수려한 아들 하나를 얻어 이름을 계생桂生이라 하였으니, 과연 기도한 바와 부합하였다.

또 선덕宣德 4년(1429)에 창덕부彰德府 장귀張貴는 회왕淮王을 따라 나라를 다니다 광동廣東에서 『백의경』을 얻었다. 6년 만에 마을로 돌아와 아내 전씨와 함께 경을 보시하겠다고 발심하고 후사를 기원하였다. 그러자 오래지 않아 아들을 얻었는데 경을 보시하겠다는 원은 시행하지 못했다. 그러자 아이가 열두 살에 갑자기 병으로 죽었다. 부부는 애통한 마음으로 지난 일을 후회하며 향을 사르고 경건하게 기도하였고, 경을 1,500권 보시하였다. 정사년丁巳年[3] 2월에 다시 아들 하나를 낳았으니 경을 지송한

3 정사년丁巳年 : 정사년은 1437년이다. 선덕 4년(1429)에 경을 입수했다는 앞의 기사와

영험이 이와 같이 분명하다.

明洪武間。吉安廬陵縣龍子翬同室蕭氏。篤於伉儷。求子甚艱。己卯十月其妹淑柔。得白衣五印心經。與嫂同覽。見卷末所嗣事跡。種種靈驗。蕭氏悚然敬信。發願持齋誦經。併許施白衣經千卷。次年八月十六日。擧一子。形容淸秀。名桂生。果符所禱。又宣德四年。彰德府張貴隨淮王之國。於廣東得白衣經。六年皈里。偕妻田氏。發心施經求嗣。未幾得男。經願未酬。十二歲忽病故。夫婦痛心追悔。焚香虔禱。施經一千五百卷。丁巳二月。復生一子。持驗彰彰如是。

대청大淸의 석행인釋行仁은 자가 지일指一이고, 하남河南의 광산光山 장張씨이다. 약관의 나이에 백록동白鹿洞에서 독서하다가 기이한 승려를 만났는데, 그가 경계하며 말하였다.

“그대에게 큰 재난이 있을 것이다. 대비하신 성인의 명호를 지송한다면 벗어날 수 있으리라.”

이에 스님은 재빨리 마음으로 수지하였다. 숭정崇禎 신사년(1641)에 도적 떼 헌獻씨가 현을 파괴하고 도륙하였는데, 스님 차례에 이르자 칼이 갑자기 저절로 부러졌다. 도적이 기이하게 여겨 그는 죽지 않을 수 있었다. 결국 머리를 깎았고, 갑신년(1644)에 금릉金陵에 닿아 천화매千華昧 화상으로부터 구족계를 받았다. 그런 다음 군사들이 곳곳에 즐비한 것을 보고는 동쪽 곤산崑山으로 갔고, 그곳 깨끗한 방에서 『법화경』과 『금강경』 등

또 아이가 12세에 죽었다는 기사를 고려할 때 정사년이라 한 것은 오류이다. 선덕 4년, 즉 1429년에 경을 입수하여 6년 만에 귀향해 바로 아들을 얻었다고 했으니, 자식이 태어난 해는 1435년이나 1436년으로 추정된다. 그리고 아이가 12세에 죽었다고 하였으므로 죽은 해는 1446년이나 1447년으로 추정된다. 이를 고려할 때 혹 ‘정묘丁卯’의 오자가 아닐까 추측된다. 정묘년은 1447년이다.

을 강설하자 승려와 속인들이 귀의하며 우러렀다. 임진년(1652) 정월 2일에 단정히 앉아 게송을 설하고 천화하였다.

太淸釋行仁。字指一。河南光山張氏。弱冠讀書白鹿洞。遇異僧戒曰。子有大難。能持大悲聖號可解。師矢心受持。崇禎辛巳。獻寇破縣。屠戮及師。刃忽自斷。賊異之。得不死。遂薙髮。甲申抵金陵。從千華昧和尙。受具戒。已見戎馬充斥。乃東至崑山。於淨室。講法華金剛等經。緇素皈仰。壬辰正月二日。端坐說偈化。

대청大淸의 휘상徽商 정백린程伯鱗은 오랫동안 양주楊州에 거주하였고, 관음대사觀音大士를 매우 경건하게 섬겼다. 을유년 여름에 군대가 양성楊城을 지나게 되자 정백린은 대사에게 구해 달라고 기도하였다. 그러자 꿈에 대사가 나타나 말하였다.

"너희 집 열일곱 명 가운데 열여섯은 모두 재난을 면하게 되리라. 그러나 너만큼은 운수가 정해져 있어 도망칠 수 없다."

정백린이 잠에서 깨어 또다시 간절하게 기도하자 거듭 꿈에 나타나 말하였다.

"너는 전생에 왕마자王麻子를 스물여섯 번이나 칼로 내려쳐 죽였으니 이제 그에게 갚아야만 한다. 집안사람 열여섯은 동쪽 행랑채에 있게 하고, 너는 홀로 중앙 건물에서 그를 기다려 집안사람들에게 누를 끼치지 말라."

정백린은 그 말을 믿었다. 5일이 지난 후 병사가 문에 다다르자 정백린이 맞이하며 물었다.

"그대가 왕마자인가? 내가 그대에게 스물여섯 번의 칼질을 빚졌으니 나를 죽여도 좋다. 그렇지 않다면 그대와는 본래 원한이 없다."

병사가 깜짝 놀라며 말하였다.

"너는 어떻게 내 성과 이름을 알았는가?"

정백린이 꿈 이야기를 자세히 들려주자 병사가 감탄하며 말하였다.

"그대가 전생에 나를 스물여섯 번 칼질하여 죽였기에 내가 금생에 그대에게 앙갚음하게 된 것이라면, 내가 지금 그대를 죽인다면 그대가 다음 생에 또 나에게 앙갚음하지 않겠는가."

이에 칼등으로 정백린을 스물여섯 번 내려치고는 그를 용서하였다.

당의지唐宜之가 (말하기를……).[4]

太清徽商[1)]程伯鱗。久居楊州。事觀音大士甚虔。乙酉夏兵過楊城。程禱大士求救。夢大士謂曰。汝家十七人。十六口俱得免。惟汝在數。不可逃也。程醒。又復懇禱。仍夢云。汝前生殺王麻子。二十六刀。今須償彼。可令家中十六口。並住東廂。汝獨在中堂候之。勿貽累家人。程信之。越五日。兵至門。程迎問曰。汝即王麻子乎。我欠汝二十六刀。可殺我。否則與汝本無仇也。兵驚曰。汝何以知我姓名。程具告以夢。兵嘆曰。汝前世殺我二十六刀。致我今世報汝。我今殺汝。汝來世不又報我乎。乃以刀背斫程二十六下而宥之。唐宜之。

1) ⓔ '商'은 '商'이다. 주극부가 편집한 『觀音經持驗紀』(X78, 106a)에도 이 구절이 '徽商'으로 되어 있다.

4 당의지唐宜之 : 사람 이름이다. 이 책의 저본인 주극부가 편집한 『觀音經持驗紀』(X78, 106a)에 이 영험담에 대한 당의지의 평이 기록되어 있다. 이 책에서는 당의지의 평은 생략하고 '당의지唐宜之'라는 이름만 기재하고 있어 독자들에게 도리어 혼란을 주고 있다. 생략하거나 아니면 당의지의 평을 첨부했어야 옳다. 참고로 당의지의 평을 소개하면 다음과 같다. "唐宜之曰。紀此事有三意。一者。見菩薩大悲。能回定業。二者。見宿業既熟。難脫如是。從今以往。愼勿再造將來之新業。三者。見目前所受。悉是往因。宜歡喜領受。不當怨尤。亦不必苦苦以趨避亂心也。又曰。凡虔奉觀世音者。其人必篤信因果。一生善事必多。惡事必少。善念必多。惡念必少。此身心不與惡爲緣。所以惡報可滅。豈偶然哉。出己求書。"

찾아보기

ㅅ

ㅈ

ㅊ

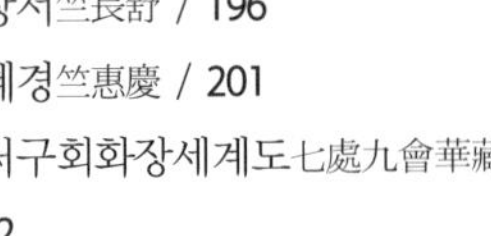

ㅌ

ㅍ

ㅎ

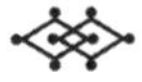

백암 성총栢庵性聰
(1631~1700)

1631년(인조 9)에 전라도 남원에서 태어나 13세에 순창 취암사에서 출가하였고, 16세에 법계를 받았다. 지리산 취미 수초翠微守初에게 9년간 수학하여 법을 전수받고, 30세부터 송광사, 징광사, 쌍계사 등지에서 강석을 펴 후학을 지도하였다. 백암 성총은 부휴浮休 문파의 제3대 제자로서, 부휴 선수浮休善修(1543~1615)—벽암 각성碧巖覺性(1575~1660)—취미 수초(1590~1668)로 이어지는 법맥을 이었다. 1700년(숙종 26)에 세수 70세 법랍 54년으로 입적하였다. 1681년(숙종 7)에 신안 임자도에 좌초한 배에 실려 있던 불서를 수습하여 이후 1695년(숙종 21)까지 약 15년 동안 12종류 197권의 책을 간행하였다. 성총은 이 과정에서 이력과목을 간행하여 조선 후기 이력과정의 확립에 큰 기여를 했으며, 『화엄경소연의초』를 간행하여 화엄학의 유행에 큰 역할을 하였다. 대표 저술로 『치문경훈주緇門警訓註』, 『대승기신론소필삭기회편大乘起信論疏筆削記會編』, 『정토보서淨土寶書』, 『백암정토찬栢庵淨土讚』 등이 있으며, 문집으로 『백암집栢庵集』이 있다.

옮긴이 성재헌

동국대학교 불교학과를 졸업하고 해군 군종법사를 역임하였으며, 동국대학교 역경원에서 근무하였다. 현재 동국역경위원, 한국불교전서 번역위원으로 활동하고 있다. 조계종 간행 『부처님의 생애』, 『청소년불교입문』의 집필위원으로 참여하였으며, 저서로 『커피와 달마』, 『붓다를 만난 사람들』, 『육바라밀』이 있고, 역서로 한글본 한국불교전서 시리즈인 『자비도량참법집해』, 『무경실중어록』, 『불조진심선격초』, 『선학입문』 등이 있다.

증의 및 윤문
심경숙(동국대학교 출판부)
김종진(동국대학교 불교학술원 조교수)